Heureka, ich hab's gefunden!

Soft Skills

Jürgen Klüver, Christina Stoica, Jörn Schmidt
Rhetorik

IT lernen

Andreas Albuschat
Tabellenkalkulation mit Microsoft Excel

Andreas Albuschat
Praktische Projektplanung mit Microsoft Project

Helmut Balzert
HTML, XHTML & CSS für Einsteiger
Statische Websites systematisch erstellen

Heide Balzert
Webdesign & Web-Ergonomie
Websites professionell gestalten

IT populär

Klaus Schmeh
Die Welt der geheimen Zeichen
Die faszinierende Geschichte der Verschlüsselung

Zu vielen dieser Bände gibt es »e-learning-Zertifikatskurse« unter www.W3L.de.

Ergänzend zu vielen dieser Bände gibt es »Quick Reference Maps« zum Nachschlagen und Wiederholen:
HTML & XHTML, CSS, JSP, SQL.

Marion Schröder

Heureka, ich hab's gefunden!

Kreativitätstechniken, Problemlösung & Ideenfindung

W3L-Verlag | Herdecke | Bochum

Autorin:
Marion Schröder
E-Mail: marions@marion-schroeder.de

Bibliografische Information Der Deutschen Bibliothek:
Die Deutsche Bibliothek verzeichnet diese Publikation in der Deutschen Nationalbibliografie. Detaillierte bibliografische Daten sind im Internet über `http://dnb.ddb.de/` abrufbar.

Gesamtgestaltung: Prof. Dr. Heide Balzert, Herdecke

Lektor: Prof. Dr. Helmut Balzert, Herdecke

Herstellung: M.Sc. Kerstin Kohl, M.A. Andrea Krengel, Bochum

Satz: Das Buch wurde aus der e-learning-Plattform W3L automatisch generiert. Der Satz erfolgte aus der Lucida, Lucida sans und Lucida casual.

Druck und Verarbeitung: bücher buch dd ag, Birkach

Vorwort

Gute Ideen sind gefragt! – im Privatleben und im Beruf.

Ideen muss man haben, um

- neue Konzepte zu entwerfen und außergewöhnliche Produkte zu entwickeln,
- Innovationen und Kunstwerke zu schaffen,
- Objekte neu zu gestalten und gewinnbringenden Zusatznutzen und Konkurrenzvorteile herauszuarbeiten,
- die Qualität der Arbeitsprozesse zu verbessern und Abläufe zu optimieren,
- neue Lösungen zu finden für schwierige, unübersichtliche und komplexe Probleme,
- sich selbst neu zu erfinden!

Gute Ideen und hochwertige neue Lösungen erfordern kreatives Denken und basieren auf Erfahrungen, Wissen und Intuition der beteiligten Personen. Fach- und Führungskräfte, Mediendesigner und Softwareentwickler, Marketingfachleute und Produktmanager, Projektleiter und ihre Teams müssen sich immer wieder etwas einfallen lassen, um die eigene Arbeit zum Erfolg zu führen und im Wettbewerb zu bestehen.

Zum Glück gibt es hilfreiche Methoden, die kreatives Denken unterstützen, die Suche erleichtern und ein Gerüst vorgeben, um den Ablauf des Prozesses zu steuern. **Mit Hilfe von Kreativitätsmethoden können Sie in Einzelarbeit oder in einer Arbeitsgruppe viele neue Ideen erzeugen und wertvolle Lösungen entwickeln.** Kreativitätsmethoden erleichtern die Ideengewinnung, Lösungsfindung und Alternativenauswahl und helfen, eigene und fremde schöpferische Potentiale zu aktivieren. Kreativitätsmethoden werden zunehmend zu festen Bestandteilen von Lehrplänen und Studienprogrammen.

Mit Hilfe dieses Buches **erweitern Sie Ihr Methodenwissen und Ihre kreativen Kompetenzen:**

- Im Zentrum steht ein umfangreicher **Katalog mit den bewährtesten Kreativitätsmethoden**, mit Analyseinstrumenten und hilfreichen Visualisierungstechniken. Dabei wird der Ablauf jeder einzelnen Methode genau beschrieben, ihre Herkunft, ihre Vor- und Nachteile und Anwendungsgebiete. Mit Hilfe von **Praxisbeispielen** und **Übungen** können Sie die Methoden gleich praktisch ausprobieren. Sie lernen dabei, systematisch-analytisch und auch intuitiv mit Hilfe von Verfremdungstechniken neue Ideen zu generieren. Außerdem finden Sie hier Expertentipps, Rätsel und Fitnessübungen zum kreativen Denken.
- Ein weiterer Schwerpunkt des Buches ist die Einbettung der unterschiedlichen Methoden für die Ideensuche in einen vollständigen Problemlösungsprozess. In der Praxis können Sie jede dieser Kreativitätsmethoden lediglich zur Ideensuche nutzen; oftmals aber müssen Sie einen vollständigen Problemlösungsprozess durchlaufen. Sie erfahren hier ausführlich, worauf man in den einzelnen **Phasen eines kreativen Prozesses** achten sollte, damit die Ideensuche und Lösungsentwicklung gelingt.
- So können Sie sich hier jederzeit einen **Überblick verschaffen** und **Methoden auswählen**, die ihnen für Ihre praktischen Anwendungszwecke am besten dienlich sind.
- Am Ende des Buches erwarten Sie spannende Nachrichten über die Entwicklung der **Kreativitätsforschung** und über gegenwärtige Versuche, **menschliche und künstliche Kreativität** miteinander zu verbinden.

Dieses Buch ist ein Lehrbuch, ein *Reader* und ein Nachschlagewerk für Fach- und Führungskräfte, Studenten, Schüler und alle Menschen, die allein oder in einem kreativen Team neue, einzigartige Ideen entwickeln und Probleme lösen wollen.

Die Idee, dieses Buch zu schreiben, entstand während eines Gespräches mit Herrn Professor Dr. Helmut Balzert nach einer eindrucksvollen Präsentation über die W3L-E-Learning-Plattform. Wir erkannten, dass sich hier für wißbegierige Lerner eine faszinierende Möglichkeit eröffnete, bewährte und äußerst wirksame Methoden zur Ideenfindung und Lösungsentwicklung kennen zu lernen, diese miteinander vergleichen zu können und die praktische Anwendung nach Belieben einzuüben.

Damit ist dieses Buch auch ein Begleitbuch zum Online-Kurs: »Heureka, ich hab's gefunden«. Auf Wunsch können Sie in diesem Kurs den Methodengebrauch intensiv trainieren (Ziel: Lernstoff sicher beherrschen),

- dabei den Lernstoff für den praktischen Einsatz schrittweise einüben,
- Rückmeldungen über Ihre Lernfortschritte erhalten,
- außerdem Ihre Erfahrungen nach Belieben mit anderen Ideenentwicklern austauschen und
- am Ende ein aussagekräftiges Zertifikat erwerben.

Mit Hilfe dieses Buches erweitern Sie Ihre kreativen Kompetenzen. Lassen Sie sich anregen, und trainieren Sie ausgewählte Methoden ganz nach Ihrem Geschmack, um sich das gewünschte Know-how schnell und zeitnah anzueignen und bei Bedarf parat zu haben.

Mein besonderer Dank geht an Herrn Professor Dr. Helmut Balzert und Frau Professor Dr. Heide Balzert, die mich dazu motivierten, dieses Buch zu schreiben, die Herstellung und Gestaltung leiteten, mich berieten und hilfreich begleiteten. Außerdem danke Dr. Olaf Zwintzscher für die Reali- Dank sierung und dem gesamten W3L-Team für die zuverlässige und freundliche Unterstützung, hier vor allem Frau Claudia Wolff, die mir während der gesamten Entwicklungszeit eine verlässliche und motivierende Ansprechpartnerin war (»Sie können mich jederzeit hemmungslos anrufen.«) und Frau Andrea Krengel für ihre geduldige und ausführliche fachliche Beratung in allen technischen und gestalterischen Fragen.

Ein Buch auf einer e-learning-Plattform schreiben zu können, war für mich eine ganz neue, wertvolle Erfahrung. Die in die W3L-Plattform integrierte Didaktik gab mir einen sicheren Leitfaden vor, an dem ich mich jederzeit orientieren konnte, von der Lernzieldefinition über die Texterstellung bis zur Test-, Aufgaben- und Fallstudienentwicklung. Durch vordefinierte Formatierungen und zahlreiche, leicht zu handhabenden Funktionen wurde meine Autorenarbeit beträchtlich erleichtert. Zudem erwies sich die Technik als erstaunlich stabil (Während meiner ca. zweijährigen Entwicklungsarbeit verlor ich lediglich 1 einziges Mal den Kontakt zur Plattform und konnte bereits nach wenigen Minuten störungsfrei weiterarbeiten.) Schließlich motivierte mich auch die farblich sehr sorgfältig durchkomponierte, lernfreundliche Darstellungsweise der Inhalte, so dass ich auch in stressreichen Zeiten meiner Berufsarbeit immer wieder mit (Vor-)Freude an meine Schreibarbeit zurückkehrte. Buch und Kurs sind auf diese Weise parallel entstanden.

Parallel zur Bucherstellung führte ich auch meine Seminare durch. Ich danke den vielen Teilnehmern meiner Kurse für ihre Anregungen und Ermunterungen, dieses Buch zu schreiben und Herrn Eckhard Bender für die Unterstützung meiner Konzepte. Danke an Herrn Oliver Valentin vom Amt für Öffentlichkeitsarbeit in Mainz, an Herrn Joerg Hanspeter von der Landesbibliothek Glarus, an Jacky vom BuzanCentre und an Frau Katharina Julia Doss von der

MineWolf Systems GmbH. Zu großem Dank bin ich meinem Mann Klaus Schröder verpflichtet, für seine fürsorgliche Betreuung und seine zahlreichen kritischen und kreativen Vorschläge. Wertvolle Unterstützung erhielt ich von Timo Schröder, der die Illustrationen für dieses Buch erstellte. Schließlich danke ich auch sehr Herrn Professor Dr. Wolfgang Cezanne für das Dante-Zitat, das ich an den Schluss dieses Buches gesetzt habe.

Mann/Frau

Um den Lesefluss des Textes nicht zu unterbrechen, wird im Text einmal die weibliche, ein anderes Mal die männliche Endung verwendet; zugleich sind bei allen Personengruppen und Anreden immer weibliche & männliche Personen gemeint.

Und nun: Seien Sie kreativ!

Ihre

Marion Schröder

Hinweise des Verlags

neue Didaktik

Um Ihnen als Leser das Lernen zu erleichtern, wurde für die Bücher der Buchreihe »Soft Skills« eine neue Didaktik entwickelt. Der Buchaufbau und die didaktischen Elemente sind auf der vorderen Buchinnenseite beschrieben.

kostenloser e-learning-Kurs

Ergänzend zu diesem Buch gibt es den kostenlosen e-learning-Kurs »Schnelleinstieg: Kreativität«. Sie finden den Kurs auf der e-learning-Plattform `www.W3L.de`. Bitte wählen Sie auf dem Reiter »Online-Kurse« den Link »Zur TAN-Einlösung«. Registrieren Sie sich als neuer Benutzer und geben Sie anschließend folgende Transaktionsnummer (TAN) ein: `9177251350`.

Ihr W3L-Verlag

Inhaltsverzeichnis

1 Testen Sie Ihre Kreativität! *

Dieses Buch handelt von kreativer Ideenfindung und Problemlösung. Vielleicht sind Sie bereits so kreativ, dass Sie keine Unterstützung mehr brauchen. Testen Sie daher jetzt Ihre Kreativität.

Der Psychologe Beyer /Beyer 85/ veröffentlichte folgende anspruchsvolle Kreativitätsaufgabe mit dem Titel »Retten Sie sich vor dem Feuer!«, die im folgenden im Original wiedergegeben wird (siehe Abb. 1.0-1): Test

»Bitte schauen Sie sich einmal die Zeichnung an! Zitat

Stellen Sie sich einmal vor, Sie befinden sich auf dieser Insel, die 100 Kilometer lang und 50 Kilometer breit ist. Hoch oben im Norden ist ein Feuer ausgebrochen, das mit einer Geschwindigkeit von etwa 40 Kilometern pro Stunde in Richtung Süden auf Sie zu treibt. Sie befinden sich etwa in der Mitte der Insel, die Entfernung zum Ufer beträgt etwa 25 Kilometer, das Feuer selbst ist etwa 20 Kilometer von Ihnen entfernt. Demnach wird Sie das Feuer in etwa 30 Minuten erreicht haben. Da das Gelände darüber hinaus auch noch zerklüftet und unwegsam ist, können Sie es niemals schaffen, innerhalb von 30 Minuten bis zum rettenden Wasser zu kommen. Außerdem macht Ihnen ja auch schon der Qualm zu schaffen, der bereits sichtbar auf Sie zu treibt. Der Boden besteht aus sehr trockenem Sand, bewachsen ist er mit sehr gut brennbarem, ausgedörrten Gras. So wie das Ganze im Moment aussieht, ist es eine ausweglose Situation.
Und nun meine Frage an Sie: Wie schaffen Sie es, dass Sie dem Feuer entkommen, dass Ihnen also kein "Haar gekrümmt wird"? Um Ihnen die Sache nicht allzu schwer zu

machen, haben Sie noch folgende Gegenstände bei sich: eine Schaufel, einen Kochtopf, einen Eimer, ein Feuerzeug, ein Radiogerät, ein Boot, ein Gewehr und ganz in Ihrer Nähe einen Brunnen, in dem es frisches Süßwasser gibt. Bitte versuchen Sie nun, eine passable Lösung zu finden. Hier gibt es sicher mehrere Lösungen, aber eine Lösung gilt als optimal. Im übrigen können Sie folgende Lösung bereits ausklammern: Sie können nicht dem Feuer entgegenlaufen, und darauf hoffen, am Feuer vorbeizukommen, dafür ist die Feuerwand zu breit. Sie haben nun maximal 30 Minuten Zeit für eine optimale Lösung, dann hat Sie das Feuer erreicht. Ich wünsche Ihnen viel Erfolg.«

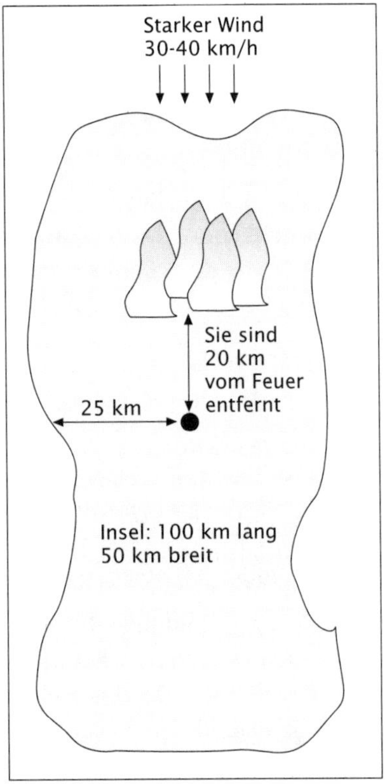

Abb. 1.0-1: So sieht die Insel aus, auf der Sie sich befinden.

Train your brain:
Überlegen Sie sich eine Lösung.

Damit Sie nicht gleich nachsehen, wird Ihnen die Lösung im e-learning-Kurs zu diesem Buch verraten. Wenn Sie *keine* passable Lösung finden, dann sollten Sie unbedingt weiterlesen. Wenn Sie glauben, eine optimale Lösung gefunden zu haben, dann sollten Sie trotzdem weiter lesen. Einige neue Anregungen gibt es sicher auch für Sie noch. Viel Spaß!

Basistext

2 Herzlich willkommen zur kreativen Ideenfindung und Problemlösung *

Ihre Wahl ist auf eines der faszinierendsten Themen der menschlichen Informationsverarbeitung gefallen. Hier lernen Sie, Denkgrenzen zu überschreiten. Hier können Sie mit Hilfe von Kreativitätsmethoden neue und originelle Ideen finden und hochwertige Problemlösungen entwickeln.

Für viele Aufgaben Ihres Arbeitsalltags kennen Sie **Lösungsroutinen**. Aufgabe

Wer regelmäßig die Farbpatrone seines Tintenstrahldruckers wechselt, macht sich über diesen Handlungsablauf kaum noch Gedanken. Er handelt schon beinahe automatisch. Beispiel

Ein Problem taucht erst auf, wenn bewährte Routinen nicht mehr funktionieren, wenn Hindernisse auftreten und Erwartungen nicht erfüllt werden. Dann muss man sich **auf die Suche machen, nach neuen Ideen und Lösungswegen**. Problem

Zitat

»Von Problemlösen wollen wir immer dann sprechen, wenn ein unerwünschter Ausgangszustand in einen erwünschten Endzustand transferiert werden soll, diese Transformation jedoch durch eine Barriere behindert wird« /Dörner 76, S. 10/.

Manchmal findet man irgendwo eine Lösung, die man relativ unverändert *kopieren* kann: »*Monkey see, monkey do*« nennen Psychologen dieses Prinzip des »Nachäffens«. Doch vieles muss man selbst herausfinden:

Beispiel

Wenn zum Beispiel die eckige Klammer auf Ihrem Computer-Bildschirm nicht erscheint, weil das falsche Tastaturlayout eingestellt ist, und Sie selbst nicht wissen, wie man die deutsche Tastatur aktivieren kann, dann werden Sie viele Tasten anschlagen, um auszuprobieren, welche die richtige ist. Immer wieder taucht das falsche Zeichen auf Ihrem Bildschirm auf. Immer wieder müssen Sie den Irrtum korrigieren und das falsche Zeichen löschen. Doch wenn Sie zäh bleiben und systematisch alle Tasten durchspielen, nähern Sie sich der gesuchten Lösung unweigerlich, und früher oder später erwischen Sie das gewünschte Zeichen. Leider kostet diese uralte **Methode** der **Lösungsannäherung durch Versuch und Irrtum** viel Zeit.

unübersichtliche Probleme

Bei anderen Problemen kommen Sie nicht so leicht durch Ausprobieren oder in einer überschaubarer Zeit zum Erfolg. Dies ist vor allem dann der Fall, wenn das Problem komplex, unübersichtlich und vielschichtig ist. Häufig weiß man nicht einmal, wo man suchen soll und ob es überhaupt eine brauchbare Lösung gibt. Hier muss man sich etwas einfallen lassen! – Aber Sie wissen ja: Not macht erfinderisch!

Heuristiken

Erfolgreiche Ideensucher und Problemlöser nutzen leistungsfähige **Suchtechniken**. Zu den bewährtesten zählen die Bildung von **Assoziationen** und **Analogien**, die Umstrukturierung, **Variation** und **Modifikation** und die Kombination verschiedener Lösungselemente.

Diese so genannten **Heuristiken** nutzt man zum Beispiel im Rahmen von ***Benchmarking***-Prozessen. Unternehmen suchen hier gezielt nach *Best-Practice*-Lösungen aus eigenen und fremden Branchen, um sie durch Übertragung und Neugestaltung für sich nutzbar zu machen. Wird die Ideensuche auf problemfremde Bereiche ausgedehnt, kann dies zu echten Neuheiten und bahnbrechenden Innovationen führen.

Beispiel

Eine der bekanntesten Erfindungen, die auf Analogiebildung basiert, ist die hölzerne Buchdruckerpresse von Johannes Gutenberg (vor 1400 – 1468). Ihm kam beim Betrachten einer Weinpresse blitzartig die Idee, seine beweglichen Metall-Buchstaben nach einem ähnlichen Prinzip mit Hilfe einer Handdruckpresse aufs Papier zu bringen (Abb. 2.0-1).

Fremde Quellen werden heute besonders in der »Bionik« (S. 286) genutzt, einer der spannendsten Anwendungsbereiche der kreativen Ideenfindung. Hier gelangt man durch Inspirationen aus der Natur zu neuen Einfällen für Produkt- und Prozessinnovationen. Beispiele aus biologischen Systemen dienen als Vorbild und Anstoß für neue technische, wirtschaftliche, medizinische und soziale Problemlösungen.

Beispiel: Bionik

Zu den faszinierenden Entdeckungen dieses Bereichs gehört der so genannte Lotus-Effekt®. Bereits im Jahre 1975 entdeckte der Botaniker Professor Dr. Wilhelm Barthlott die selbstreinigende Oberflächenstruktur der Kapuzinerkresse. In den 1980er Jahren untersuchte er gemeinsam mit einem Mitarbeiterteam an der Universität in Bonn die Blätter der Lotus-Blume. Wasser und Schmutzpartikel perlen von ihnen ab. Die Botaniker konnten den bemerkenswerten Selbstreinigungseffekt der Pflanzenblätter auf spe-

Abb. 2.0-1: Druckerpresse, Gutenberg.

zielle wasserabweisenden Eigenschaften und eine feine Noppenstruktur zurückführen. Seither zeigt die Arbeitsgruppe auf, wie man den Effekt technisch nutzbar machen kann. Die Erkenntnisse nutzt man inzwischen beispielsweise bei der Herstellung neuer Fassadenfarben, Lacke, Dachziegel und Keramiken. Der Lotus-Effekt ist heute ein rechtlich geschütztes Markenzeichen für selbstreinigende Oberflächen und gilt als viel versprechender wirtschaftlicher Erfolgsfaktor der kommenden Jahre (s.a. Lotus-Effekt (`http://www.botanik.uni-bonn.de/system/bionik.htm`)).

Erfolgsfaktoren

Wenn Probleme nicht oder nur unzureichend auf konventionelle Weise gelöst werden können, muss man neue Wege beschreiten. Dabei sind folgende Faktoren entscheidend für den Erfolg:

Basistext

- Das Wissen und die Erfahrungen der beteiligten Personen.
- Ihre Fähigkeiten, neue und originelle Ideen zu finden und daraus hochwertige Lösungen zu entwickeln.

Mit Hilfe der nachfolgenden Wissensbausteine erweitern und vertiefen Sie Ihre Ideenfindungs- und Problemlösungskompetenzen. Sie lernen die bewährtesten Kreativitätsmethoden kennen und können das neue Wissen gleich in die Praxis umsetzen.

Kreativitätsmethoden binden Heuristiken ein

Kreativitätsmethoden binden die beschriebenen Heuristiken ein. Sie liefern zugleich einen roten Faden zur Steuerung des mehrstufigen Problemlösungsprozesses.

- Wenn Sie die Wissensbausteine der Reihe nach absolvieren, erfahren Sie Schritt für Schritt, worauf es in jeder Prozessphase besonders ankommt und welche Methoden am hilfreichsten sind. Diese Vorgehensweise empfiehlt sich besonders für Lerner, die an einer systematischen Erarbeitung des Lernstoffs interessiert sind.
- Sind Sie an bestimmten Methoden zur Ideenfindung, Problemlösung oder Alternativenauswahl vorrangig interessiert, können Sie die entsprechenden Wissensbausteine auch direkt durcharbeiten und die Handhabung der Methoden nach Belieben trainieren.

Viel Freude beim Ausprobieren, Lernen und Entdecken!

Glossar

Analogie *(analogy)* Beziehung zwischen Elementen, Vorstellungen oder Wissenseinheiten, die Ähnlichkeiten aufweisen. Wenn Problemlösungen und Erkenntnisse aus anderen Bereichen in ihren Ausgangs- oder Rahmenbedingungen einem neuen Problem ähnlich sind, kann man sie analog bzw. sinngemäß zur Entwicklung neuer Lösungen übertragen.

Assoziation *(association)* Geistige Verknüpfung von Vorstellungen, Ideen und Wissenseinheiten

Benchmarking *(benchmarking)* Aus den USA stammende Methode, die seit den 80er Jahren auch in Europa eine schnelle Verbreitung gefunden hat. Dabei analysieren und vergleichen Unternehmen ihre eigene Leistungskraft und Durchführungsqualität systematisch mit der Leistungskraft und Durchführungsqualität anderer Marktteilnehmer. Dies können die Besten der eigenen Branche oder branchenferne Unternehmen sein (externes Benchmarking), außerdem eigene Filialen oder Geschäftsbereiche (internes Benchmarking). Auch bei der Ideensuche kann man sich an den Besten orientieren, von ihnen lernen und auf dieser Basis eigene neue Produkte und Verfahren entwickeln (engl.: benchmark – Maßstab).

Heuristik *(heuristics)* Lehre vom (Er)finden. Kunst der Ideenfindung und der Nutzung spezieller Verfahren zur Problemlösung. Heuristiken werden auch als "kognitive Eilverfahren" bezeichnet (grch.: heuriskein – finden; heureka – ich habe es gefunden).

Methode *(method)* Planmäßiges Vorgehen, Verfahren, folgerichtiges Handeln zur Lösung einer Aufgabe (griechisch: méthodos – Verfolgen, Nachgehen).

Modifikation *(modification)* Abänderung, Umstellung auf das richtige Maß (lat.: modificatio – Abmessung).

Variation *(variation)* Abwandlung, Veränderung. Beispiel: Variation eines Themas in der Musik (lat.: variare – sich verändern).

3 Die Kunst der kreativen Ideenfindung *

Wer Ideen und hochwertige Problemlösungen sucht, wer neue Produkte und Innovationen schaffen will, benötigt Kreativität. In dieser Gruppierung erfahren Sie, durch welche Denk- und Arbeitsweisen Kreativität freigesetzt wird:

- Wissensbaustein »Kreatives Denken« (S. 9)
- Wissensbaustein »Grundregeln für die Ideensuche« (S. 19)
- Wissensbaustein »Heuristiken und Kreativitätsmethoden« (S. 29)

3.1 Kreatives Denken *

Eingefahrene Denkroutinen und starre Sichtweisen behindern die Suche nach neuen Ideen. Die eigenen Fähigkeiten und die Potentiale der Mitarbeiter werden dann nicht ausreichend genutzt! Durch Kreativität gelingt es, Denkgrenzen zu überschreiten. Zur Kreativität gehört divergentes Denken, durch das man zu außergewöhnlichen und originellen Einfällen gelangt. Die Ideen- und Lösungssuche kann man mit Hilfe von

Kreativitätsmethoden erleichtern und unterstützen. Sie liefern ein stabiles Gerüst zur Steuerung des Prozesses. Zu den Ergebnissen der kreativen Arbeit gehören Produkt- und Verfahrensverbesserungen, Neuentwicklungen, Entdeckungen und Erfindungen.

- Suchen Sie außergewöhnliche Ideen und neue Problemlösungen? Dann denken Sie kreativ!
- Wollen Sie schwierige, unstrukturierte und komplexe Probleme lösen? Dann nutzen Sie Ihre Kreativität, um Ihre Ziele zu erreichen!

Hier stellt sich die Frage:
Was ist Kreativität, und was zeichnet kreatives Denken aus?

Was ist Kreativität?

Der Begriff **Kreativität** geht zurück auf das lateinische Wort *creare*, das mit *schaffen, erschaffen, hervorbringen* übersetzt wird. Als Kreativität bezeichnet man die **schöpferische Kraft** einer oder mehrerer Personen, **Neues hervorzubringen, das zugleich originell und zweckmäßig ist.** Grundlage der Kreativität ist das kreative Denken, durch das man festgefahrene, starre und hinderliche Denkmuster überwindet und neue, ungewöhnliche Ideen findet.

Konvergentes und divergentes Denken

Der amerikanische Psychologe Joy Paul Guilford unterscheidet **divergentes** und **konvergentes** Denken /Guilford 62/.

konvergentes Denken

Gut definierte und übersichtlich strukturierte Arbeitsaufgaben kann man meistens durch **konvergentes Denken** lösen. Dabei nähert man sich der gesuchten Lösung auf analytischem und systematischem Wege, durch logisches

Schließen und oft routinemäßig. Diese Fähigkeiten werden auch in Intelligenztests gemessen und bewertet.

Beispiel

Wenn ein Kaufmann Schwierigkeiten bei einer Routine-Rechnung hat, bei der es nur eine richtige Lösung gibt (Beispiel: Berechnung des Anteils bestimmter Produkte am Gewinn), so benötigt er mathematische, betriebswirtschaftliche und analytische Fähigkeiten. Kreativität ist dagegen kaum gefragt: Er muss nichts Neues erschaffen, keine neuen Lösungswege er/finden, nichts Außergewöhnliches erzeugen, sondern er bewegt sich auf bewährten, konventionellen bzw. konvergenten Denkbahnen.

divergentes Denken

Beim divergenten Denken beschreitet man **unerforschte Wege**. Weil man wissbegierig ist, neugierig und voller Entdeckerfreude oder weil gewohnte Lösungsroutinen nur schwer oder gar nicht zum Ziel führen. *Divergent thinking* bedeutet anders zu denken, nämlich abweichend von den bewährten »Trampelpfaden«. **Querdenken** führt zu neuen, ungewöhnlichen Einfällen.

Um divergentes Denken zu fördern, kann man das **Problem auf unterschiedliche Weise verfremden**, zum Beispiel durch eine intuitive Konfrontation mit Elementen aus anderen Realitätsbereichen. Der **Perspektivenwechsel** regt zu neuen **Assoziationen** und Vorschlägen an. Geistige Blockaden, nach dem Motto: »Auf Kommando fällt mir nichts ein!« versucht man durch Reizobjekte wie Produkte, Bilder oder Reizwörter und auch durch spielerische Verfahren (Experimentieren, Malen, Jonglieren) zu überwinden. Wenn interdisziplinär besetzte Teams sich im divergenten Denken üben, können besonders originelle und wertvolle Lösungsideen entstehen.

Zitat

»Unter Kreativität versteht man die Fähigkeit, Wissens- und Erfahrungselemente aus verschiedenen Bereichen unter Überwindung verfestigter Strukturen und Denkmuster zu neuen Problemlösungsansätzen bzw. zu neuen Ideen zu verschmelzen.« /Balzert 98, S.171/

Divergentes Denken ist notwendig bei Problemen, die unübersichtlich sind und schlecht strukturiert, die kompliziert sind, komplex und nicht auf Anhieb lösbar. Oft kann man nicht absehen, ob eine oder mehrere Lösungen zu erwarten sind.

Wechsel der Denkweisen

Aber Achtung! **Praxisprobleme sind Mischprobleme**. Während eines Problemlösungsprozesses muss man in verschiedenen Arbeitsphasen (Abb. 3.1-1), in Abhängigkeit von den jeweiligen Anforderungen, einmal divergent denken und außergewöhnliche Ideen suchen, dann wieder konvergent, um die am besten geeigneten Alternativen auszuwählen und eine optimale Lösung auszuarbeiten.

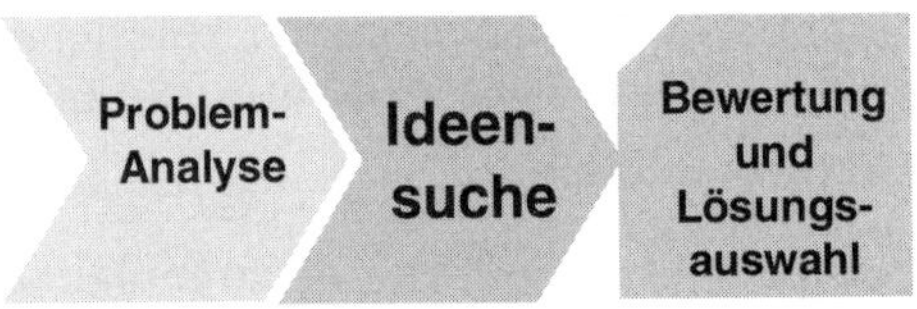

Abb. 3.1-1: Arbeitsphasen.

Beispiel

Wenn ein Unternehmer plant, ein neues Produkt auf den Markt zu bringen, das man schnell und äußerst kostengünstig produzieren kann, das durch eine innovative Technik, herausragende Qualität und ein neues, unverwechselbare Design auffallen soll, das obendrein hohe Wechselkosten verursachen muss, um Kunden länger zu binden und geeignet sein muss, hohe Marktanteile zu erzielen, dann ist guter Rat teuer und Kreativität nötig. Denn einen vorgefertigten Lösungsweg wird es bei dieser komplexen Problemstellung nicht geben.

Basistext

Ob man eine Produktidee finden wird, die tatsächlich alle Anforderungen erfüllt, ist fraglich. Zielkonflikte sind absehbar und müssen gelöst werden. Andererseits ist es nicht auszuschließen, dass kreative Ideensucher gleich mehrere praktikable Lösungen für das gesuchte Produkt aufspüren.

Zunächst allerdings muss die Arbeitsgruppe dieses **Konstellationsproblem** genau analysieren, vorhandenes Fachwissen nutzen und fehlende Informationen einholen (und dabei vor allem konvergent denken). In den daran anschließenden Prozessphasen muss sie neue, ausgefallene Ideen für das neue Produkt entwickeln. (Bloß gut, wenn man jetzt divergent denken kann).

Später werden die Ideen bewertet und geeignete Lösungen für Teilprobleme ausgewählt. Damit Teillösungen zusammen funktionieren, muss man sie noch anpassen und die Schnittstellen optimieren. So kann sich die Arbeitsgruppe noch eine Weile im divergenten und konvergenten Denken üben, bis sie die richtige **Konfiguration** für das Gesamtkonzept gefunden hat.

Nun denken Sie wahrscheinlich: »Ok, aber das hört sich alles ganz schön schwer an.« Keine Sorge, Sie finden hier eine Menge Hilfen, die Ihnen die Ideenfindung und Problemlösung erleichtern.

***Train your brain:* Konvergent und divergent denken.** Beurteilen Sie in der nachfolgenden Übung, ob die Lösung des jeweiligen Problems vor allem durch konvergentes oder eher durch divergentes Denken zu finden ist, oder ob es sich eindeutig um ein Mischproblem handelt, das beide Denkweisen erfordert.

Wenn Sie in jeder Zeile der Tab. 3.1-1 die richtige Antwort auswählen und sich den entsprechenden Großbuchstaben notieren, erhalten Sie am Ende ein Lösungswort. Es sagt Ihnen, was Sie nachdrücklich tun sollten, um herauszufinden, welches Problem tatsächlich gelöst werden muss. Entscheiden Sie: Wie wird das Problem jeweils gelöst?

a Vor allem durch konvergentes Denken.
b Vor allem durch divergentes Denken.
c Als Mischproblem mit konvergenten und divergenten Denkphasen.

Das Lösungswort finden Sie am Ende des Wissensbausteins.

Train your brain: **Wer denkt wann wie?**
Finden Sie Beispiele in Ihrem eigenen Arbeitsalltag für:

a Konvergentes Denken:

....

b Divergentes Denken:

....

c Mischprobleme, die beide Denkweisen erfordern:

....

Produkte kreativen Arbeitens

vom Verbesserungsvorschlag zur Innovation

Die kreative Ideensuche führt zu neuen, außergewöhnlichen und zugleich zweckmäßigen Produkten **mit unterschiedlicher Tragweite**. Einerseits finden täglich zahllose Mitarbeiter an ihren Arbeitsplätzen neue, ausgefallene Möglichkeiten, die eigenen Arbeitsabläufe leichter und effizienter zu gestalten. Manch eine Idee wird **in Form eines Verbesse-**

rungsvorschlags weitergegeben, ohne große betriebliche Auswirkungen.

Nr.	Gesucht wird...	a	b	c
1	der Ort, an dem Ihr Schlüsselbund liegt, den Sie in den letzten 10 Minuten verlegt haben. Dazu gehen Sie gedanklich die Reihenfolge der Handlungsschritte durch.	F	A	L
2	der Gesamtwert aller Verlobungsgeschenke, die Sie großzügig an ehemalige Freunde (Freundinnen) vergeben haben. Dazu addieren Sie die angefallenen Kosten.	R	E	B
3	ein neuer Werbeslogan für Ihr Unternehmen. Sie analysieren mit Kollegen die Bedürfnisse der wichtigsten Kundengruppen. Anschließend generieren Sie möglichst ausgefallene Ideen. Schließlich bewerten Sie die gefundenen Werbeverse und wählen den treffendsten aus.	E	R	A
4	eine besonders ausgefallene Sandburg, die sich Ihre Freundin zu Beginn des Nordsee-Urlaubs wünscht. Sie beabsichtigen mit diesem Objekt Ihr künstlerisches Geschick zum Ausdruck zu bringen. Sie lassen sich von der Kraft des Windes inspirieren und legen los.	R	G	N
5	eine besonders ausgefallene Sandburg mit 32 Zimmern, 3 Garagen und 2 Panorama-Türmen. Das Objekt soll durch ein imponierendes, neues Design die Strandkorbnachbarn von den Plätzen reißen. Es soll der nächsten Sturmflut locker standhalten. Sie analysieren die Anforderungen und basteln tagelang an einem schriftlichen Entwurf herum. Dann machen Sie sich während einer Strandwanderung auf die Suche nach neuen Gestaltungsideen: Dabei versetzen Sie sich gedanklich in die Lage eines soeben auf der Erde gelandeten Außerirdischen, der sich an diesem feuchten Ort niederlassen will, in einem burgenähnlichen, stabilen und wasserundurchlässigen Sandgebilde. Sie sammeln alle verrückten Einfälle, die Ihnen in den Sinn kommen. Am nächsten Tag prüfen Sie Ihre Ideen, denken über praktikable Teillösungen nach, um sie zu kombinieren und zu einer Gesamtlösung weiter auszuarbeiten.	N	I	E
6	Gestaltungsideen für die Benutzungsoberfläche einer neuen Software. Damit soll die Lebensmittel-Lagerhaltung in Kühlschränken gesteuert werden. Sie sammeln Spontanideen, wobei jeder Einfall erlaubt ist, selbst wenn er noch so problemfern und utopisch klingt.	M	N	U

Tab. 3.1-1: Konvergentes & divergentes Denken.

Basistext

Beispiel 1a

Eine Kollegin entwickelt eine völlig neue, unkonventionelle Darstellung eines Ressourcendiagramms für die Projektplanung. Es wird fortan von einem einzelnen Projektleiter eingesetzt.

Doch ein Vorschlag kann auch den Anstoß zu einer bedeutenderen **Neuentwicklung** geben.

Beispiel 1b

Das neue Ressourcendiagramm bewährt sich. Es erhält einen einprägsamen Namen, wird für unterschiedliche Unternehmensprozesse originell und bestmöglich ausgestaltet und in eine Software transferiert. Nach der Veröffentlichung wird es allmählich zu einem unentbehrlichen Standardinstrument der Projektsteuerung in vielen verschiedenen Ländern.

Viele kreative Produkte sind **Modifikationen** von zuvor bereits vorhandenen Objekten. Darüber hinaus führt der kreative Problemlösungsprozess auch zu echten Neuheiten.

Forschungs- und Entwicklerteams machen sich auf die Suche nach **Innovationen**, die im Rahmen von technischen, wirtschaftlichen und sozialen Veränderungen wichtig sind und langfristig genutzt werden sollen. Außerdem kommt es zu **Erfindungen und Entdeckungen**, denen häufig eine jahrzehntelange Suche vorausgeht. Sie werden durch Zähigkeit und unermüdliches Ringen generiert, nicht selten von einzelnen Personen. Diese kreativen Produkte können zum Fortschritt ganzer Gesellschaften beitragen.

James Watt

Ein Beispiel dafür ist die Dampfmaschine. 1690 baute der Franzose Denis Papin (1647-1712) die erste Kolbendampfmaschine. 1698 erfand der Engländer Thomas Savery (1650-1715) eine Dampfdruckpumpe, die Grubenwasser aus Bergwerksstollen herauszupumpte. Der britische

Ingenieur James Watt (1736-1819) verbesserte die Dampfmaschine zu einem marktfähigen Wirtschaftsprodukt. (Den entscheidenden Anreiz für seine Idee lieferte ihm ein Kochtopfdeckel, der durch die Kraft des Dampfes in Bewegung versetzt wurde.) Eine Reihe von Weiterentwicklungen führte schließlich zum Dampfwagen und dann zur dampfbetriebenen Lokomotive. Dies veränderte die Sicht der Menschen auf die Welt.

»Sie führte zu einem neuen Weitblick und zu einer neuen Geisteshaltung, revolutionärer, als man es von einer Veränderung der Lebensweise hätte erwarten können.« /Popper 94, S.263/ Zitat

Divergentes Denken bzw. **bahnbrechendes Durchbruchsdenken** *(breakthrough thinking)* führt zur Überschreitung bislang beachteter Grenzen und eröffnet völlig neue Möglichkeiten. Allerdings sind Produktideen, die auf kreative Weise entstehen, nicht allein schon deshalb wertvoll, weil sie neu, außergewöhnlich und zweckmäßig sind. Auch die Konsequenzen ihrer Realisierung müssen bedacht und sorgfältig geprüft werden.

Zu Beginn dieses Wissensbausteins wurde die Frage gestellt: **Was ist Kreativität und was zeichnet kreatives Denken aus?** Versuchen Sie sich mit Hilfe der Gedächtniskarte der Abb. 3.1-2 an die wichtige Faktoren zu erinnern.

***Train your brain:* Kreativität – Wie denken Sie darüber?**

Sie haben hier eine Definition des Begriffs Kreativität kennen gelernt, wie sie für Ideenfindungs- und Problemlösungsprozesse gebräuchlich ist. Eine einzige allgemeingültige und verbindliche Definition von Kreativität gibt es allerdings nicht. Überlegen Sie zum Abschluss dieses Wissensbausteins:

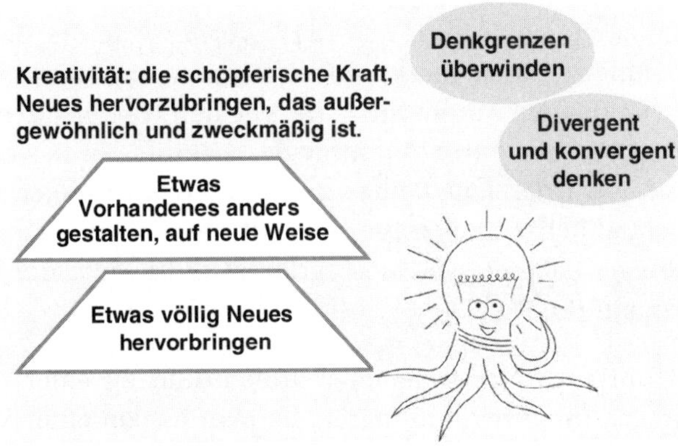

Abb. 3.1-2: Kreativität.

Was bedeutet Kreativität für Sie ganz persönlich?

....

Lösung des Rätsels: [1]

Glossar

divergent *(divergent)* Joy Paul Guilford führte 1950 den Begriff des divergenten Denkens ein: *divergent thinking*. Gemeint ist ein ungewöhnliches, von gewöhnlichen Denkroutinen abweichendes Denken. Querdenker sind hier gefragt (franz.: diverger – auseinander gehen; divergence – Verschiedenheit).

Innovation *(innovation)* Veränderungen, (Er)neuerungen, die mit dem sozialen, technischen und wirtschaftlichen Wandel einhergehen. Erfindungen, Entdeckungen und neue Problemlösungen, die zum Fortschritt einer Gesellschaft beitragen, zählen zu den Innovationen (lat. novus – neu; innovatio – die Erneuerung).

Konfiguration *(configuration)* Gruppierung, Verbindung einzelner Elemente zu einer Gestalt bzw. zu einem Gesamtsystem oder Gesamtlösung (lat.: configurare – gestalten; figura – Gestalt).

Konstellation *(constellation)* Zusammentreffen mehrerer Elemente bzw. bestimmter Umstände (lat.: stella – Stern).

konvergent *(convergent)* Beim konvergenten Denken nutzt man

[1] Vor der Ideenproduktion sollten Sie nachdrücklich FRAGEN stellen, um herauszufinden, welches Problem tatsächlich gelöst werden muss.

Basistext

vorhandenes Wissen, um die eine korrekte Lösung einer Aufgabe bzw. eines Problems zu finden. Gewohnheitsdenken und Routinen führen hier meistens zum Ziel. Die Fähigkeit, konvergent zu denken, wird in Intelligenztests geprüft (lat.: convergere – sich annähern).

Kreativität *(creativity)* Der Begriff Kreativität ist eine Eindeutschung des Amerikanischen *creativity*. Joy Paul Guilford erforschte in der sechziger Jahren des letzten Jahrhunderts die menschliche Intelligenz und Kreativität. Er bezeichnet Kreativität als die schöpferische Kraft einer Person, Neues hervorzubringen, dass außergewöhnlich und zweckmäßig ist. Bei der kreativen Ideensuche und Lösungsfindung werden Elemente aus unterschiedlichen Realitätsbereichen gedanklich verknüpft. Hunt (1983) beschreibt Intelligenz als kognitive Aktivitäten, die man benötigt, um Probleme zu lösen. Löst man Probleme auf ungewöhnliche und zugleich angemessene Weise, gilt dies als kreative Problemlösung. Die kreative Leistung kann auf unterschiedlichen Niveaustufen zustande kommen: von der Produktion spontaner, witziger Einfälle bis hin zu bahnbrechenden Erfindungen (Beispiel: Buchdruck mit beweglichen Bleilettern). Kreativität hat vier Aspekte: die kreative Persönlichkeit, das Umfeld, das kreative Produkt, der kreative Prozess (lat.: creare – schaffen, erschaffen, hervorbringen).

3.2 Grundregeln für die Ideensuche *

Wer neue und originelle Ideen finden und angemessene Problemlösungen entwickeln will, sollte eine Reihe von Grundregeln beachten. Besonders wichtig ist es zum Beispiel, die Ideensuche und die Bewertung der Einfälle zeitlich voneinander zu trennen. Außerdem kann man die Suche durch Verfremdungseffekte anreizen. Dazu gehört die Problemumkehrung, mit deren Hilfe man Suchblockaden überwindet und zu neuen Sichtweisen gelangt.

Sind Sie ein kreativer Mensch? »Natürlich«, werden Sie sagen, »jeder Mensch kann kreativ sein.« Aber wie gut ist Ihre kreative Kompetenz? »Wie soll man das beurteilen?« mögen

Sie einwenden. Es ist auch keine leichte Frage. Die Qualität von logisch-analytischen Leistungen kann man mit Hilfe von Intelligenztests bewerten. Ob man die Kreativität der Menschen messen kann, bleibt umstritten.

neue, originelle und wertvolle Ideen produzieren

Weitgehend einig ist man sich allerdings darüber, dass kreative Menschen **divergent** denken und dass sich der Erfolg dieses »abweichenden« Denkens darin zeigt, wie gut es gelingt, neue, **originelle** und zugleich wertvolle Ideen zu produzieren.

Zitat

»Es gilt als selbstverständlich, dass Originalität ein Hauptfaktor der Kreativität ist. Hingegen wird die Bedeutung der Angemessenheit des Handelns nicht immer erkannt. Die Angemessenheit liefert jedoch das Kriterium, das zwischen kreativen und unsinnigen Handlungen unterscheidet. Problemlösungen, die einzigartig, aber völlig wertlos oder irrelevant sind, werden nicht für kreativ gehalten.« /Zimbardo 92, S.449/

Doch was kann man tun, um die grauen Zellen auf Trab zu bringen? Ausgangsfrage:
**Was ist bei der Ideensuche zu beachten,
damit man hochwertige Lösungen entwickeln kann?**

Eine Antwort lautet: Halten Sie bei der Ideensuche eine Reihe von Grundregeln ein:

Grundregeln für die Ideensuche

- **Flüssigkeit**: Viele Ideen erzeugen.
- **Ideenvielfalt**: Verschiedene Ideen generieren.
- **Originalität**: Ausgefallene, seltene und ungewöhnliche Ideen finden.
- **Sensitivität**: Gespür entwickeln für das konkrete Problem und die Lösungserfordernisse, Einfühlsamkeit zeigen bei der Kommunikation und Kooperation.
- **Elaboration**: Lösungsideen weiter ausarbeiten.

1. Viele Ideen erzeugen

Flüssigkeit

- □ Formulieren Sie ein Suchproblem und sammeln sie möglichst viele Einfälle, allein oder im kreativen Team.
- □ Visualisieren Sie die Beiträge (beispielsweise auf einem Laptop, auf Notizpapier, Flipchartblöcken, Wandplakaten, Tafeln oder Moderationskarten). Das vor Augen geführte Material regt die Beteiligten zu weiteren **Assoziationen** an. Lassen Sie alle Ideen zu, damit der Informationsfluss nicht unterbrochen wird.

Quantität geht vor Qualität!

Doch vermeiden Sie es unbedingt, Einfälle während der Suchphase zu bewerten. Das würde die Motivation der Ideensucher schwächen. Kritik ist verboten, solange Lösungsvorschläge eingehen, egal ob eine Idee passend oder unpassend erscheint, sich sinnvoll oder unsinnig anhört, absurd oder utopisch klingt. Einfälle, die zunächst merkwürdig wirken, können später konkretisiert werden und sich dabei noch als erstaunlich wichtig erweisen. Zunächst soll nichts verloren gehen, was in Verbindung mit der Problemstellung assoziativ auftaucht.

Merke: **Erst die Ideenfindung, dann die Bewertung!**

***Train your brain:* Viele Ideen generieren**
Finden Sie in den nächsten fünf Minuten möglichst viele Assoziationen zum Begriff Blatt. Setzen Sie die nachfolgende Liste fort: Blattlaus, Blätterwald, kein Blatt vor den Mund nehmen,

....

***Train your brain:* Viele Ideen generieren**
Zeichnen Sie in den nächsten fünf Minuten möglichst viele Objekte, die einen Kreis enthalten. Setzen Sie die Liste der Abb. 3.2-1 fort:

Abb. 3.2-1: Kreisobjekte.

....

2. Verschiedene Ideen generieren: Ideenvielfalt

Ideenvielfalt Manchmal führt die Ideensuche zunächst in eine Sackgasse, weil sehr ähnliche Vorschläge immer und immer wiederkehren. (Vielleicht kennen Sie diesen Effekt von Ausflugs- und Festvorbereitungen: Auf die Frage: Was sollen wir mitbringen? erhalten Sie Vorschläge wie: »Nudelsalat«, »Nudelsalat italienisch«, »Spagetti mit Tomaten und Oliven«, »Pasta alla Napolitana« usw.).

Zweckmäßiger ist es, in dieser Phase eine Vielfalt von unterschiedlichen Einfällen zu produzieren. Dann kann man später auswählen und verlockende Objekte zu ganz neuen, unwiderstehlichen Gesamtlösungen zusammenstellen.

Die Suche nach vielen verschiedenen Ideen können Sie unterstützen, indem Sie **Fragetechniken** und **Kreativitätsmethoden** anwenden. Außerdem bewährt es sich, ein kreatives Team **interdisziplinär** zusammenzusetzen: Personen aus unterschiedlichen Fachgebieten und Unternehmensbereichen analysieren das Problem, wechseln dabei die Perspektiven und liefern relevantes Know-how aus mehreren Arbeitsgebieten.

Train your brain: **Verschiedene Ideen erzeugen**

Finden Sie neue Verwendungsmöglichkeiten für das Gehäuse eines ausgedienten PCs. Schreiben Sie alle Einfälle auf, die Ihnen in den Sinn kommen. Setzen Sie die folgende Liste fort: Kasperletheater, Blumenkübel, Sockenbox,

....

Train your brain: **Verschiedene Ideen erzeugen**

Stellen Sie sich vor: Sie wollen eine neue, originelle Hängematte auf den Markt bringen. Welche Vorzüge und besonderen Funktionen sollte sie haben, damit die Kunden begeistert sind? Notieren Sie Ihre Einfälle:

....

Alles meins!?!

Übrigens: Ein Copyright auf eigene Vorschläge gibt es bei der Ideensuche *nicht*. Die beteiligten Personen können die Einfälle der Kollegen aufgreifen, weiterentwickeln, umgestalten oder mit anderen Elementen kombinieren. Das produzierte Ideenmaterial dient allen Beteiligten als Anreiz.

3. Ausgefallene, seltene und ungewöhnliche Ideen finden

Originalität

Originelle Einfälle sind ausgefallen, selten und ungewöhnlich. Um originelle Einfälle zu produzieren, muss man alte Denkrouten verlassen und ein Problem aus neuen Blickwinkeln betrachten.

Basistext

Train your brain – Teil a: **Orginelle Ideen finden**
Stellen Sie sich vor: Sie sind Möbeldesignerin eines modernen Einrichtungsunternehmens. Heute erhalten Sie den Auftrag, außergewöhnliche Ideen für neue, exklusive Tischbeine zu entwickeln. Diese Produktbestandteile sollen auf einer speziellen Verkaufsmesse zu Beginn des nächsten Jahres vorgestellt werden. Notieren Sie Ihre Einfälle:

....

Train your brain – Teil b: **Verfremdungstechnik nutzen**
Früher oder später versiegt der Ideenstrom. Doch Sie können die Suche wieder ankurbeln und in einer zweiten Suchrunde zu neuen Geistesblitzen gelangen, indem Sie das Problem verfremden:

travel trick
Stellen Sie sich vor: Sie befinden sich um 1600 v. Chr. auf der Insel Kreta und sind Gast im märchenhaften Palast der Königin Klio Kofnus. Da Sie in den vergangenen Tagen von den Bediensteten der Königin vortrefflich verwöhnt worden sind, möchten Sie Ihrer Gastgeberin eine Freude bereiten. Dabei fallen Ihnen die Tische ein, die sie durch Handelsgeschäfte in fernen Ländern erworben hat: Die Oberflächen der Tische zieren edle Materialien (Elfenbein, Marmor, Gold usw.). Doch die Beine bestehen aus abgewetzten, unansehnlichen Tierknochen. Das möchten Sie ändern. Schließlich verfügen Sie über das Know-how einer Designerin aus dem Jahre 2006 n.Chr. So schlagen Sie Ihrer Gastgeberin vor, für sie kreativ tätig zu werden. Königin Klio Kofnus willigt erfreut ein und gewährt Ihnen, was Material und Design angeht, jede gewünschte Extravaganz und auch personelle und technische Unterstützung.

Nun sind Sie an der Reihe. Finden Sie Lösungen für originelle Tischbeine im Hause der Königin, damit Sie auch im nächsten Sommer wieder eingeladen werden:

....

Eine verrückte Geschichte, die zu neuen, ausgefallenen Lösungen anregen soll. Was machen Sie nun mit den neuen Ideen, die sie unter idealen Bedingungen produziert haben, bei denen Zeit und Ressourcen offenbar keine Rolle spielten, nach dem Motto: »Alles ist möglich?«

***Train your brain – Teil c:* Orginelle Ideen finden**
Prüfen Sie, welche Ideen (aus Teil b) Sie in den Ideenspeicher (Teil a) direkt übernehmen können. Überlegen Sie anschließend, welche Umgestaltungen bei den restlichen Einfällen nötig sind, um auch daraus praktikable Produktlösungen für die Messe im nächsten Jahr zu entwickeln:

....

4. Einfühlungsvermögen entwickeln

Sensitivität

Um gute Ideen und Lösungen zu finden, benötigt man **Sensitivität**. Einfühlungsvermögen und Gespür sind zum Beispiel nötig, um

- die Besonderheiten des konkreten Problems zu erkennen,
- zu begreifen, was zur Entwicklung einer neuen, angemessenen Lösung beträgt,
- den Prozess zu steuern und die Kommunikation und Kooperation in einem kreativen Team erfolgreich zu moderieren,

- ☐ Vorgehensweisen auszuwählen, die zum kreativen Team passen,
- ☐ im richtigen Moment Zusatzinformationen zu liefern,
- ☐ Widersprüche und verborgene Zielstrategien zu entdecken,
- ☐ Zusammenhänge zu erkennen,
- ☐ Verfremdungstechniken zum richtigen Zeitpunkt einzusetzen.

Train your brain: **Einfühlungsvermögen entwickeln**
Stellen Sie sich vor: Als Hersteller von modischen Textilien wollen Sie eine neue Produktserie: Intelligente Klamotten auf den Markt bringen. Mit den Produkten möchten Sie vor allem junge Käufer gewinnen.

Die Suchfrage lautet: Für welche intelligenten Klamotten können wir junge Leute begeistern?

Setzen Sie die nachfolgende Liste fort:
Stiefeletten mit Schmutz abweisender Oberfläche,
Knappe Klamotten aus knitterfreiem Kautschuk,

....

Train your brain: **Problem verfremden**
Nach einiger Zeit stockt die Suche. Doch Sie wissen bereits: Zur Anregung weiterer Ideen können Sie eine Verfremdungstechnik nutzen, zum Beispiel die Problemumkehrung.

Stellen Sie das Problem einfach auf den Kopf!
Dann lautet die neue Suchfrage: Durch welche stumpfsinnigen Klamotten können wir junge Leute abschrecken?

Notieren Sie erneut Ihre Ideen:

....

Das Problem umzukehren und die Suchfrage ins Gegenteil zu verkehren, ist ein bewährtes Prinzip, um sich von der Problemstellung ein Stück weit zu entfernen und sie aus einem neuen Blickwinkel zu betrachten.

Auch Künstler nutzen diese Verfremdungstechnik. Sie stellen Bilder und Kunstobjekte wirklich auf den Kopf, um sie von den herkömmlichen Assoziationen der Betrachter zu befreien.

So schreibt zum Beispiel Anthony d´Offay über ein Bild des Malers Baselitz: »**Steht es auf dem Kopf, so ist es von jedem Ballast befreit, von der Tradition gelöst.**« /D´Offay, Anthony 91, S.8/ Zitat

Bei der Klamotten-Suche lösen Sie sich durch die Problemumkehrung allerdings nicht wirklich vom Thema. Doch Sie erhalten bei der Ideengenerierung wertvolle Informationen darüber, was Sie auf gar keinen Fall produzieren dürfen bzw. wovor Sie sich hüten müssen, um Ihre Kunden nicht zu vergraulen.

Die gewonnenen **Einfälle** wirken provozierend und dienen **als Anreiz**, neue Ideen zu finden. Sobald Sie ausreichend Ideen für stumpfsinnige Klamotten sammelt haben (bis zu circa zehn Ideen reichen meistens aus), können Sie diese **auf das Ausgangsproblem rückbeziehen**. Überlegen Sie, wie aus jeder stumpfsinnigen Klamotte eine wirklich »hochintelligente« wird:

....

Tragen Sie Ihre neuen Lösungen in den Ideenspeicher ein.

Die »Umkehrmethode« (S. 226) wird auch als Kopfstandtechnik bezeichnet. Sie ist einfach anzuwenden und sehr beliebt. Gedanklich überwindet das kreative Team dabei die Strecke vom gefürchteten Mißerfolg bis hin zu einer optimalen Lösung. Hier arbeiten Sie mit faszinierenden Gegensätzen!

5. Gewonnene Ideen zu zweckmäßigen Lösungen ausarbeiten

Elaboration

Nachdem Sie ausreichend Einfälle produziert haben, können Sie einzelne Rohideen weiter ausformulieren. Besonders absurde Vorschläge muss man durch weitere Informationen ergänzen und präzisieren, damit deutlich wird, wie sie zur Problemlösung beitragen können. Teillösungen kann man weiter ausgestalten und prüfen, welche Kombinationen zu einer bestmöglichen Gesamtlösung führen. Die gewonnene Gesamtlösung muss man noch detailliert ausarbeiten, damit sie realisiert werden kann.

Die Ausgangsfrage lautete: Was ist bei der Ideensuche zu beachten, damit man hochwertige Lösungen entwickeln kann? Die Antwort finden Sie in Abb. 3.2-2.

Abb. 3.2-2: Kreative Ideensuche.

Übrigens: All diese Regeln sind Kern der *Brainstorming*-Methode (»Klassisches Brainstorming« (S. 144)). Sie ist die wohl bekannteste und am häufigsten genutzte Kreativitätsmethode und kommt auch innerhalb anderer Verfahren zum Einsatz.

Glossar

originell *(original)* Neuartig, ursprünglich, wie das Original beschaffen, von einer besonderen Eigenart.

Sensitivität *(sensitivity)* Feinfühligkeit, Einfühlungsvermögen, Empfindsamkeit.

3.3 Heuristische Denktechniken und Kreativitätsmethoden *

Um neue, originelle und zweckmäßige Ideen zu finden, nutzen kreative Menschen heuristische Denktechniken wie die assoziative Verknüpfung, die Analogiebildung, die Modifikation und die Kombination von Teilelementen. Formalisierte Kreativitätsmethoden betten Heuristiken ein und erleichtern zusätzlich die Steuerung des Prozesses.

Aufgabe oder Problem?

Was ist der Unterschied zwischen einer Aufgabe und einem Problem?

Eine **Aufgabe** löst man durch **gewohnheitsmäßiges Denken** und **Handlungsroutinen**, durch vorhandenes Wissen und mit Hilfe bewährter Regeln. Eine bestimmte Abfolge von Arbeitsschritten führt zu der gesuchten, korrekten Lösung. Aufgaben kann man oft automatisieren.

Ein **Problem** kann man nicht gewohnheitsmäßig lösen:

- Es tauchen **Hindernisse** auf, so dass bewährte Lösungen nur unzureichend oder überhaupt nicht funktionieren.

- Oder es handelt sich um eine völlig neue Problemstellung, für die es noch keine Lösung gibt. Der **Suchbereich ist unübersichtlich**, unstrukturiert und komplex.

Hier muss man **neue Lösungswege** finden, etwas verändern oder etwas völlig Neues schaffen. Um knifflige Probleme zu lösen, ist **Kreativität** nötig.

Komponenten eines Problems

Zu einem Problem gehören

1 der gegenwärtig unerwünschte IST-Zustand,
2 ein oder mehrere Hindernisse auf dem Weg zum Ziel,
3 ein erwünschter SOLL-Zustand.

Zitat

»Ein Problem entsteht zum Beispiel dann, wenn ein Lebewesen ein Ziel hat und nicht weiß, wie es dieses Ziel erreichen soll.« /Duncker 74, S.1/

Hier stellt sich die Frage: Welche Strategien nutzen erfolgreiche Ideensucher, um zu guten Einfälllen und Lösungen zu gelangen?

Heuristiken

Antwort: Um gute Ideen zu finden und Probleme zu lösen, nutzen Menschen heuristische Denktechniken. **Heuristik** gilt als die Kunst des Findens und Erfindens. Heuristiken sind Suchtechniken, die Menschen oft intuitiv und zweckgerichtet verwenden, um neue Ideen zu finden und schwierige Probleme zu lösen. Der altgriechische Begriff »Heureka« bedeutet: »Ich habe es gefunden.« »Heureka« soll der Legende nach der Philosoph und Mathematiker Archimedes gerufen haben, während er jubelnd aus seiner Badewanne sprang. Soeben hatte er die Lösung für ein kniffliges, physikalisches Problem entdeckt. »Heureka!« rief er und rannte vor Freude nackt durch die Straßen von Syrakus.

Archimedes
287-212 v.Chr.

Basistext

Analogiebildung

Archimedes hatte zunächst lange gesucht und entdeckte dann die Lösung auf Anhieb nach einer **Analogiebildung**. Dabei machte er sich die Ähnlichkeit von Objekten und Prozessen in unterschiedlichen Realitätsbereichen zu Nutze. Viele Lösungen aus problemfernen Bereichen kann man aufgreifen, umstrukturieren und auf das konkrete Probleme übertragen. Viele Kreativitätsmethoden basieren auf Analogiebildung.

Beispiel

Papageienfische können extrem harte Korallen aufbrechen, ohne dass ihre Zähne in besonderem Maße abgenutzt werden oder Schaden nehmen. Der Bioniker Wolfgang Hasenpusch (s. a. »Bionik« (S. 286)) untersuchte dieses Phänomen und stellte fest, dass die Zahnreihen der Papageienfische versetzt angeordnet sind. Außerdem sind die Zähne der Fische extrem hart und haben abgerundete Kauflächen. Aufgrund dieser Erkenntnisse entwickelte Hasenpusch eine ganz neue Zerkleinerungstechnik, mit deren Hilfe man spröde Materialien wie Glas oder Keramik bearbeiten kann (s.a. Hasenpusch). (`http://anorganik.chemie.uni-siegen.de/wh/einfuehrungws02_03.htm-Hasenpusch03/2003,UniSiegen`)

Bei der Analogiebildung fragt man zum Beispiel:

- »Wo gibt es ähnliche Prozesse, Objekte, Systeme, und was können wir von den dort gewonnenen Problemlösungen übernehmen und für unsere Zwecke weiterentwickeln?«
- »Welche Erkenntnisse, Objekte oder Verfahren aus anderen Realitätsbereichen (Quellen) kann man zur Lösung aktueller Probleme (Ziele) nutzbar machen?«
- »Welche Problemlösungen aus der Natur kann man in technische Bereiche übertragen?«

***Train your brain:* In Analogien denken**

Stellen Sie sich vor: Sie haben vor einiger Zeit eine geräumige Garage gekauft, um endlich Raum für Ihre Lieblingsbeschäftigungen zu gewinnen (Teppich knüpfen, Computer reparieren, Geld zählen, ...). Leider wurde gestern erneut in Ihre Garage eingebrochen. Die wertvollsten Geräte sind verschwunden. So kann es nicht weitergehen. Sie brauchen eine Lösung zur Sicherung Ihrer Materialien.

Analogiebildung 1

Überlegen Sie, wo ähnliche Probleme in der Natur gelöst werden. Wo müssen sich Lebewesen vor Räubern schützen, und welche Lösungsstrategien wenden sie an?

....

Analogiebildung 2

Welche Lösungen werden in weiteren Lebens- und Arbeitsbereichen gewählt, um Objekte zu sichern?

....

versuchsweise Übertragung

Welche Ideen können Sie aufgreifen und umstrukturieren, um sie zur Sicherung Ihrer Geräte weiterzuentwickeln? Welche Arbeiten (Modifikationen, Neukombinationen von Verfahrensteilen, Austausch von Materialien) wären dazu erforderlich?

....

Wenn Sie hier bereits eine Lösung gefunden haben, sollten Sie sich jetzt für Ihre Mühe belohnen. (Als Pausengymnastik klopfen Sie sich zum Beispiel kräftig selbst die Schulter.)

Wenn Ihre Lösung neu, außergewöhnlich und zugleich zweckmäßig ist, muss die Belohnung großzügiger ausfallen.

Basistext

(Gibt es da nicht noch die Tafel Schokolade in Ihrer Jackentasche?)

Sollte Ihre Lösungsidee obendrein mit überschaubarem Aufwand, kostengünstig und zeitnah realisierbar sein und die Neuentwicklung auch zukünftig gebraucht werden, dann hätten Sie allerdings ein kleines Wunder vollbracht: In verblüffend kurzer Zeit wären Sie durch einen genialen Einfall zu einem viel versprechenden innovativen Produkt gelangt, (Beiseite mit Kaffee und Schokolade! Machen Sie sich lieber schleunigst mit dem Patentrecht vertraut. ;-))

Allerdings benötigen Sie normalerweise viel *mehr Informationen. Zusätzliche Arbeitsschritte* sind zur Lösungsentwicklung erforderlich. (Bei dieser Übung hätte zum Beispiel zunächst gefragt werden müssen, welche Schwachstellen der Garage die Einbrüche überhaupt ermöglichten, ob wirklich die ganze Garage gesichert werden muss oder nur einzelne Objekte, welche Ressourcen bei der Lösungsfindung zur Verfügung stehen usw.)

Meistens führt erst ein mehrstufiger Problemlösungsprozess (»Der kreative Problemlösungsprozess« (S. 59)) zum Ziel. Wissen, Erfahrungen, neue Informationen und viel kreative Kompetenz werden dabei benötigt.

Assoziative Verknüpfung

assoziativ verknüpfen

Zu den bedeutendsten heuristischen Denktechniken zählt die assoziative Verknüpfung. Durch Assoziationen verbindet man gedanklich verschiedene Elemente. Eine Vorstellung löst eine andere aus, eine Idee regt eine weitere an. Woran denken Sie, wenn Sie den Begriff »Heureka« hören? An den rennenden Archimedes? An Ihre eigenen »Heureka«-Erlebnisse? An Griechenland und die letzte Olympiade?....

Die assoziative Verknüpfung basiert auf Fragen wie:
Was kommt mir bei XYZ in den Sinn?
Woran erinnert mich XYZ?

Train your brain: **Assoziationen finden**

Suchfrage: Woran denken Sie, wenn Sie das Wort »Hausboot« lesen oder hören? Schreiben Sie alles auf, was Ihnen spontan in den Sinn kommt.

....

Wenn Sie mindestens 10 Assoziationen gefunden haben, bilden Sie zu jedem notierten Begriff neue Assoziationen. Auf diese Weise produzieren Sie in kurzer Zeit eine Vielzahl von Einfällen.

....

Aber Achtung! Wozu soll das gut sein ?

- Wenn Sie nichts anderes anstreben, als zu demonstrieren, welche Vielfalt von beliebigen Vorstellungen der Begriff »Hausboot« durch die **freie Assoziation** hervorruft (Zweck dieser Übung), haben Sie ihr Ziel erreicht. (Bravo – gut gemacht!)
- Wenn Sie allerdings Ideen zur Lösung konkreter Praxisprobleme suchen (beispielsweise sollen Sie eine ganz neue, außergewöhnliche Art von Hausbooten für Feriengäste

entwickeln), formulieren Sie lieber eine zweckgerichtete **Suchfrage**. Beispiel: »Wie können wir neue, außergewöhnliche Hausboote für Feriengäste gestalten?«

- Leider klappert man bei der Ideensuche allzu schnell wieder die altbekannten, ausgetretenen Lösungspfade ab, und die Einfälle sind einander plötzlich verdächtig ähnlich. Da hilft nur eins: Das Problem spielerisch angehen und **verfremden!**

Wechselseitige Assoziations- und Analogiebildung

Assoziative Verknüpfungen und die Analogiebildung sind grundlegende heuristische Verfahrensweisen, die einander bei der Ideensuche ergänzen.

Beispiel

Stellen Sie sich vor, Sie arbeiten in einem Unternehmen, das Boote baut. Bei einer Ideensuche im kreativen Team stellen Sie die Frage: »Welche neuen, außergewöhnlichen Hausboote können wir für unsere Feriengäste bauen?«

Mitarbeiter Fritz Fröhlich hat gleich eine Assoziation: »griechische Schildkröte« ruft er. Die Suche wird fortgesetzt.

Danach prüfen Sie gemeinsam die gesammelten Vorschläge. »Was hat eine griechische Schildkröte mit unserer Hausbootlösung zu tun?« fragt ein Kollege. – Achtung! Hier wird ein Bezug zum Ausgangsproblem hergestellt. – Kollegin Dora Dorn hat dazu eine Assoziation: »Panzer«, ruft sie, »Panzer griechischer Schildkröten.«

Das reizt zur Analogiebildung und es wird gefragt: »Was ist typisch und markant am Rückenpanzer einer griechischen Schildkröte? Welche besonderen Eigenschaften hat er?« Funktion, Stabilität und Form des Reptilienpanzers werden daraufhin vom Mitarbeiter-Team begeistert erörtert. (Man glaubt gar nicht, welche Wissensnetze im Mitarbeiterkreis unentdeckt vor sich hinschlummern.)

Dann folgt erneut eine Rückführung zum Ausgangsproblem: »Was ist beim Schildkrötenpanzer und beim Hausboot vergleichbar?« »Was ist nutzbar für eine außergewöhnliche, zweckmäßig Gestaltung?«

Die Analyse wird vertieft, Fachinformationen werden eingeholt und allmählich nimmt die Lösungsidee Gestalt an: Ferien-Hausboote sollen entwickelt werden, deren äußere Form dem Rückenpanzer einer griechischen Schildkröte gleicht und deren Außenhautstruktur an die Hornschilder der Panzeroberfläche des Reptils erinnert. Erste Maßnahmen zur Ausarbeitung und Umsetzung der Idee werden gemeinsam beschlossen.

Das Beispiel zeigt, wie schrittweise durch **mehrfache Assoziation, Analogiebildung** und die **wiederholte Rückführung zum Ausgangproblem** eine neue, ungewöhnliche (und hoffentlich auch zweckmäßige) Lösung kreiert wird.

Umstrukturierung, Modifikation, Kombination

um-strukturieren, modifizieren, kombinieren

Daneben gibt es zahlreiche weitere heuristische Denktechniken. Zu den bekanntesten gehören

- die **systematische Zerlegung** und **Umstrukturierung,**
- die **Variationen** und **Modifikationen,**
- die **Kombination** von verschiedenen Elementen.

Beispiel

In der so genannten »Osborn-Checkliste« (S. 247) werden heuristische Denkprinzipien in **Reizfragen** transferiert. Sie spornen zu neuen Ideen an, um bereits vorhandene Produkte zu verändern und weiterzuentwickeln. Gefragt wird zum Beispiel:

Wie kann man das Objekt XYZ

- O anders verwenden?
- O umstrukturieren?
- O verkleinern?
- O vergrößern?
- O umkehren?
- O mit anderen Objekten/Ideen kombinieren?

Train your brain: **Bevorzugte heuristische Denktechniken**

Überlegen Sie welche Kunstgriffe des Denkens (Suchtechniken) Sie im Alltag nutzen, um Lösungen für neue Probleme zu finden?

....

Einsatz von Kreativitätsmethoden

Kreativitätsmethoden

Praxisprobleme sind oft vielschichtig, komplex, unübersichtlich und gekennzeichnet von einer beängstigen Informationsfülle. Hier leisten formalisierte Kreativitätsmethoden gute Dienste, um das Dickicht zu durchdringen. Dazu gehören einfache Fragetechniken bis hin zu Ablaufempfehlungen für mehrstufige Problemlösungs- und Innovationsprozesse.

Kreativitätsmethoden

- geben **Ablaufschritte** zur Ideensuche und Lösungsentwicklung vor,
- liefern Raster und visuelle Schemata zur Erleichterung der Problemanalyse, Ideengenerierung, Bewertung und Alternativenauswahl,

- betten **Heuristiken** und **Verfremdungstechniken für den Perspektivenwechsel** ein.

Beispiel

Ein Praxisbeispiel für eine gelungene Idee, die auf einem Perspektivenwechsel basiert, ist die 1898 gebaute Wuppertaler Schwebebahn: Die Stadt brauchte damals ein zusätzliches Personentransportmittel, konnte aber aufgrund der Enge der in Frage kommenden Transportstrecken keine weiteren Straßenbahnschienen verlegen. Eine ganze Zeit lang wälzte man das Problem vergeblich hin und her, ohne eine zweckmäßige Idee zu finden. Immer ging man davon aus, dass die Waggons auf den Schienen fahren würden (starre Denkschablone!). Dann führte die Änderung des Blickwinkels zu einer überragenden Lösung: Die Waggons könnten ebensogut unter den Schienen rollen. Man müsste sie nur an einer Trasse aufhängen.

Beantwortung der Ausgangsfrage: »Welche Strategien nutzen erfolgreiche Ideensucher?« Sie nutzen heuristische Denktechniken und formalisierte Kreativitätsmethoden (Abb. 3.3-1).

Basistext

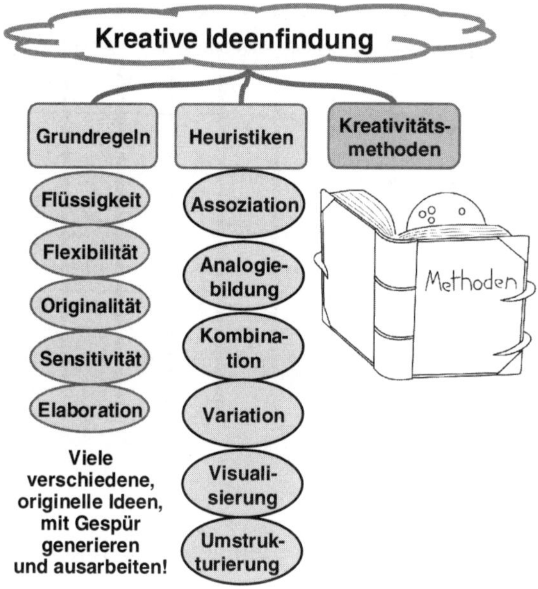

Abb. 3.3-1: Kreative Suche.

***Train your brain:* Kamm-Rätsel. Wie lautet das Zauberwort?**

Wenn Sie im Kamm-Rätsel der Abb. 3.3-2 unter jeder Spaltennummer den richtigen Begriff eintragen, taucht in der ersten Zeile ein »Zauberwort« der Ideenfindung und Problemlösung auf. Tragen Sie das erste Lösungswort in die Spalte unter der Zahl 1 ein. Der erste Buchstabe des Wortes gehört ins blaue Feld.

1.	2.	3.	4.	5.	6.	7.	8.	9.	10.	11.	12.
K											
				C	I					A	
	Z		L	H		F	O			B	L
	F			N		R		A		O	
	R	C			T			R	I		
X		K						B	A		
						D				T	
											L
							E				

Abb. 3.3-2: Aufgabe Kammrätsel.

Hier finden Sie die Beschreibungen zu den gesuchten Wörtern:

1 Was ist das Schwierige an unübersichtlichen, vielgestaltigen Problemen, mit unterschiedlichen Zielen in verschiedenen Aufgabenbereichen?

2 Mit dieser Frageart können Sie Ihre Kollegen provozieren, damit die dann zeigen, was sie draufhaben.

3 Dieser Mensch sucht und forscht und findet plötzlich etwas, das bereits existiert, aber noch nie veröffentlicht wurde.

4 Ähnlichkeit zwischen verschiedenen Objekten.

5 Menschen nutzen Kunstgriffe, um Ideen schneller zu finden. Nennen Sie ein anderes Wort für Kunstgriffe.

6 Das mag man selten gut leiden, wenn so etwas als neue, originelle Idee vorgestellt wird.

7 Welche Wirkung auf die Problemstellung hat die Umkehrung einer Suchfrage?

8 Neuentwicklungen (Plural), die gesamtgesellschaftliche Veränderungen nach sich ziehen.

Basistext

9 Ideen können Sie allein hinter Ihrem eigenen Schreibtisch ausbrüten. Damit auch bei anderen die Köpfe rauchen, bietet sich diese Arbeitsweise an.

10 Anderes Wort für Verknüpfung, Verbindung zwischen verschiedenen Elementen.

11 Die gewonnenen Ideen müssen noch geprüft und ergänzt und zu einer geeigneten Lösung ausgearbeitet werden. Wie lautet dafür das Schlüsselwort?

12 Ein komplexes Problem können Sie auseinander nehmen wie ein Brathühnchen. Was können Sie nach dem Zerlegen näher betrachten?

Frage:
Wie heißt das Lösungswort?

....

Tipp: Wenn Sie einzelne Fragen zunächst nicht beantworten können, liefert Ihnen die nachfolgende Auflösung des Rätsels die richtige Antwort. Gewinnbringender für Sie selbst ist es indessen, wenn sie die entsprechenden Inhalte im vorangehenden Text noch einmal nachlesen.

Vorsicht! In Abb. 3.3-3 folgt die Lösung!

1.	2.	3.	4.	5.	6.	7.	8.	9.	10.	11.	12.
K	R	E	A	T	I	V	I	T	A	E	T
o	e	n	n	e	m	e	n	e	s	l	e
m	i	t	a	c	i	r	n	a	s	a	i
p	z	d	l	h	t	f	o	m	o	b	l
l	f	e	o	n	a	r	v	a	z	o	p
e	r	c	g	i	t	e	a	r	i	r	r
x	a	k	i	k	i	m	t	b	a	a	o
i	g	e	e	e	o	d	i	e	t	t	b
t	e	r		n	n	u	o	i	i	i	l
a	n					n	n	t	o	o	e
e						g	e		n	n	m
t							n				e

Abb. 3.3-3: Lösung des Kammrätsels.

Basistext

4 Homo creativus *

Um kreativ denken und arbeiten zu können, muss man erkennen, was die eigene Kreativität behindert und man muss Barrieren abbauen. Killerphrasen kann man positiv nutzen und dabei wichtige Informationen einholen. Es gibt eine Reihe von kreativitätsfördernden Faktoren, die man verstärken und trainieren kann. Dazu gehören persönliche Eigenschaften, spezielle Verhaltensweisen und Einstellungen und ein unterstützendes Umfeld. Erfolgreiche Ideensucher, Erfinder und Entdecker verfügen über Problemlösekompetenz und Fachwissen.

Täglich müssen Menschen neue Ideen finden und Probleme lösen. Sie sollen dabei kreativ und innovativ sein. Viele fragen deshalb: **Was unterstützt und verstärkt die persönlichen kreativen Fähigkeiten?**

1. Hindernisse erkennen, Barrieren überwinden

Kreativitätsstörer

Zunächst ist es wichtig, dem kreativen Denken Raum zu geben. Hindernisse sollte man reduzieren und Barrieren abbauen. Abb. 4.0-1 zeigt interne und externe Kreativitäts-Barrieren. Viele externe Barrieren sind schwer zu beheben oder entziehen sich dem eigenen Einflussbereich. Dagegen kann es leichter und wirksamer sein, die eigenen Voraussetzungen für kreatives Denken und Arbeiten zu optimieren.

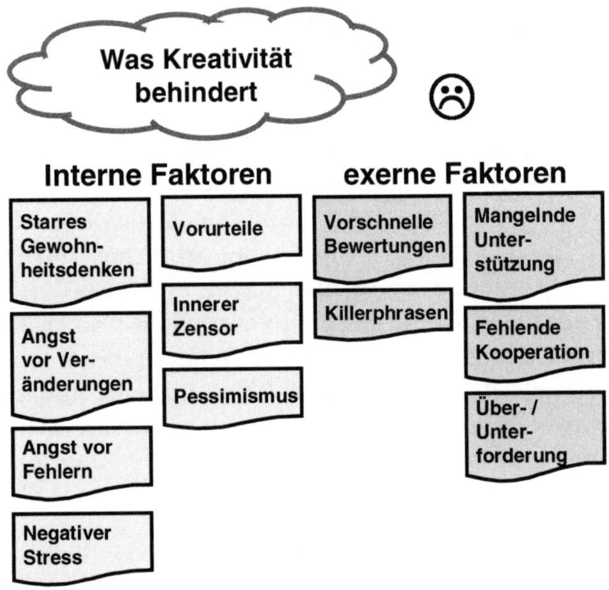

Abb. 4.0-1: Kreativitätsbarrieren.

***Train your brain:* Kreativitätsstörer**

Die nächsten fünf Fragen dienen Ihnen zur Selbstreflexion. Halten Sie Ihre Antworten in Stichpunkten fest:

1 Welche der oben genannten Faktoren behindern meine eigene Kreativität?

2 Welche zusätzlichen Kreativitätshindernisse machen mir im Alltag zu schaffen?

3 Auf welche Weise und in welchem Umfang wirken sich die jeweiligen Störungen aus?

4 Welche Einstellungen und Verhaltensweisen kann ich ändern, um mir mehr Raum für kreatives Denken und Handeln zu geben?

5 Was kann ich in der nächsten Zeit konkret tun?

Basistext

2. Kreativität fördern

Kreativitätsförderer

Kreativität findet dort ihren Raum, wo man starres Gewohnheitsdenken überwindet. Allerdings: Gewohnheitsdenken ist nichts grundsätzlich Minderwertiges, sondern etwas Wertvolles. Man löst Aufgaben mit minimalem Aufwand und spart wertvolle Zeit und Energien. (Zum Beispiel für die kreative Ideenfindung.) :-)

Kreative Menschen weichen vom Gewohnten ab, lösen sich von starren Denkschablonen, wagen es, **Grenzen** zu **überschreiten** und Neues zu ersinnen. Sie nutzen »Heuristiken« (S. 29) und »Kreativitätsmethoden« (S. 119). Auch visuelle Eindrücke, akustische Reize und andere Sinneswahrnehmungen regen zu neuen Ideen an. Unterschiedliche Funktionsbereiche des Gehirns werden dabei aktiviert.

Nachfolgend finden Sie drei kleine Übungen, als »Pausensnack« und zur Lockerung des Geistes (Lösungen am Ende des Wissensbausteins).

Train your brain: **Rätel 1 – Schubscheiben**
Verschieben Sie vier Scheiben derart, dass jede Scheibe nur *eine* andere berührt. (Versuchen Sie es mit Hilfe von Münzen, Aspirintabletten, Smarties o.ä.)

Train your brain: **Rätsel 2 – Restaurantbesuch**

Zwei junge Paare verbringen Ihren ersten Abend gemeinsam in Paris in einem Feinschmeckerrestaurant. Das Lesen der Speisekarte fällt ihnen schwer, da sie mit der Landessprache nicht vertraut sind. Auch die Fülle der angebotenen Spezialitäten verursacht ihnen Kopfzerbrechen. Schließlich entscheiden sie sich, eine Auswahl von Spezialitäten zu bestellen und später zu teilen. Bald darauf serviert der Ober den vier Gästen folgende Speisen:
12 Schnecken, 6 Leberbällchen mit Spinat, 4 gefüllte Skorpionfische in Sahnesenfsauce, 2 Rehschnitzel mit roter Pfeffersauce, 4 gebackene Artischocken und 4 Portionen Zitronensorbet. Was bekommen die einzelnen Personen?

Train your brain: **Rätsel 3 – Heiße Hölzchen**

LEGEN SIE ZWÖLF STREICHHÖLZER AUF DEN TISCH,
UND NEHMEN SIE DREI DAVON WIEDER WEG.
LEGEN SIE DIE ÜBRIGEN STREICHHÖLZER SO AUF DEN TISCH,
DASS EIN REST VON ELF VERBLEIBT.
(Bitte keine Streichhölzer zerstören!)

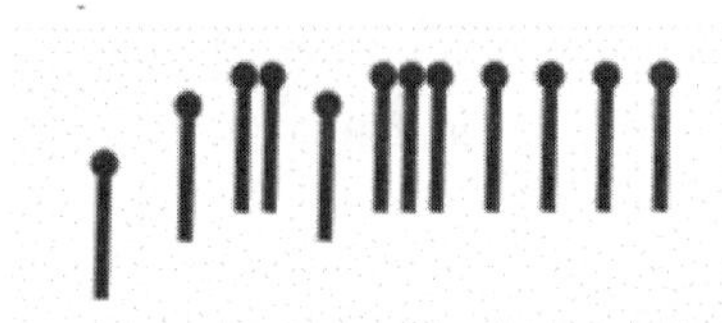

3. Angst vor Veränderungen überwinden

Neues wagen

Zu den besonderen Merkmalen kreativer Menschen gehören ihr **Mut, Neues zu wagen** und ihre **Risikobereitschaft**. Wer Unerprobtes versucht, geht immer auch das Risiko des Misslingens ein. Doch auch nach ausgefeilten Risikoanalysen, die im Rahmen von Innovationsprozessen durchgeführt werden, gibt es keine absolute Erfolgsgarantie.

Krampfhaftes Festhalten an alten Denkroutinen und erprobten Handlungswegen kann durch eine übergroße Angst vor Veränderungen verursacht sein. Hier ist zu prüfen, ob negative Erfahrungen aus der Vergangenheit übermächtig nachwirken und Neues blockieren, obgleich sich die Situation und die Rahmenbedingungen längst geändert haben. Andererseits kann tatsächlich Grund zur Vorsicht bestehen. **Finden Sie heraus, was berücksichtigt werden muss und welche Chancen auf Sie warten.**

4. Killerphrasen entkräften

Killerphrasen begegnen

Nutzen Sie die Synergien eines kreativen Teams. Aber lassen Sie sich in der Diskussion nicht abspeisen durch so genannte Killerphrasen.

Beispiel 1a

Sie schlagen beispielsweise etwas Neues vor und ernten daraufhin Antworten wie diese:
a »Das Verfahren ist doch vollkommen unmöglich.«
b »Das können wir sowieso nicht.«
c »Das hat noch nie funktioniert.«

Sätze dieser Art sollen den zuvor genannten Vorschlag »killen«. Sie lähmen die Diskussion. Typisch sind die verallgemeinernde Ausdrucksweise, die unpräzise Darstellung, ohne den konkreten Fall genau zu betrachten. Doch Sie können Killerphrasen entkräften, wenn Sie **nach den Details und Hintergründen fragen** und die Antworten positiv nutzen:

1 Einwand aufgreifen.
2 Nach den Details fragen, und um weitere Informationen bitten.

Beispiel 1b

Antworten:
zu **a** »Wo sehen Sie Probleme bei dem vorgeschlagenen Verfahren?«

zu **b** »Können Sie kurz begründen, warum wir das nicht können sollen?«
zu **c** »Was müsste passieren, damit es funktioniert?«

***Train your brain:* Killerphrasen begegnen**
Finden Sie selbst Antworten auf die folgenden Aussagen:
(Lösungsvorschläge am Ende des Wissensbausteins.)
a »Das haben wir immer so gemacht.«
b »Das ist sowieso zu teuer.«
c »Wenn das ginge, hätten es die Anderen auch schon längst.«

Antwort zu **a**

....

Antwort zu **b**

....

Antwort zu **c**

....

Nehmen Sie berechtigte Einwände ernst, und zeigen Sie Wertschätzung für wichtige Zusatzinformationen. Eine **positive Grundhaltung** wirkt ansteckend und ist der Kreativität förderlich.

5. Vorschnelle Bewertungen vermeiden

den inneren Zensor bändigen

Um kreative Potentiale nicht im Frühstadium zu ersticken und die Entwicklungsmöglichkeiten auszuschöpfen, sollte man vorschnelle Bewertungen vermeiden. Zunächst sollen gedankliche Spielräume durchstreift und ausgelotet werden, ohne sich gegenseitig durch geringschätzige Äußerungen zu demotivieren.

Wenn Sie allein arbeiten, **bändigen Sie Ihren inneren Zensor**, der jede Ihrer neuen Ideen erbarmungslos kritisiert. Auch er bedroht Ihre Kreativität durch Killerphrasen wie diese:

– »So etwas konnte ich noch nie.«
– »Das geht sowieso nicht.«

Ersetzen Sie diesen inneren Monolog mit Nachdruck durch Sätze wie:

+ »Das lerne ich jetzt.«
+ »Das wird mir gelingen.«

Lassen Sie Ihren Ideen unbedingt zunächst freien Lauf. Bewerten können Sie später.

6. Fehler tolerieren

Fehlertoleranz

Allerdings kann es passieren, dass die gesuchte Lösung nicht auf Anhieb funktioniert. Kreative Menschen zeigen Fehlertoleranz. Sie geben nicht auf, sondern setzen noch einmal neu an. Auch Hartnäckigkeit gehört zur Lösungssuche.

:-) Kennen Sie den schon? »Wer nicht arbeitet, macht keine Fehler. Wer viel arbeitet, macht viele Fehler. Wer kreativ arbeitet, macht neue, originelle und wertvolle Fehler.« ;-)

Fehler sind wertvoll, wenn es gelingt, aufgrund der neuen Informationen Produkte und Verfahren zu optimieren oder neue nutzbringende Verwendungsmöglichkeiten zu finden. Das Prinzip lautet: **Akzeptiere den Fehler und lerne daraus: Finde heraus, welche neuen Chancen er für Dich bereithält.** Dale Carnegie (Autor des Bestsellers »Sorge nicht, lebe«) würde hier vermutlich sagen: *Nutzen Sie saure, ungenießbare Zitronen und machen Sie daraus eine besonders appetitliche, hinreißende Zitronenlimonade!*

Beispiel

Auf diese Weise führte zum Beispiel die fehlerhafte Arbeit einer Webmaschine (Das Internet ist hier nicht gemeint!) zur Entwicklung des beliebten Frottee-Stoffes.

7. Problemlösekompetenz und Fachkompetenz vereinen

Wissen und Kreativität

Schwere Fehler und ein unnötig überhöhtes Risiko können Sie vermeiden, wenn Sie zur Lösungfindung die richtigen Informationen zielgerichtet nutzen. Gute Problemlöser verbinden kreative Problemlösekompetenz und Fachwissen.

Hierzu gibt es allerdings unterschiedliche Ansichten, die gelegentlich zu heftigen Auseinandersetzungen führen: Die einen behaupten, dass sich ein großes Erfahrungsspektrum in einem Fachgebiet nachteilig auf das divergente Denken und die Suche nach neuen Wegen auswirkt:

Zitat 1

»Während Allgemeinwissen die Assoziationsmöglichkeiten fördert, schränkt Erfahrung das kreative Denken ein.« /Knieß 95, S.6/

Andere behaupten das genaue Gegenteil:

Zitat 2

»Gerade Laien sehen die Dinge höchst voreingenommen und beurteilen sie nach ihrem Alltagsverstand. Sie sind meist nicht in der Lage, die Wirkung ihrer Vorschläge abzuschätzen. ...Eines ist gewiss: Kreative Ideen kommen niemals von Leuten, die keine Ahnung haben.« /Nöllke 98, S.25/

In der Tat stellt sich die Frage, warum Allgemeinwissen der Problemlösung dienlicher sein sollte, als Allgemeinwissen, verbunden mit Fachwissen, Erfahrung und Intuition. Fachwissen verbessert die Problemsensitivität bzw. das nötige Gespür für die Besonderheiten einer Problemstellung und die speziellen Erfordernisse zur Lösungsentwicklung. Auch berühmte Entdecker und Erfinder entwickeln ihre bahnbrechenden Ideen üblicherweise in ihrer eigenen kreativen **Domäne.**

Barrieren bei der Ideenfindung tauchen allerdings immer dann auf, wenn Fachkräfte auf eingespielte Denkroutinen und bewährte Verfahrensweisen fixiert bleiben, obgleich diese nicht zur gesuchten Lösung führen. Hier versucht man durch Kreativitätsmethoden auch störrischen Experten die Erprobung neuer Sichtweisen zu erleichtern (»Methodenkatalog« (S. 119)). Manch eine Verfremdungstechnik lässt kaum eine andere Wahl. Außerdem kann ein geschickter Moderator im Laufe des kreativen Prozesses dafür sorgen, dass die beteiligten Personen ihr Wissen und ihre speziellen Fähigkeiten zum richtigen Zeitpunkt bestmöglich einbringen (»Kreative Teamsitzungen moderieren« (S. 291)).

8. Widersprüche aushalten

Widersprüche aushalten

- ☐ **Divergent** denken – und **konvergent**.
- ☐ Das Problem mit Abstand betrachten – und im Detail prüfen.
- ☐ Das Problem verfremden – und anforderungsbezogen Lösungsideen entwickeln.
- ☐ Intuitiv arbeiten – und logisch-analytisch.

Kreative Menschen müssen **flexibel denken** (nicht festgelegt) und **Widersprüche aushalten**. Sie müssen eine gute Balance finden zwischen den verschiedenen Möglichkeiten, sich der Lösung anzunähern. Verschiedene Arbeitsphasen erfordern unterschiedliche Herangehensweisen und den Methodenwechsel.

***Train your brain:* Die freche Kopfnuss**

Eine Flasche Havelwein kostet 44 Euro. Der Wein kostet 42 Euro mehr als die Flasche. Wie teuer ist der Wein?

Nach: /Perkins 00, S.32/

9. Pausen und Inkubationszeiten

loslassen

Klar, dass Pausen notwendig sind, um locker zu bleiben. Ausgeruht denkt es sich besser und die Ideenfindung fällt leichter. Sorgen Sie für **Entspannung** und wenn es Ihnen gut tut, nutzen Sie dazu Techniken wie Yoga, autogenes Training, progressive Muskelentspannung usw., je nachdem was Sie bevorzugen.

Inkubation und Illumination

Darüber hinaus gibt es die so genannte **Inkubationszeit**, eine Phase, in der Sie sich weit vom Problem entfernen und eine neue Lösung eher unbewusst »ausbrüten«. Das Problem, das Sie normalerweise sehr beschäftigt, haben Sie scheinbar gerade vergessen. Sie befassen sich mit einem ganz anderen Thema oder tun gerade etwas, das Sie entspannt. In diesem Moment fällt Ihnen plötzlich die Lösung ein: **Illumination**. Die entscheidende Idee, nach der Sie schon lange suchten, steht Ihnen klar vor Augen.

Beispiel

F. A. Kekulé

Ähnlich erging es dem deutschen Chemiker Friedrich August Kekulé (1829-1896), der im Jahre 1865 über die Struktur von Benzolverbindungen nachbrütete. Dann träumte er von zwei Schlangen, die sich selbst in den Schwanz bissen, und dies führte ihn zu der Erkenntnis, dass Benzolmoleküle eine Ringstruktur haben. Es war eine der bedeutendsten Entdeckungen in der Geschichte der Chemie.

So einfach kann das Ideenfinden sein (Lässt man die Monate der Vorarbeit, des Grübelns und Zweifelns und die vernachlässigten Freunde einmal unberücksichtigt). Fragen Sie Ihre

Freunde und Bekannten, wo und wann sie ihre besten Ideen ausbrüten. »Beim Wandern«, »beim Duschen« oder »im Halbschlaf kurz vor dem Aufwachen« lauten viele Antworten. Auch auf der Achterbahn und mitten im *Carwash* sollen **Heureka-Erlebnisse** schon vorgekommen sein.

***Train your brain:* Inkubationsphasen**

Überlegen Sie: Wo und wann brüten Sie Ihre besten Ideen aus?

....

Entspannungsübung: Der schwarze Panther

Übung zum Entspannen

Eine kleine Erholungspause kann vermutlich nicht schaden. Führen Sie Ihrem Gehirn durch Bewegung neuen Sauerstoff zu. Öffnen Sie zunächst das Fenster (sofern die Außentemperaturen es zulassen).

Stellen Sie sich nun einen schwarzen Panther vor, der seine Glieder dehnen will. – Was tut er im nächsten Moment?

Beantworten Sie die nachfolgenden Fragen mit Bewegungen Ihres Körpers (im Stehen oder Sitzen). Bewegen Sie sich, wie es Ihnen gut tut:

1 Wie entspannt der Panther die Glieder seiner Pfoten? (Machen Sie es vor und nehmen Sie sich viel Zeit dabei!)
2 Wie streckt er seine Beine?
3 Wie dehnt er seinen ganzen Körper?
4 Wie versorgt er seinen Körper mit frischem Sauerstoff?
5 Wie faucht er seine Kollegen an?

Scherzfrage: »Waren Sie soeben kreativ?« Wenn Sie das Verhalten der Panthers ziemlich »naturgetreu« kopiert haben, sind Sie vielleicht ein beeindruckender Imitator (fragen Sie Ihre Kollegen). Kreativ sind Sie aber nicht gewesen. Oder etwa doch? Sie wissen ja: Dazu müssen Sie sich etwas Neues, Originelles und zugleich Zweckmäßiges einfallen lassen.

10. Für eine anregende Umgebung sorgen

Umfeld

Viele Menschen brauchen ein anregendes Umfeld, um kreativ denken zu können. Dazu kann ein ästhetisch gestalteter Schreibtisch gehören, besondere Raumfarben oder Düfte. (Manche Problemlöser arbeiten am besten im »kreativen Chaos« zwischen Kabelsortimenten, vergammelten Gummibonbons und klebrigen Espresso-Tassen.)

Wichtig ist es auch, dass Sie Menschen um sich sammeln, die selbst divergent denken, ungewöhnliche Vorschläge respektieren, sich gegenseitig zuhören, sich unterstützen und anspornen. Sorgen Sie, soweit es Ihnen möglich ist, für eine gute, angstfreie und anregende Atmosphäre in Ihrem kreativen Team.

11. Staunen können

staunen können

Schließlich gehört zu den besonderen Eigenschaften kreativer Menschen auch Neugier und die Freude am Erkunden und Entdecken. Csikszentmihalyi empfiehlt als »ersten Schritt zu einem kreativeren Leben«: »Versuchen Sie, jeden Tag über irgend etwas erstaunt zu sein.« /Csikszentmihalyi 03, S.492f./

***Train your brain:* Kreativitätsförderer**
Wenn Sie Ihre eigene Kreativität verstärken wollen, finden Sie zunächst Antworten auf die folgenden Fragen:

1 Welche Faktoren unterstützen meine persönliche Kreativität?
2 Was ist meine eigene kreative Domäne?

3 Was kann ich tun, um meine kreativen Fähigkeiten weiterzuentwickeln?

Train your brain: **Kreativität in der Arbeitsgruppe**
Wenn Sie die kreativen Fähigkeiten Ihrer Mitarbeiter fördern wollen, überlegen Sie, was Sie für Ihr Team tun können:

1 Was brauchen Ihrer Meinung nach die einzelnen Mitarbeiter, um kreativ denken und arbeiten zu können?
2 Wie können Sie die Zusammenarbeit und den gegenseitigen Austausch in kreativen Prozessen verbessern?
3 Wie können Sie in Arbeitssitzungen für eine gute Stimmung sorgen, die zur Kreativität anregt?
4 Wie können Sie die Mitarbeiter zum divergenten Denken anregen?

Die Frage zu Beginn dieses Wissensbausteins lautete: **Was unterstützt und verstärkt die persönlichen kreativen Fähigkeiten?**

Die Abb. 4.0-2 zeigt eine Reihe wichtiger »Kreativitätsförderer«. Wenn Sie das Bild kopieren und auf ein größeres Papier kleben, können Sie es durch eigene Kreativitätsförderer ergänzen und zur Anregung über Ihren Schreibtisch hängen.

Abb. 4.0-2: Kreativität fördern.

Lösungsvorschläge

Rätsel 1 bis 3:
Schubscheiben: Legen Sie jeweils zwei Scheiben aneinander. Jede Scheibe berührt darauf nur eine andere.

Restaurantbesuch: Bauchschmerzen.

Heiße Hölzchen: Legen Sie zwölf Streichhölzer auf den Tisch und nehmen Sie drei wieder weg. Verteilen Sie die restlichen Hölzchen zum Schriftbild: ELF.

Rätsel – Die freche Kopfnuss:
Der Wein kostet 43 Euro. Die Flasche kostet 1 Euro, macht zusammen 44 Euro. – Wer den Wein fix und forsch mit 42 Euro berechnet und die Flasche mit 2 Euro, liegt leider falsch. Denn dabei würde der Wein nur 40 Euro mehr als die Flasche kosten. ;-)

Killerphrasen begegnen:

Verschiedene Antworten sind möglich, z.B. Folgende:

zu **a** »Lassen Sie uns dieses Mal etwas Neues versuchen.«

zu **b** »Haben Sie dazu schon genauere Informationen, die Sie uns hier mitteilen können?«

zu **c** »Welche Vorteile hätten die Mitbewerber bei diesem speziellen Projekt?«

Glossar

Illumination *(illumination)* Erleuchtung, auch Festbeleuchtung (lat.: illuminare – erleuchten).

Inkubation *(incubation)* Die Inkubation im Prozess der kreativen Lösungsfindung wird verstanden als eine eher unbewusste Problembearbeitung, während eines Zeitraums, in dem man sich nicht mit dem Problem beschäftigt. Das kann eine Zeit der Entspannung sein, aber auch der Beschäftigung mit einer anderen Aufgabe. Das plötzliche Auftauchen der Lösung, während man sich scheinbar vom Problem entfernt hat, wird auch als Inkubationseffekt bezeichnet *(incubation effect)* (lat.: incubare – ausbrüten).

Basistext

5 Der kreative Problemlösungsprozess *

Ein kreativer Problemlösungsprozess umfasst mehrere Arbeitsphasen mit jeweils unterschiedlichen Aufgaben für Ideen- und Lösungssucher. Der Prozess lässt sich in einem idealtypischen Modell in fünf wichtige Phasen aufteilen. Im Zentrum steht die Ideensuche. Zuvor muss man das Ausgangsproblem analysieren. Im Anschluss an die Ideensuche kann man das gewonnene Material bewerten und die besten Lösungsalternativen auswählen. Kreativitätsmethoden kann man zur Steuerung des mehrstufigen Lösungsprozesses einsetzen und speziell zur Förderung der Ideenfindung nutzen.

Machen Sie sich zunächst mit einem idealtypischen Ablauf des kreativen Problemlösungsprozesses vertraut. Dabei erkennen Sie, was zu einer erfolgreichen Lösungsfindung erforderlich ist. Zudem können Sie später leichter entscheiden, welche Methoden (s.a. »Methodenkatalog« (S. 119)) Ihnen in den einzelnen Prozessphasen am dienlichsten sind.

Die Ausgangsfrage lautet:
Welche Arbeitsphasen gehören zu einem kreativen Ideenfindungs- und Problemlösungsprozess, und welche Aufgaben sind jeweils zu erfüllen?

Basistext

Phasen des kreativen Prozesses

Fünf wichtige Phasen lassen sich unterscheiden (Abb. 5.0-1):

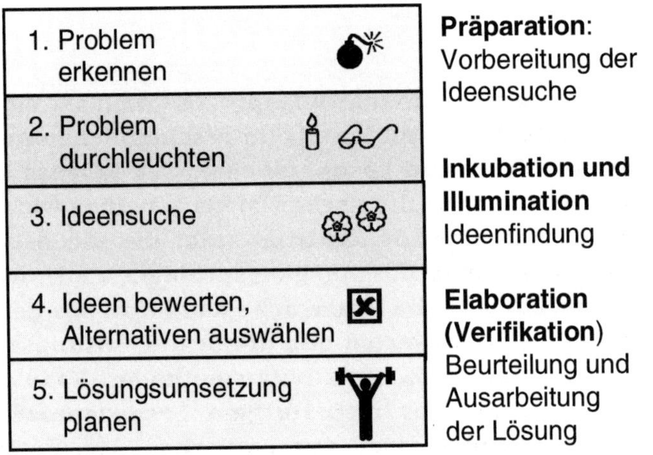

Abb. 5.0-1: Kreativer Prozess.

1. Problem erkennen

Am Anfang ist es wichtig, dass alle am Prozess beteiligten Personen das wirkliche Problem erkennen. Gefragt wird: »**Was ist das tatsächliche Problem?**« Diese Frage muss richtig beantwortet werden, damit die Ideensuche nicht von Anfang an am Ziel vorbei läuft und die ausgewählte Lösung sich später in der Praxis als unbrauchbar erweist:

1 Prüfen Sie zunächst, welche **Anforderungen** erfüllt werden müssen und klären Sie das Ausgangsproblem (Ist-Zustand).
2 Formulieren Sie anschließend das **Ziel des kreativen Prozesses** (Soll-Zustand): »Was will ich (wollen wir) am Ende des kreativen Prozesses erreicht haben?«

Die Antwort auf diese Frage dient den Lösungssuchern in allen Prozessphasen als Wegweiser.

2. Problem durchleuchten

Leider ist das Ausgangsproblem oft unübersichtlich, unstrukturiert und komplex. Dann müssen Sie es erst systematisch analysieren, bevor Sie das Ziel definieren und eine Suchfrage stellen können.

Die spezielle Problemsituation ist dabei zu berücksichtigen, die Rahmenbedingungen, Zielkonflikte, Schwierigkeiten und besonderen Anforderungen. **Die für den Lösungsprozess relevanten Informationen** müssen hier von den beteiligten Personen zusammengetragen und analysiert werden. Man kann sie auf Pinwänden, Flipchart-Blöcken, Folien oder Tafeln schriftlich festhalten und strukturieren. Dabei kristallisiert sich allmählich die Suchrichtung heraus.

3. Ideensuche, Inkubation und Illumination

Dann wird es Zeit, die **Suchfrage** zu stellen. Es folgt die Ideensuche, die Sie auf spannende und sehr unterschiedliche Weise gestalten können.

Kreativitätsmethoden sind hier von großem Nutzen. Sie helfen, Denkgrenzen zu überschreiten, regen die Suche an und erleichtern es, viele verschiedene und originelle Einfälle zu produzieren. **Man sucht systematisch-analytisch, mit Hilfe von Fragelisten und auf kreativ-intuitive Weise**. Weitere Lösungsideen werden eher unbewusst in »kreativen Pausen« ausgebrütet (**Inkubation**) und kommen dann ganz plötzlich zu Tage (**Illumination**).

Basistext

4. Ideen bewerten, Lösungsalternativen auswählen

Anschließend kann man die Vorschläge prüfen, bewerten und interessante Lösungsalternativen herausfiltern. Oft zeigt erst eine **mehrstufige Bewertung**, welche Lösung originell, innovativ und am besten geeignet ist, die vorab definierten Anforderungen zu erfüllen.

5. Lösungsumsetzung planen

Die gewonnene Lösung muss man noch **detaillierter ausarbeiten.** Am Ende wird ein Plan erstellt und notiert, was zur Realisierung der Lösung als Nächstes zu tun ist und welche Personen welche Aufgaben übernehmen werden.

Ob sich die gefundene Lösung in der Praxis bewährt, hängt vor allem von der inhaltlichen Qualität der Teilnehmerbeiträge ab und außerdem von der Verwendbarkeit der ausgewählten Lösung. Die Ergebniskontrolle nach der Realisierung schließt auch eine Bewertung des kreativen Prozesses ein.

Train your brain: **Fragen zum Prozessablauf**
Sie erinnern sich: Der gesamte Prozess gliedert sich in eine Vorbereitungsphase, die zentrale kreative Ideensuche und die Ausarbeitung des gewonnenen Materials.

a Welche beiden Arbeitsphasen gehören zur Vorbereitung der Ideensuche?

....

....

b Was passiert in der zentralen Suchphase?

....

c Welche beiden Arbeitsphasen folgen der Ideensuche?

....

....

flexible Ablaufgestaltung

Muss man nun immer alle fünf Arbeitsphasen streng der Reihe nach durchlaufen? Nicht unbedingt. Das Prozessmodell liefert ein idealtypisches Beispiel.

Wenn eine Problemanalyse beispielsweise schon vorab in einem anderen Rahmen durchgeführt wurde, kann man nach der Problemdefinition und Zielbildung gleich mit der Ideensuche beginnen. Außerdem kann man die Suchphase auch zeitlich und personell von der Alternativenbewertung und Lösungsauswahl trennen.

Es kommt auf die jeweiligen Umstände an und darauf, was in der speziellen Situation den größten Nutzen bringt. Bei komplexen, unübersichtlichen Problemen ist ein mehrstufiger Lösungsprozess in aller Regel notwendig.

***Train your brain:* Wiederholung Prozessphasen**

Um den Ablauf später selbst flexibel gestalten zu können, sollte Ihnen der Grobablauf des kreativen Problemlösungsprozesses vertraut sein. Nutzen Sie die Symbole der Abb. 5.0-2, um sich die nötigen Arbeitsschritte zu merken. Geben

Sie die fünf Arbeitsphasen in Stichworten wieder:

....

Abb. 5.0-2: Symbole für den Prozessablauf.

Die Grobstruktur des kreativen Prozesses ist Ihnen inzwischen geläufig. Jetzt wird es Zeit, die Ziele, Arbeitsweisen und besonderen Erfordernisse in den einzelnen Prozessphasen genauer zu betrachten.

- Ideensuche vorbereiten
- □ »Problem erkennen« (S. 65)
- □ »Problem durchleuchten« (S. 73)
- Ideenfindung
- □ »Ideensuche, Inkubation und Illumination« (S. 83)
- Ausgestaltung der Lösung
- □ »Ideen bewerten, Lösungsalternativen auswählen« (S. 100)
- □ »Umsetzung der Lösung planen « (S. 114)

***Train your brain:* Kurzvortrag**
Zum Schluss beantworten Sie bitte die Ausgangfrage:
»Welche Arbeitsphasen gehören zu einem kreativen Ideenfindungs- und Problemlösungsprozess und welche Aufgaben sind jeweils zu erfüllen?«

Basistext

Die Abb. 5.0-3 können Sie als Basis für einen Kurzvortrag verwenden. Erzählen Sie alles, was Sie über den Verlauf des Prozesses wissen:

....

Abb. 5.0-3: Wiederholung: Prozessablauf.

5.1 Phase 1: Problem erkennen **

Zu Beginn des kreativen Prozesses ist es wichtig, das tatsächliche Problem zu erkennen, für das eine Lösung gesucht wird. Durch hartnäckiges Nachfragen und spezielle Fragetechniken gelingt es, auch unstrukturierte Probleme richtig zu erfassen. Danach kann man das Hauptziel formulieren. Es hat eine Weg-

weiserfunktion und dient zugleich der Ergebniskontrolle. Aus einem gut formulierten Ziel kann man später die zentrale Suchfrage für die Ideenfindung ableiten.

Das tatsächliche Problem erkennen

Am Anfang des kreativen Prozesses ist es wichtig, dass alle beteiligten Personen das tatsächliche Problem erkennen. Denn allzu leicht wird ein Thema als Problem benannt, das die echten, zu bewältigenden Schwierigkeiten gar nicht berührt. Dann läuft die Ideensuche am Ziel vorbei und die vermeintliche Lösung führt in der Praxis zu keinem brauchbaren Ergebnis.

Beispiel

Das Software-Unternehmen *World of Wonders* soll für ein Luxus-Hotel ein elektronisches Reservierungssystem entwickeln. In einem Gespräch mit der Hoteldirektion wird grob festgehalten, wie der Kunde sich das neue Software-System vorstellt. Er wünscht sich u.a.:

- »Eine moderne automatische Datenerfassung für die erstklassige Zimmerverteilung.«
- »Komfortable Gruppen-Reservierungen.«
- »Bequeme Umbuchungen.«

Ein Projektteam der Software-Schmiede soll darauf eine detaillierte Produktspezifikation erstellen. Dabei ist zu klären, durch welche Eigenschaften sich die neue Reservierungs-Software auszeichnen soll, ob alle Kundenwünsche technisch lösbar sind und was getan werden muss, damit die Prozesse reibungslos ablaufen.

Um sich die Aufgabe zu erleichtern und effizient zu organisieren, nutzen die Projektmitarbeiter ein spezielles Programm für die Anforderungsanalyse. Doch einen Monat später liegen für das zu entwickelnde Produkt immer noch keine klaren Anforderungen vor. Alles Mögliche ist aufgeschrieben worden, aber nichts passt so recht zusammen.

»Was ist das **Problem?**« fragt der Projektleiter.»Nichts klappt«, sagen die Mitarbeiter, »das Analyseprogramm taugt nichts. Es ist unmodern, viel zu umständlich zu bedienen und die Reports lassen sich nicht anständig formatieren.«

Um den lukrativen Kundenauftrag nicht zu verlieren, beschließt der Projektleiter, ein neues Programm für die Systemanalyse anzuschaffen, das alle Lösungsvorschläge seiner Mitarbeiter aufs Beste erfüllt. Seine **Suchfrage** lautet: »Welche besonderen Eigenschaften soll unsere neue Analyse-Software haben, um die Anforderungen präzise erfassen zu können?«. Darauf erarbeiten die Mitarbeiter den Entwurf für eine neue, äußerst komfortable und teure Software zur Produktspezifikation. Sie wird anschließend bei einem Spezialisten in Auftrag gegeben und schon bald danach installiert.

Rein formal können nun alle Kritikpunkte ausgeräumt werden: das Programm ist vorbildlich zu bedienen, die Formatierungen der Reports sind beim Ausdruck einwandfrei, ein zusätzliches Hilfesystem steht ebenfalls zur Verfügung und die Mitarbeiter erhalten auch noch eine zweitägige Anwenderschulung.

Nur der gewünschte Erfolg stellt sich leider nicht ein: Bei der Anforderungsspezifikation kommt es zu keinen nennenswerten Fortschritten und während die Zeit unerbittlich fortschreitet, bemängeln die Mitarbeiter zunehmend auch das neue Programm: »Leistungsfähig ist es ja, aber furchtbar komplex! So viele Daten! Jeder erklärt einem etwas anderes, und keiner blickt mehr durch! So ein chaoti-

Basistext

sches Projekt hatten wir noch nie!« Der Projektleiter bittet darauf einen erfahrenen Systemanalytiker, sich die bereits erfassten Daten anzusehen und die konkreten Schwierigkeiten der Projektmitarbeiter aufzuspüren.

Dabei stellt sich heraus, dass **das tatsächliche Problem** kaum etwas mit der Analyse-Software zu tun hat, sondern mit dem mangelnden Verständnis der Projektmitarbeiter für die konkreten Arbeitsabläufe in einer Hotelrezeption.

Überdies machen sich die Mitarbeiter sehr unterschiedliche Vorstellungen davon, was der Kunde wirklich haben will: Wer weiß schon, was die Hoteldirektion unter einer »erstklassigen« Zimmerverteilung versteht, unter »bequemen« Umbuchungen und »komfortablen« Gruppenreservierungen? Die Projektmitarbeiter sind jedenfalls bei der Datenerfassung von höchst unterschiedlichen Voraussetzungen ausgegangen, und so hat man bereits eine Menge Ressourcen verschwendet. (Immerhin kennt man jetzt die Bedürfnisse der Kollegen. ;-))

Das wirkliche Problem ist nicht das technische Hilfswerkzeug (Vermutlich hätte hier sogar ein klassisches Pflichtenheft ausgereicht.), sondern die *unklaren Vorstellungen der Mitarbeiter über das zu entwickelnde Produkt*, verursacht durch *mangelhaftes analytisches Vorgehen* und die *unzureichende Kommunikation* mit dem Kunden.

Was muss nun getan werden, um das Problem zu lösen? Einige Projektmitarbeiter sollten mehrere Tage in der Hotelrezeption und im Hotelbüro verbringen, dort die Arbeitsabläufe beobachten, ausgewählte Vorgänge selbst ausprobieren und den zuständigen Hotelfachkräften die richtigen Fragen stellen. Danach kann man die falschen Anforderungen korrigieren und die fehlenden Informationen in eine vollständige Produktspezifikation überführen.

Basistext

Sorgen Sie zu Beginn des kreativen Prozesses dafür, dass alle beteiligten Personen das tatsächliche Problem erkennen und die Lösungsanforderungen verstehen. Solange dies noch nicht erreicht ist, hilft nur eins: Hartnäckig nachfragen: »**Was ist das tatsächliche Problem?**« Um den Dingen auf den Grund zu gehen, können Sie auch eine Fragemethode anwenden, zum Beispiel die »Progressive Abstraktion« (S. 242).

hartnäckig nachfragen

Sollte das tatsächliche Problem trotz intensiven Nachfragens immer noch nicht erkennbar sein, müssen Sie das Problemfeld noch genauer durchleuchten. Eine systematische und detaillierte Problemanalyse ist vor allem bei unübersichtlichen, unstrukturierten und komplexen Problemen notwendig (s.a. »Phase 2: Problem durchleuchten« (S. 73)).

Problem analysieren

***Train your brain:* Probleme im Arbeitsalltag**
Überlegen Sie: Auf welchem Wege finden Sie gewöhnlich in Ihrem Arbeitsalltag heraus, was das tatsächliche Problem ist? Halten Sie Ihre Erkenntnisse in Stichworten fest:

....

Ziel formulieren

Sie kennen das Problem (Ist-Zustand). Nun sollten Sie sich Gedanken über die konkreten Lösungsanforderungen machen und das Ziel des kreativen Prozesses (und ggf. auch Teilziele) festlegen (Soll-Zustand). Fragen Sie also:

- Was wollen wir (will ich) durch den kreativen Prozess erreichen?
- Welche Anforderungen müssen erfüllt sein, damit wir (ich) das Problem als gelöst betrachten können (kann)?

Die Zielformulierung dient als **Wegweiser** durch den gesamten Prozess und erleichtert später die **Erfolgskontrolle**.

Merke: Das Ziel des Prozesses wird festgelegt. Der Lösungsweg bleibt weitgehend offen und flexibel.

Regeln für die Zielbildung

Achten Sie zugleich auf eine gute Zielformulierung:

1. Ziele sollen erreichbar sein.

Beispiel

Das Ziel einer kreativen Team-Sitzung lautet: »Eine ungewöhnliche neue Verpackung für die Schlagbohrmaschine – Ergreifst Du mich, freust Du Dich – finden, um die Aufmerksamkeit der Kunden zu gewinnen.« Das kann man schaffen. Am Ende der Sitzung steht die Lösungsidee auf einem Flipchart-Block.

Falsch wäre dagegen folgende Formulierung: »Wir wollen in einer kreativen Team-Sitzung neue Umweltgesetze entwickeln.« Dazu werden die Kompetenzen der versammelten Personen kaum ausreichen: In einer einzelnen Sitzung können Sie bestenfalls Vorschläge für neue Gesetze entwickeln und einen langen Katalog anhängen, was in Kürze zu tun ist, um die beabsichtigten Änderungen auf den Weg zu bringen.

2. Ziele positiv formulieren.

Beispiel

Falsch: »Ich will nicht fad und widerborstig aussehen«.
Richtig: »Jeder soll mein bezauberndes Aussehen bewundern.«

3. Ziele möglichst konkret benennen.

Beispiel

Falsch: »Ich möchte in einem edelmütigen Unternehmen arbeiten.«

Richtig: »Ich möchte von meinem Abteilungsleiter endlich den neuen Computer Portabel Fantastic XXL genehmigt bekommen.«

4. Ziele schriftlich festhalten.
Halten Sie die Ziele möglichst schriftlich fest. So können Sie später prüfen, ob Sie diese auch erreicht haben.

***Train your brain:* Ziele formulieren**

Formulieren Sie Ziele zur Lösung der nachfolgenden drei Probleme. Achten Sie dabei auf die »Spielregeln«:

Problem 1:
Ihre Unternehmenslogo wirkt veraltet und farblos.

Ziel einer kreativen Teamsitzung:

....

Problem 2:
Ihr Projekt-Team soll die Benutzungsoberfläche einer neuen Software gestalten. Leider gingen bislang nur Vorschläge ein, bei denen die Zielgruppe der Anwender zu wenig angesprochen wird.

Ziel einer kreativen Teamsitzung:

....

Problem 3:
Ihr Goldfisch findet die Einrichtung seines Aquariums ungemein abgeschmackt.

Ziel Ihrer kreativen Teamsitzung:

....

Chancen nutzen

Achten Sie zugleich auf **Chancen**, die Sie bei der Entwicklung einer neuen Lösung nutzen können. Zu den Teilzielen kann es gehören, Vorteile technischer Neuerungen, rechtlicher Verbesserungen oder einer veränderten Wettbewerbssituation für sich auszuschöpfen. Nutzen Sie die Gunst der Stunde, um Ihre neue Lösung möglichst gewinnbringend zu entwickeln.

Somit sind drei wichtige Fragen zu beantworten, bevor Sie sich aufmachen, neue, einzigartige Lösungsideen zu finden (Abb. 5.1-1).

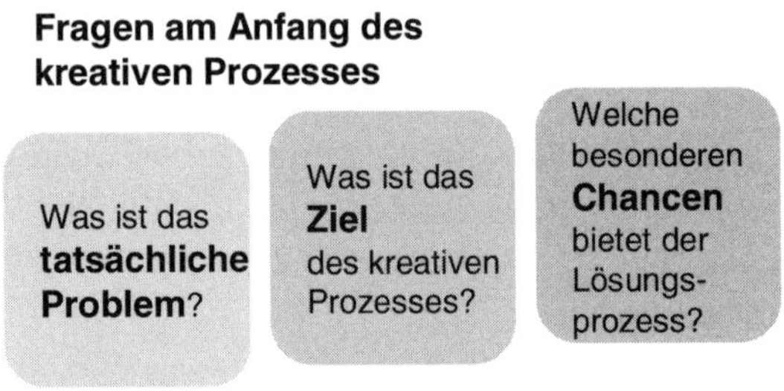

Abb. 5.1-1: Anfangsfragen.

Tipp

Von Anfang an sorgfältiger
Die sorgfältige Arbeit am Anfang des kreativen Prozesses wirkt sich später massiv auf die Qualität der Lösungsideen aus. Stellen Sie gleich zu Beginn die Weichen richtig!

5.2 Phase 2: Problem durchleuchten **

Die Art des Problems bestimmt den Lösungsweg: Bei einem einfachen Suchproblem formuliert man die Suchfrage und beginnt gleich darauf mit der Ideensammlung. Komplexe Analyse- und Konstellationsprobleme muss man erst systematisch zerlegen und analysieren. In hierarchischen und netzbildähnlichen Darstellungen oder mit Hilfe von Kartentechniken kann man relevante Informationen sammeln, strukturieren und die Teilnehmerbeiträge veranschaulichen. Auch Methoden wie der »Morphologische Kasten« oder das *Attribute Listing* eignen sich zur systematischen Problemzerlegung vor der Lösungssuche. Im Anschluss an die Analyse muss man das Ausgangsproblem oft umformulieren.

Die Art des Problems bestimmt den Lösungsweg

Suchprobleme

Die Art des Problems bestimmt den Lösungsweg: Die Lösung für ein einfaches Suchproblem findet man häufig durch praktisches Ausprobieren bzw. durch »**Versuch und Irrtum**«. Seit Urzeiten nutzen Lebewesen diese Methode.

Beispiel 1

Stellen Sie sich vor: Sie müssen einen gewaltigen Blumenstrauß mit 150 prächtigen Blüten in eine andere Stadt transportieren. Nun fragen Sie sich, wie Sie das Ungetüm auf Ihrem Motorroller befestigen können. Durch hartnäckiges Ausprobieren finden Sie früher oder später eine praktikable Lösung.

Wenn Sie ein einfaches Suchproblem während einer Teamsitzung lösen wollen, können Sie das Problem beschreiben, eine **Suchfrage** stellen und gleich darauf, zum Beispiel im

Brainstoming-Verfahren mit der **Ideensammlung** beginnen (siehe »Klassisches Brainstorming« (S. 144)).

Beispiel 2

»Liebe Kollegen, unser wichtigster Auftraggeber will uns ein profitables Geschäft vorschlagen. Er reist übermorgen mit zehn Mitarbeitern an und wird nach den Verhandlungen noch bis zum späten Abend bleiben. Leider ist unsere Gästekasse leer. – Wie können wir unsere Gäste dennoch gut unterhalten? Ich bitte um originelle Lösungsvorschläge!«

Analyseprobleme

Oft kann man nicht so flott Ideen generieren. Denn viele Probleme sind unübersichtlich, vielschichtig und komplex.

Beispiel 3

»Liebe Kollegen, unser wichtigster Auftraggeber will in zwei Tagen mit zehn Mitarbeitern anreisen, um den Entwicklungsstand seiner bestellten Software zu begutachten. Leider läuft zur Zeit fast gar nichts und ständig tauchen neue Fehler auf. Kollege X will überdies Urlaub machen, Y ist unlustig und Z findet das derzeitige Vorgehen sowieso völlig verfehlt. Ich bitte um Lösungsvorschläge!«.

Analyseprobleme muss man erst zerlegen und detailliert durchleuchten, damit Schwierigkeiten, Informationsdefizite und Zielkonflikte zum Vorschein kommen. Dabei ist die Problemanalyse im Mitarbeiterteam sehr von Nutzen:

- Alle beteiligten Personen erlangen die gleichen Kenntnisse über die Problemsituation, die Hintergründe und Rahmenbedingungen.
- Alle Beteiligten können ihr Wissen und ihre Erfahrungen einbringen.
- Man kann das Problem aus unterschiedlicher fachlicher Perspektive betrachten und interdisziplinär Lösungen entwickeln.

Komplexe Probleme sind oft Konstellationsprobleme. Dabei muss man Teilprobleme erkennen, spezielle Bereichslösungen suchen und später die neu **konfigurierten** Einzelelemente aufeinander abstimmen und zu einer neuen Gesamtlösung zusammensetzen. Konstellationsprobleme

Beispiel

Aufgrund erhöhter Ölpreise sind in einem Betrieb die Produktionskosten enorm gestiegen. Es steht fest: Die Kosten müssen gesenkt werden. Es fragt sich nur, wie das funktionieren soll. Möglicherweise muss man Betriebsteile völlig neu strukturieren und ausgestalten. Hier handelt es sich um ein typisches Konstellationsproblem: Für unterschiedliche Bereiche müssen Lösungen und Teillösungen gefunden und aufeinander abgestimmt werden. Zielkonflikte tauchen auf; unterschiedliche Interessen sind zu berücksichtigen. Die Ideenfindung muss gut organisiert werden, damit man eine hochwertige Gesamtlösung entwickeln kann.

Die meisten **Praxisprobleme sind Mischprobleme**. Um sie zu lösen, muss man das Problemfeld analysieren, Lösungselemente suchen, diese miteinander kombinieren und neue Konstellationen finden. Kreativitätsmethoden liefern zugleich ein sicheres Gerüst, um schrittweise zu geeigneten Lösungen zu kommen. Sie erleichtern die Steuerung des Prozesses. Mischprobleme

***Train your brain:* Problemarten**

Entscheiden Sie bei den nachfolgenden Beispielen, um welche Problemart es sich nach Ihren Erfahrungen jeweils handelt:

- Sie suchen einen neuen ausgefallenen Werbeslogan für eine Broschüre Ihres Getränkeunternehmens. Das Leitbild des Unternehmens soll dabei verdeutlicht und einzelne Ziele speziell hervorgehoben werden. Die Bedürfnisse

der wichtigsten Kundengruppen müssen besondere Beachtung finden:
a Suchproblem
b Analyseproblem
c Konstellationsproblem

- Sie möchten die Frau / den Mann Ihrer Träume durch Ihre unvergleichliche Kochkunst bezaubern. Nun fehlt Ihnen eine neue und originelle Idee für ein hinreißendes Menü:
a Suchproblem
b Analyseproblem
c Konstellationsproblem

- Sie müssen eine neue Benutzungsoberfläche für eine neue Software entwickeln, mit dessen Hilfe die Lebensmittel-Lagerhaltung in Kühlschränken gesteuert werden soll. Sie suchen ganz neue, unvergleichliche Gestaltungsideen:
a Suchproblem
b Analyseproblem
c Konstellationsproblem

- Ein berühmter älterer Pop-Star, der einstweilen etwas hölzern wirkt, beauftragt Sie, ihm eine Website zu erstellen: Seine Persönlichkeit soll darauf möglichst vorteilhaft zur Geltung kommen: Er will jugendlich, forsch und unvergesslich wirken. Die Website soll nach seinen Worten einen »unvergleichlichen Bühnencharakter« haben. Für Benutzereingaben soll ein außergewöhnliches Fenster mit extrem vielen Eingabefeldern bereitstehen. Die Navigation soll reizvoll und unkompliziert sein:
a Suchproblem
b Analyseproblem
c Konstellationsproblem

Basistext

Analysefragen

typische Analysefragen

Um das Problem zu durchleuchten und systematisch zu analysieren, kann man Fragen stellen wie diese:

- »Was erschwert die Lösungsfindung?«
- »Was sind die Ursachen?«
- »In welche Teilbereiche kann man das Problem zerlegen?«
- »Was gehört noch dazu?«
- »Was hängt womit zusammen?«
- »Welche zusätzlichen Informationen werden benötigt?«
- »Was sollten wir außerdem berücksichtigen?«
- »Welche besonderen Chancen und gegenwärtigen Möglichkeiten können wir nutzen?«
- »In welchen Bereichen müssen wir Lösungsideen suchen?«
- »Wer/was kann uns unterstützen?«

Übrigens: Hier bewährt sich auch die Anwendung der so genannten **6 W-Fragen** (wird auch als *action words technique* bezeichnet). Journalisten stellen diese Fragen bei ihrer Recherchearbeit, um die richtigen Informationen zusammenzutragen. An den 6-W-Fragen können Sie sich wie an einer Checkliste orientieren. Sie beginnen mit den Fragewörtern:

- »Wer ...?«
- »Warum ...?«
- »Was ....?«
- »Wo ...?«
- »Wann ...?«
- »Wie .....?«

***Train your brain:* Analysefragen**

Stellen Sie sich vor: In einem Sportgeschäft ihres Heimatorts gehen die Verkaufszahlen rapide zurück. Der Inhaber bittet Sie, ein neues außergewöhnliches Werbekonzept zu entwickeln, um die Kauflust der Kunden wieder zu entfachen und Begeisterung über das neue Angebot zu wecken.

Formulieren Sie Fragen, mit deren Hilfe Sie das Problem analysieren können:

1 ....

....

2 ....

....

3 ....

....

Beiträge sammeln und strukturieren

schriftlich diskutieren

Bei der gemeinsamen Analyse des Ausgangsproblems sollen alle relevanten Informationen in den Prozess einfließen. Halten Sie die Beiträge der Teilnehmer in Stichworten schriftlich fest: auf Moderationskarten, Flip-Charts, Tafeln oder Projektionsgeräten. Es gilt die Regel: **Schriftlich diskutieren**, damit

- keine wichtigen Informationen verloren gehen,
- das gesammelte Material zu weiteren Einfällen anreizt,
- um den einzelnen Beiträgen besondere Wertschätzung zu schenken.

Beiträge sammeln und strukturieren

Doch wie kann man bei der Fülle an Informationen noch die Übersicht behalten? Erfreulicherweise gibt es **Visualisierungstechniken**, mit deren Hilfe Sie Teilnehmerbeiträge bequem sammeln, übersichtlich strukturieren und ansprechend darstellen können. Mit den folgenden Techniken macht die Arbeit besonderen Spaß. Sie können diese individuell am eigenen Arbeitsplatz nutzen oder zur Steuerung der Teamarbeit:

- »Mind Maps« (S. 125)
- »Ursache-Wirkungs-Diagramm« (S. 132)
- »Mit Karten clustern« (S. 136)

Spezielle Analysemethoden

Die Qualität der Arbeit in der Analysephase hat großen Einfluss auf das Ergebnis des Prozesses. Hier entscheidet es sich, ob man später die richtigen Suchfragen stellen und geeignete Suchräume durchleuchten kann. Bei der Analyse des Problems müssen beteiligte Personen gründlich, systematisch und konzentriert arbeiten, damit die Suche nicht am Ziel vorbeiläuft und sich die gewonnene Lösung letztlich als unbrauchbar erweist.

Zugleich gibt es sehr hilfreiche Methoden, die Sie sowohl zur Problemanalyse als auch zur Ideensuche und Lösungsentwicklung einsetzen können (»Methodenkatalog« (S. 119)). Beispiele dafür sind:

- Die »KJ-Methode« (S. 238): Untersuchung des Problemfeldes und der Problemstruktur.
- »Attribute Listing« (S. 252): Analyse der Ist- und Soll-Merkmale eines Produkts und Sammlung möglicher Variationen und neuer Gestaltungslösungen.
- Der »Morphologische Kasten« (S. 258): Zerlegung eines Produkts in lösungsrelevante Parameter, systematische Suche nach neuen Lösungsideen und Kombination von Teillösungen.

Basistext

- Der »Problemlösungsbaum« (S. 282): Hierarchische Darstellung des Problems und seiner Bestandteile und Präsentation möglicher Lösungsalternativen.

Ausgangsproblem umformulieren

Nach der Problemanalyse muss man das Ausgangsproblem oft umformulieren. Es ist immer wieder erstaunlich, wie sehr sich das Suchthema und damit auch die Suchrichtung ändern, sobald man das tatsächliche Problem erfasst hat.

Beispiel 1

1 Ausgangsproblem:
»Gute Kunden zeigen kein Interesse mehr an unseren Produkten!«
2 Ergebnis der Problemanalyse:
»Die Telefonanlage im Bestell-Service funktioniert höchst selten, trotz mehrfacher Reparatur.«
3 Umformulierung des Ausgangsproblems:
»Die Telefonanlage hat einen schwer zu behebenden technischen Defekt!«

Beispiel 2

1 Ausgangsproblem:
»Unser Nachbar in der Schrebergartenkolonie ist bösartig!«
2 Ergebnis der Problemanalyse:
»Hund Harko, der Liebling unserer Familie, verabscheut Nachbars Zwergdackel.«
3 Umformulierung des Ausgangsproblems:
»Harko, der Schlawiner, weigert sich, seine ungestüme Dackeljagd im Nachbargarten aufzugeben!«

Train your brain: Problem umformulieren

Hier finden Sie verschiedene Problemstellungen. Denken Sie sich jeweils ein Analyseergebnis aus, und formulieren Sie das Ausgangsproblem entsprechend um:

a Ausgangsproblem: »Der ersehnte Kundenkreis interessiert sich nicht für unsere Website.«
Ergebnis der Problemanalyse:

....

Umformulierung des Ausgangsproblems:

....

b Ausgangsproblem: »Die neue Kampagne gegen Umweltverschmutzung findet keine Geldgeber.«
Ergebnis der Problemanalyse:

....

Umformulierung des Ausgangsproblems:

....

c Ausgangsproblem: »Der vielfältige Nutzen einer digitalen Personenwaage wird nicht erkannt.«
Ergebnis der Problemanalyse:

Basistext

....

Umformulierung des Ausgangsproblems:

....

d Ausgangsproblem: Formulieren Sie hier ein Problem aus Ihrem eigenen Arbeitsalltag.
Ergebnis der Problemanalyse:

....

Umformulierung des Ausgangsproblems:

....

Zur Wiederholung der Inhalte dieses Wissensbausteins gehen Sie gedanklich die Zusammenfassung in Abb. 5.2-1 durch. Wenn Sie mögen, halten Sie eine kleine Rede und versuchen Sie zu jedem Stichpunkt etwas zu sagen.

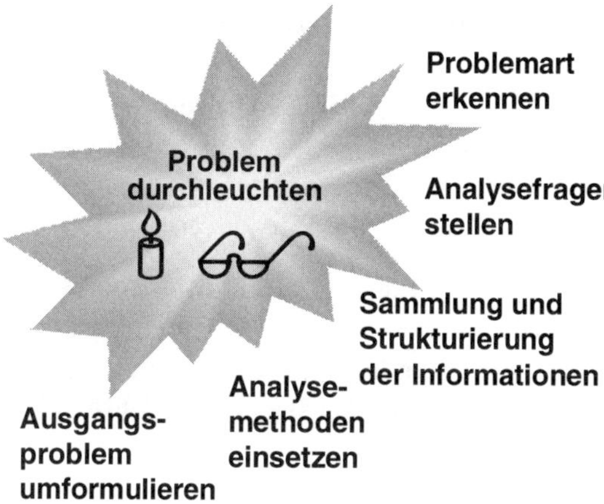

Abb. 5.2-1: Problem durchleuchten.

5.3 Phase 3: Neue Ideen finden **

Wer originelle Ideen und hochwertige neue Lösungen finden will, muss

- »Gute Suchfragen stellen« (S. 84).

Darauf kann man

- »Intuitiv und analytisch suchen« (S. 92),

in Einzelarbeit oder im Team.

Basistext

5.3.1 Gute Suchfragen stellen **

Wer hochwertige neue Ideen finden will, muss gute Suchfragen stellen: Dabei darf der Suchraum nicht zu eng eingegrenzt werden, sollte aber auch nicht unübersehbar groß sein.

Ziel umformulieren

Nachdem Sie das Problem erkannt und analysiert haben, kann die Lösungssuche beginnen. Wie aber verfasst man eine gute Suchfrage? Eine bewährte Technik ist es, das Hauptziel des Problemlösungsprozesses zu einer Frage für die Ideensuche umzuformulieren.

Beispiel

Problem: Zahllose Fahrradtouren enden vorzeitig mit einem platten Reifen.
Ziel: Ganz neue Reifen entwickeln, die so robust sind, dass sie über einen langen Zeitraum intakt bleiben.
Suchfrage: »Wie kommen wir zu neuen, robusten Reifen, die über einen langen Zeitraum intakt bleiben?«

Pronomen verwenden

Bei der Formulierung der Suchfrage kann man den persönlichen Bezug der Ideensucher zur Problemstellung verdeutlichen, indem man Pronomen wie »wir«, »uns«, »meine«, »unsere« verwendet. Dies soll die beteiligten Personen zusätzlich motivieren, ihr Erfahrungswissen einzubringen und zugleich ihren Teamgeist wecken.

Beispiel

Frage: »Wie können Webseiten neue Kunden anlocken?«
Eine derart allgemein formulierte Frage betrifft alle möglichen Webseiten und kann zu Lösungsideen führen, die für einen eigenen Webauftritt völlig unpraktikabel und unbrauchbar sind.

Verbesserte Frage: »Wie können wir mit unserer Webseite neue Kunden anlocken?«

Hier wird durch die Verwendung von Possessivpronomen ein direkter Bezug zum konkreten Problem hergestellt.

offene Fragen stellen

Um viele verschiedene Ideen zu erzeugen, stellt man **offene Suchfragen: Sie eröffnen einen großen Antwortspielraum**. Am Anfang des Satzes steht oft ein Fragewort, das mit dem Buchstaben »W« beginnt.

Beispiele

»Woran kann es liegen .....?«
»Wie können wir.....?«
»Was können wir Ihrer Meinung nach tun, um.....?«
»Wie sollte.....?«
»Welche Lösungsmöglichkeiten.....?«

Beachten Sie: Die Fragewörter »Wann.....?«, »Wie viele.....?«, »Wer.....?« leiten geschlossene Fragen ein, bei denen meistens nur eine Antwort möglich ist. **Geschlossene Fragen sind wichtig, um den Prozess zu steuern**.

Beispiel

»Wann möchten Sie eine Pause einlegen?«

***Train your brain:* Vom Ausgangsproblem zur Suchfrage**

Hier finden Sie Beispiele für den Weg vom Ausgangsproblem bis hin zur Formulierung der zentralen Suchfrage:

- **Ausgangsproblem:**
  Gute Kunden zeigen kein Interesse mehr an unseren Produkten!
- ☐ **Erkenntnisse aufgrund der Problemanalyse**:
  Die Telefonanlage im Bestell-Service funktioniert höchst selten, trotz mehrfacher Reparatur.
- ☐ **Umformulierung des Ausgangsproblems:**
  Die Telefonanlage hat einen schwer zu behebenden technischen Defekt!

- ☐ **Ziel der kreativen Ideensuche:**
  Neue Lösung finden, um den technischen Defekt zu beheben und die Zuverlässigkeit der Anlage zu verbessern.
- ☐ **Formulierung einer Suchfrage für die Ideenfindung:**
  Wie können wir die Funktionsfähigkeit unserer Telefonanlage sichern?

- ■ **Ausgangsproblem:**
  Unser Nachbar in der Schrebergartenkolonie ist bösartig!
- ☐ **Erkenntnisse aufgrund der Problemanalyse:**
  Hund Harko, der Liebling unserer Familie, verabscheut Nachbars Zwergdackel.
- ☐ **Umformulierung des Ausgangsproblems:**
  Harko der Schlawiner weigert sich, seine ungestüme Dackeljagd im Nachbargarten aufzugeben!
- ☐ **Ziel der kreativen Ideensuche:**
  Eine Lösung finden, bei der Harko die Pudeljagd im Nachbargarten einstellt.
- ☐ **Formulierung einer Suchfrage für die Ideenfindung:**
  Wie können wir Harko dazu bewegen, die Pudeljagd im Nachbargarten einzustellen?

Wie kann dieser Weg bei anderen Problemen aussehen? Finden Sie nachfolgend Antworten:

a Ausgangsproblem: Der ersehnte Kundenkreis interessiert sich nicht für unsere Website.

Erkenntnisse aufgrund der Problemanalyse:

....

Basistext

Umformulierung des Ausgangsproblems:

....

Ziel der kreativen Ideensuche:

....

Formulierung einer Suchfrage für die Ideenfindung:

....

b Ausgangsproblem: Die neue Kampagne gegen Umweltverschmutzung findet viele Interessenten, aber keine Geldgeber.

Erkenntnisse aufgrund der Problemanalyse:

....

Umformulierung des Ausgangsproblems:

....

Ziel der kreativen Ideensuche:

....

Basistext

Formulierung einer Suchfrage für die Ideenfindung:

....

c Ausgangsproblem: Der vielfältige Nutzen einer digitalen Personenwaage wird nicht erkannt.

Erkenntnisse aufgrund der Problemanalyse:

....

Umformulierung des Ausgangsproblems:

....

Ziel der kreativen Ideensuche:

....

Formulierung einer Suchfrage für die Ideenfindung:

....

d Ausgangsproblem: Problem aus dem eigenen Arbeitsalltag:

....

Basistext

Erkenntnisse aufgrund der Problemanalyse:

....

Umformulierung des Ausgangsproblems:

....

Ziel der kreativen Ideensuche:

....

Formulierung einer Suchfrage für die Ideenfindung:

....

Mehrere Suchrunden

mehrmals suchen

Um viele, originelle und hochwertige Ideen zu entwickeln, reicht eine einzige Suchfrage oft nicht aus. **Mehrere Suchrunden mit unterschiedlichen Suchfragen** sind nötig.

Beispiel

Problem: Zahllose Fahrradtouren enden vorzeitig mit einem platten Reifen.

Suchfrage 1: »Was macht Objekte, die sich in der Natur bewegen, widerstandsfähig gegen scharfe und spitze Objekte?«

Suchfrage 2: »Welche Materialien können wir zur Zeit bei der Produktion einsetzen und weiter modifizieren, damit die Fahrradreifen in Sortiment XYZ robuster werden?«

Bei der ersten Suchfrage durchstöbert man problemfremde Suchräume und versucht Denkgrenzen zu überschreiten, um zu neuen, originellen Einfällen zu kommen. Bei anschließenden Suchfragen kann man sich dem konkreten Problem wieder annähern, um eine geeignete, angemessene Lösung zu entwickeln. Es kommt also darauf an, welche Art von Teilnehmerideen in der entsprechenden Prozessphase der Lösungsentwicklung gerade am besten zuträglich ist: Entsprechend **weiträumig oder fokussiert kann man Suchfragen formulieren**.

Suchraum abstecken

Suchraum nicht zu eng begrenzen

Alle wertvollen Ideen sollen in den Prozess einfließen. Versetzen Sie sich deshalb vorab in die Köpfe des kreativen Teams. Berücksichtigen Sie die Erfahrungen und Interessen der Ideensucher, und **nehmen Sie die zu erwartenden Vorschläge gedanklich vorweg.** Prüfen Sie, ob die geplante Suchfrage ein ausreichend großes Antwortspektrum gewährt.

Beispiel 1

In einem Unternehmen, das Software entwickelt, stimmen die Inhalte der Dokumentationen selten mit den produzierten Softwareprodukten überein! Ursache sind laufende Korrekturen und Erweiterungen der Software, während die Dokumentation nicht rechtzeitig und nur unvollständig nachgeführt wird.

Ein Projekt-Team will endlich eine neue Lösung finden und formuliert die Suchfrage: »Wie können wir dafür sorgen, dass die Dokumentationsinhalte stets mit unseren produzierten Softwareprodukten übereinstimmen?«

Bei der kreativen Suche tauchen Schwierigkeiten auf: Kollegin Verona Weissalles will vorschlagen, die Dokumentation weitgehend über Bord zu werfen. Nun stellt sich heraus, dass die Suchfrage diese Lösung nicht zulässt! Das ist bedauerlich, denn die Kollegin kennt offensichtlich moderne Entwicklungsmethoden, bei denen der Nutzen einer gesonderten Dokumentation in Frage gestellt wird. Diese fallen jetzt unter den Tisch!

Hier wurde die Suchfrage zu eng formuliert. Der Suchraum darf nicht zu stark eingeengt werden, sonst bleiben wertvolle Ideen auf der Strecke.

Nachteil zu weiter Suchräume
Aber auch unübersehbar weite Suchräume sind von Nachteil. Hier besteht die Gefahr, dass Ideensucher sich verzetteln und viel Zeit damit verbringen, abstrakte, problemfremde Einfälle zu generieren, so dass aus der Vielzahl der Ideen später nur ein verschwindend kleiner Teil verwertet werden kann. Überlegen Sie vorab, ob ein sehr weiter Suchraum besser eingegrenzt werden sollte, und formulieren Sie die Suchfrage entsprechend um.

Beispiel 2

Eine zu weit gefasste Suchfrage im Beispiel 1 lautet folgendermaßen: »Wie kann man Parallelität herstellen?«
Die Suchenden können hier eine Menge spannender Ideen entwickeln, leider aber auch ungeheuer viele, die mit dem Ausgangsproblem kaum etwas zu tun haben. Die Suchfrage ist hier zu weit gefasst.

Welche Suchfrage funktioniert nun im beschriebenen Fall? Zum Beispiel diese: »Wie können wir die mangelnde Parallelität zwischen Software und Dokumentationsinhalten beheben?« Nun kann das Team viele, neue und originelle Lösungen finden und Verona Weissalles kann endlich vorschlagen, ganz auf die Dokumentation zu verzichten. ;-)

gelungene Suchfragen

Eine gute Suchfrage:

- beginnt häufig mit einem **Fragewort**, das einen weiten Antwortspielraum ermöglicht.
- verdeutlicht die **persönliche Beziehung** des Ideensuchers zur Problemstellung.
- eröffnet einen angemessenen **Suchraum** und engt ihn nicht unnötig ein, verhindert aber auch, dass sich die Ideensucher im Suchraum verlieren.
- hilft den Ideensuchern, **viele verschiedene und auch außergewöhnliche Ideen** zu generieren.

5.3.2 Intuitiv und analytisch suchen **

Um zu wertvollen Lösungen zu gelangen, kann man die Ideensuche in mehrere Etappen aufgliedern: Zunächst sammelt man erste Spontanlösungen. In weiteren Suchrunden kann man Verfremdungstechniken einsetzen, um zusätzliche, originelle Ideen und bislang unbekannte Lösungen zu finden. Kreativitätsmethoden geben ein Gerüst für die Lösungssuche vor und erleichtern die Ideenfindung, sowohl bei der Einzelarbeit als auch im Mitarbeiter-Team.

Suchfrage

Nennen Sie die Suchfrage (s.a.: »Gute Suchfragen stellen« (S. 84)), und hängen Sie diese gut sichtbar auf, zum Beispiel an eine Pinwand. Anschließend bringen die Ideensucher meistens recht schnell erste Lösungsvorschläge hervor. Manch einen Vorschlag haben Sie sich bereits vor der Sitzung ausgedacht, andere Einfälle im Laufe der Problemanalyse ersonnen.

Spontanlösungen

Halten Sie die ersten Spontanlösungen schriftlich fest. Dadurch werden die Köpfe der Ideensucher frei, um in weiteren Suchrunden das Problem aus neuen Blickwinkeln zu betrachten. Zugleich muss niemand befürchten, dass sein mitgebrachter Vorschlag verloren geht, und alle können sich auf den nachfolgenden Prozess konzentrieren.

Visualisieren Sie auch jene Ideen, die Ihnen auf Anhieb wenig brauchbar erscheinen. Die Reihenfolge lautet: Erst sammeln, dann bewerten! (s.a.: »Grundregeln für die Ideensuche« (S. 19)).

Die ersten Ideen sammelt man meistens nach der Methode des klassischen *Brainstorming* (»Klassisches Brainstorming« (S. 144)). Beachten Sie hier unbedingt die »Spielregeln«.

Ideen veranschaulichen

Zur Sammlung und Strukturierung der Vorschläge können Sie bewährte **Visualisierungstechniken** nutzen, wie zum Beispiel:

- »Ursache-Wirkungs-Diagramme« (S. 132),
- »hierarchisch gegliederte Informationsnetze« (S. 125) (Beispiel: Abb. 5.3-1)
- »mit Karten clustern« (S. 136).

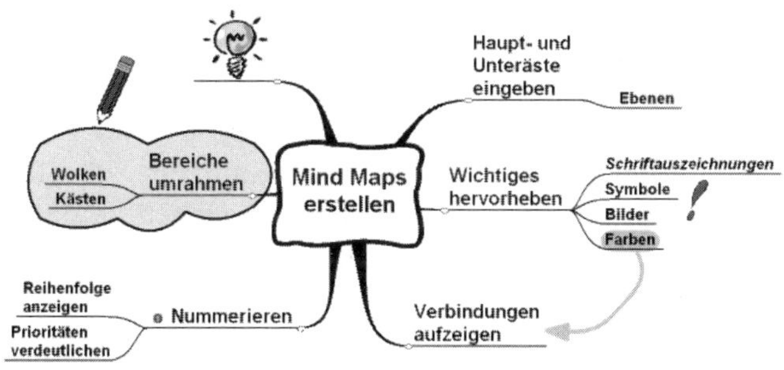

Abb. 5.3-1: Mind Maps erstellen.

Hilfsmittel für die kreative Ideensuche

Kreativitätsmethoden

Die kreative Ideensuche ist das Herzstück des Problemlösungsprozesses (»Der kreative Problemlösungsprozess« (S. 59)). Mit Hilfe von Kreativitätsmethoden (»Methodenkatalog« (S. 119)) können Sie die Suche in dieser Phase auf spannende Weise unterstützen. Kreativitätsmethoden betten bewährte **Heuristiken** ein und helfen, originelle Lösungsideen sowohl intuitiv als auch systematisch-analytisch zu generieren.

Kreativ-intuitive Methoden

kreativ-intuitiv suchen

Kreativitätsmethoden klassifiziert man entsprechend in kreativ-intuitive und systematisch-analytische Methoden. Bei den kreativ-intuitven Methoden nähern Sie sich der gesuchten Lösung durch Intuition. Was sonst im Unterbewusstsein schlummert, kann hier durch **divergentes** Denken angeregt und ans Tageslicht befördert werden. Das Suchfeld kann derweil sehr groß sein:

- Zur intuitiven Suche gehören heuristische Denktechniken wie die gedankliche **Verknüpfung** und die **Analogiebildung**. Man nutzt sie beispielsweise beim *Brainstorming* (»Brainstorming-Methoden« (S. 143)) und *Brainwriting* (»Brainwriting-Methoden« (S. 164)).
- Auch durch eine **intuitive Konfrontation** mit Elementen aus problemfremden Realitätsbereichen kommt man zu neuen und ungewöhnlichen Ideen. »Synektik« (S. 209) und »Reizwort-Methoden« (S. 187) leisten hier gute Dienste.
- Schließlich dienen »Imaginationstechniken« (S. 225) und spielerische Verfahren dazu, sich zwischenzeitlich von der Problemstellung zu lösen, sie aus einem anderen

Blickwinkel zu betrachten und auf intuitivem Wege neue, außergewöhnliche Lösungsideen zu finden.

Systematisch-analytische Methoden

systematisch-analytisch suchen

- »Systematisch-analytische Methoden« (S. 245) zerlegen Sie ein Problem in seine einzelnen Bestandteile, um es detailliert zu durchleuchten. Hier können Sie **systematisch Ideen produzieren, Teillösungen erarbeiten und miteinander kombinieren**. Oft ergeben sich mehrere mögliche Lösungswege.
- Checklisten helfen außerdem, bereits vorhandene Produkte neu umzustrukturieren und an spezielle Erfordernisse anzupassen (Beispiel: »Osborne Checkliste« (S. 247)).

Zitat

»Die Prinzipien Assoziieren und Strukturen übertragen fördern das intuitive Hervorbringen von Ideen, während die Prinzipien Variieren, Kombinieren und Abstrahieren eher in systematisch-analytischer Weise zu neuen Ansätzen hinführen.« /Balzert 98, S. 172/

Alle Sinne einbeziehen

Sinne anregen

Die Atmosphäre und die Gestaltung einer kreativen Sitzung können die Ideenproduktion zusätzlich anregen. Bemühen Sie sich, möglichst viele Sinne der beteiligten Personen zu aktivieren, um jedem den passenden Anreiz zu liefern:

- **Sehsinn** (visuelle Informationsaufnahme)
  Besonders viele Menschen reagieren auf visuelle Reize. Vor der Ideensuche kann man zum Beispiel einen Filmausschnitt zeigen. Man kann Bildtechniken nutzen und mit arbeiten.
- **Hörsinn** (akustische Informationsaufnahme)
  Manche Menschen lassen sich besonders leicht durch

akustische Reize anregen, durch Reizwörter beispielsweise, Geräusche oder Musik.

- **Geschmackssinn** (gustative Informationsaufnahme)
  Auch den Geschmackssinn der Ideensucher können Sie anregen. Wer eine Pralinen-Verpackung neu gestalten möchte, findet möglicherweise leichter neue Ideen, wenn er die Leckereien kosten kann.
- **Geruchssinn** (olfaktorische Informationsaufnahme)
  Viele Menschen haben zudem ein ausgeprägtes Gedächtnis für Gerüche. Überlegen Sie, ob Sie auch den Geruchssinn der Teilnehmer bei der Suche nach originellen Einfällen nutzen können.
- **Tastsinn** (haptische Informationsaufnahme)
  Schließlich spielt der Tastsinn eine besondere Rolle. Wenn möglich, lassen Sie ein zu erneuerndes Produkt im Team herumgehen. Viele Menschen inspiriert es, wenn sie das Objekt anfassen können, wenn sie es befühlen, beklopfen, drehen und wenden und aus verschiedenen Blickwinkeln betrachten.

Wie Sie die Ideensuche im Detail gestalten, hängt vom jeweiligen Thema ab, von der aktuellen Situation und vom Teilnehmerkreis.

***Train your brain:* Sinne aktivieren, Teil 1**

Die Suchfrage lautet: »Wie können wir die Spieler unseres Fußballclubs völlig neu einkleiden, so dass die Zuschauer fasziniert sind und die Außenwirkung verbessert wird?«

Nennen Sie Möglichkeiten, die Sinne der Teilnehmer zur Ideenfindung zu aktivieren:

....

Basistext

Train your brain: **Sinne aktivieren, Teil 2**
Denken Sie auch einmal in die umgekehrte Richtung!
Gehen Sie vom Ergebnis des Suchprozesses aus: Überlegen Sie in den Übungen **a** bis **c**, wie Sie die Sinne eines kreativen Teams aktivieren können, damit es Ideen entwickelt, die schließlich zu den nachfolgenden Produktlösungen führen:

Übung **a**
Gefundene Produktlösung: Weihnachtsbäume aus edlen Metallen, die Teelichter tragen statt Kerzen.

Wie könnte im vorangehenden Prozess die Suchfrage gelautet haben?

....

Wie hätten Sie in der Suchphase die Sinne der Ideensucher aktiviert?

....

Übung **b**
Gefundene Produktlösung: Schuhsohlen, die per Klettverschluss unter die normalen Sohlen geklebt werden, allerdings verkehrt herum (Spitze zeigt nach hinten), damit böse Spurenleser den falschen Suchweg einschlagen.

Überlegen Sie: Wie könnte im vorangehenden Prozess die Suchfrage gelautet haben?

....

Basistext

Wie hätten Sie in der Suchphase die Sinne der Ideensucher aktiviert?

....

Übung **c**
Gefundene Produktlösung: Elektrische Spaghettigabel, die auf Knopfdruck in Windeseile Spaghettis aufdreht.

Überlegen Sie: Wie könnte im vorangehenden Prozess die Suchfrage gelautet haben?

....

Wie hätten Sie in der Suchphase die Sinne der Ideensucher aktiviert?

....

Literatur /Kawakami 97/

Einzeln suchen oder im Team

Arbeitsweisen wechseln

Ideen können Sie einzeln oder im Team suchen. Beides hat seine Vorteile:

- Bei der **Einzelarbeit** brüten Sie neue Lösungsideen ungestört in Ihrem eigenen Tempo aus, auf der Basis Ihrer persönlichen Erfahrungen und Erkenntnisse.

Zitat

»Einzeldenker brauchen die Chance, sich ganz allein und ohne Ablenkungen in Themen und Probleme zu versenken. Sie tüfteln gerne herum ... sie brauchen die ungestörte Ruhe, ganz allein Gedanken hin und her zu wälzen und schließlich zur Reife zu bringen. Zu frühe Kommunikation darüber stört sie und tötet ihre Kreativität bezüglich des aktuellen Themas.« /Kellner 02, S.40f./

- Bei der **Gruppenarbeit** fließen das Wissen und die Erfahrungen vieler Ideensucher ein. Man kann sich gegenseitig zu neuen Einfällen anregen und lange Assoziationsketten bilden. Viele verschiedene Ideen werden auf diese Weise schnell produziert, am besten aus unterschiedlichen Fachbereichen.

Zitat

»Kommunikative Denker sind genau das Gegenteil der Einzeldenker. Sie tun das, was man auch laut denken nennt. Das bedeutet, dass sie überhaupt erst dann zu kreativer Spitzenleistung kommen, wenn sie anderen sagen können, was ihnen spontan durch den Kopf geht.« /Kellner 02, S.40f./

So bietet es sich an, die Vorteile beider Arbeitsweisen bei der Ideensuche auszuschöpfen.

Beispiel

1. Jeder Teilnehmer im kreativen Prozess sucht zunächst in **Einzelarbeit** neue Ideen und notiert die gefundenen Einfälle.
2. In der **Gruppe** erstellt man dann aus allen Einzellösungen gemeinsam einen Ideenspeicher. Er ist Grundlage für weitere Suchrunden, in denen man das gewonnene Material weiterentwickelt und um neue Ideen ergänzt.

***Train your brain:* Intuitiv und analytisch suchen**
Was können Sie tun, um die Ideensuche zu unterstützen?

Um die Inhalte dieses Wissensbausteins im Gedächtnis zu behalten, erstellen Sie bitte eine Skizze. Übernehmen Sie die Texte der Abb. 5.3-2, und ergänzen Sie diese durch Stichworte.

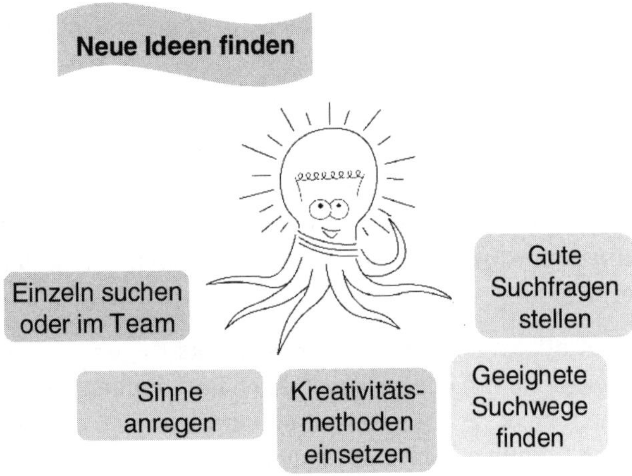

Abb. 5.3-2: Intuitiv und analytisch suchen.

Glossar **Imagination** *(imagination)* Geistige Vorstellungskraft, Einbildungskraft (lat.: imaginatio – Vorstellung, Einbildung).

5.4 Phase 4: Bewerten und auswählen **

Nachdem die Ideensucher eine Menge Vorschläge produziert haben, können Sie das Material bewerten, Alternativen her-

Gruppierung

ausfiltern und die am besten geeignete Lösung auswählen. Wie dies gelingt, lesen Sie in den Wissensbausteinen:

- »Grob- und Feinauswahl« (S. 101)
- »Auswahlentscheidung herbeiführen« (S. 111)

5.4.1 Grob- und Feinauswahl **

Um später aus der Fülle der gewonnenen Vorschläge geeignete Lösungsalternativen herausfiltern zu können, legt man Bewertungskriterien fest. In einer mehrstufigen Bewertung kann man den Nutzen der einzelnen Ideen qualitativ und quantitativ prüfen und das Material allmählich verdichten. Zur Veranschaulichung der Alternativenauswahl nutzt man Codes, Skalen, Profildarstellungen und detaillierte Bewertungsraster.

Grob- und Feinauswahl

Nachdem Sie ausreichend Ideen gesammelt haben, können Sie das Material bewerten. Doch wie erkennt man bei der Vielzahl der Ideen, welche Vorschläge besonders wertvoll sind?

Antwort: Wertvoll sind neue, originelle Ideen, mit deren Hilfe Sie

- die Ziele bzw. **den gewünschten Soll-Zustand erreichen**.
- Anforderungen eines speziellen **Kundenauftrags erfüllen** können.

Überlegen Sie, welche Kriterien ausschlaggebend sind für den Erfolg: **Welche Merkmale, Nutzen, Vorzüge soll die neue Lösung haben?**

Basistext

Bewertungskriterien

Mit Hilfe von **Bewertungskriterien** können Sie das Ideenmaterial prüfen und eine hochwertige Lösung stufenweise herausfiltern.

Beispiel

Bei einer ersten Grobauswahl kann man beispielsweise fragen: »Welche Ideen sind verwertbar und dienen unseren Zielen?« Jede einzelne Idee wird daraufhin geprüft.

Die brauchbaren Vorschläge markiert man mit einem Stift oder Klebepunkt, oder man überträgt sie zur weiteren Bewertung auf ein neues Plakat.

Häufig wird auch gefragt: »Welche Ideen können wir *nicht* realisieren?« Alle unbrauchbaren Vorschläge werden dann aus dem Ideenprotokoll entfernt.

⚠ Aber Vorsicht bei der Verwendung von KO-Kriterien! Gerade die ungewöhnlichen Ideen, die absurd oder schwer verständlich klingen, werden leicht vorschnell als unbrauchbar erklärt. Denn ihr Nutzen ist nicht auf Anhieb ersichtlich. Hier können wichtige Lösungsbeiträge verloren gehen!

- Spitzen Sie besonders bei den »abwegig« erscheinenden Vorschlägen Augen und Ohren.
- Prüfen Sie, ob hier möglicherweise ein genialer Einfall keimt.
- Geben Sie dem Urheber die Gelegenheit, zu erklären wie sein Vorschlag zu einer Lösung des Problems beitragen kann.

Bewertungskriterien

Um das Ideenmaterial Schritt für Schritt zu verdichten, kann man es **mehrstufig prüfen**. Typische Bewertungskriterien sind:

- Wichtigkeit
- Dringlichkeit

- schnelle Umsetzbarkeit
- Vereinbarkeit mit den Unternehmenszielen und Unternehmensstrategien
- Durchsetzbarkeit
- Wirksamkeit
- Originalität
- Kosten
- Nutzen
- erforderliche Ressourcen (personell, materiell, informationell)
- Erfolgswahrscheinlichkeit

Bei der Produktneuentwicklung beziehen sich die Bewertungskriterien auch auf konkrete Merkmale des speziellen Produkts.

Beispiel

Bei Uhren sind dies zum Beispiel die Lebenszeit, Ganggenauigkeit, Eleganz, Stabilität, Ausstattung.

Train your brain – Übung 1

In den Büros Ihres Unternehmens sollen »Hängematten für kreative Pausen« installiert werden.
Sie erhalten den Auftrag, ein völlig neues, originelles Hängematten-Konzept zu entwickeln.

1 Definieren Sie Ziele für den gewünschten (Soll-)Zustand: (Beachten Sie die Vorlieben und Gewohnheiten Ihrer Kollegen.)

....

2 Nennen Sie Bewertungskriterien, mit deren Hilfe Lösungsalternativen später ausgewählt werden können:

....

3 In welchen Schritten kann man die wichtigsten Lösungsalternativen herausfiltern?

....

***Train your brain:* Übung 2**
Ein Katalogunternehmen erteilt Ihnen den Auftrag, die Seiten eines neuen Camping-Katalogs im Internet durch ein völlig neues Webseiten-Design aufzupeppen.

1 Definieren Sie Ziele für den gewünschten (Soll-)Zustand:

....

2 Nennen Sie Bewertungskriterien für die Ideenauswahl:

....

Qualitative und quantitative Bewertung

mehrstufig bewerten

Je näher man der Lösung kommt, um so präziser und konkreter bewertet man die Alternativen. Um die beste Lösung zu finden, kann man die **qualitativ gewonnenen Ergebnisse zusätzlich durch quantitative Bewertungen untermauern**.

Sie wissen nach der dritten Bewertungsrunde zum Beispiel, dass die verbleibenden fünf Lösungsalternativen die Kundenanforderungen erfüllen, realistisch und schnell umsetzbar sind. Nun interessiert Sie noch, welche Alternative die Kostengünstigste ist. Dazu führen Sie eine quantitative Bewertung in Form einer Kostenvergleichsrechnung durch.

Beispiel

Es gibt eine Fülle von quantitativen Bewertungsmethoden, wie zum Beispiel Verfahren der **Investitionsrechnung** und Wirtschaftlichkeitsanalysen wie die **ABC-Analyse**, **Break-Even-Analyse** oder **Portfolio-Analyse**.

Doch auch die qualitative Bewertung kann recht gute Ergebnisse liefern. Natürlich reicht es dann nicht aus, einfach festzustellen, ob eine Idee ein Kriterium erfüllt oder nicht erfüllt. Nutzbringender für den Alternativenvergleich ist es, zu wissen, in welchem Ausmaß die Kriterien jeweils erfüllt werden. Dazu können Sie Ausprägungsgrade vorgeben.

Bewertung und Alternativenauswahl veranschaulichen

Ausprägungsgrade eines Kriteriums kann man durch Codes verdeutlichen. Die Sitzungsteilnehmer bewerten die einzelnen Ideen und weisen jeder Alternative einen Code zu.

Codierung

Beispiel für eine Codierung, um den Zielbeitrag einzelner Ideen aufzuzeigen:
Z0 = Idee liefert keinen Beitrag zur Zielerfüllung.
Z1 = Idee liefert nur einen geringen Beitrag.
Z2 = Idee liefert einen mittelgroßen Beitrag.
Z3 = Idee liefert einen hoher Beitrag.
Z4 = Idee trägt in höchstem Maße zur Zielerreichung bei.

Beispiel

Train your brain: **Codes festlegen**

Definieren Sie Ausprägungsgrade für die Bewertungskriterien **a** »Wichtigkeit«, **b** »Dringlichkeit« und **c** »Originalität«:

a

....

b

....

c

....

Bewertung visualisieren

Wo wird der Code veranschaulicht? Notieren Sie ihn direkt im Ideenprotokoll oder visualisieren Sie die Bewertung auf einem gesonderten Plakat. In der Abb. 5.4-1 kann man bei jeder Lösungsalternative den Ausprägungsgrad des Kriteriums Z0 bis Z4 durch einen Klebepunkt wiedergeben. (Alternative: Punkte jeweils direkt ins Plakat malen.)

Natürlich kann man auch in einem Zuge prüfen, ob eine Idee mehrere Mindestanforderungen erfüllt.

Beispiel

Bedeutung der Codes:
u = umsetzbar, w = wirksam, k = Kostenhöhe.
1 = geringer, 2 = mittlerer, 3 = hoher Ausprägungsgrad.

Bewertungsbeispiele:
u3, w1 = schnell umsetzbar, aber wenig wirksam.
u3, w3 = schnell umsetzbar und hoch wirksam.
u3, w3, k3 = schnell umsetzbar, sehr wirksam, doch hohe Kosten verursachend.

Basistext

In welchem Umfang kann die Idee zur Zielerreichung beitragen ?

Lösungsalternativen	Z0	Z1	Z2	Z3	Z4
1.					
2.					
3.					
4.					
5.					

Abb. 5.4-1: Plakatbeispiel.

u2, w1, k1 = mittelschnell umsetzbar, kostengünstig, doch wenig wirksam.

Ein Bewertungsplakat zeigt die Abb. 5.4-2. Beispiel

Darstellungselemente

Um die Alternativenauswahl anschaulich zu gestalten, können Sie Plakate mit Symbolen, Grafiken, Farben und auch mit Rastern und Skalen versehen. Tabellenraster werden häufig genutzt, weil man die Daten darin übersichtlich anordnen kann, was die Interpretation und den Vergleich erleichtert. Doch Sie können auch andere Darstellungsformen wählen. Auf einem Plakat werden zum Beispiel nur die Lösungsalternativen gesammelt; auf einem zweiten Plakat werden die Bewertungsergebnisse mit Hilfe eines Fadenkreuz-Diagrammes (Abb. 5.4-3) und Moderationskarten dargestellt.

Für die Kreise wählen die Bewerter jeweils eine bestimmte Kullergröße (siehe Legende des Plakats) und zeigen damit auf, für wie wirksam sie eine einzelne Lösungsalternative halten. Jede Kuller wird mit einer Nummer versehen, jener

Durch welche neue Lösung können wir die Navigation auf unserer Webseite optimieren?				
Lösungsalternativen	Umsetzbarkeit	Wirksamkeit	Kostenhöhe	Auswahl
1. Navigationsleiste mit Feuerknöpfen	u3	w1	k2	
2. Tanzende Wesen assistieren bei der Navigation	u1	w1	k3	
3. Grafik aufpeppen: Chauffeur kutschiert den Kunden wie einen König zum Ziel	u3	w2	k3!	
4. Neugestaltung: Geräusch-Navigation: Staubsauger, Schiffshörner, Silvesterpfeifer	u3	w3	k1	X
5. Völlig neue Technik: Kunden navigieren mit Hilfe spezieller Fußpedale	u1	w2	k3!	

Abb. 5.4-2: Bewertungsplakat.

nämlich, unter der die Alternative im ersten Plakat erfasst wurde. Dann bewertet man die Umsetzbarkeit und die zu erwartende Kostenhöhe der einzelnen Lösungsvorschläge und fixiert die Kullern an der jeweiligen Position im Fadenkreuzdiagramm.

Durch diese Art der Visualisierung

- sieht man auf Anhieb, welche Alternativen besonders erfolgversprechend sind. (Hier zum Beispiel jene, die ins schraffierte Feld rechts unten gelangen.)

Basistext

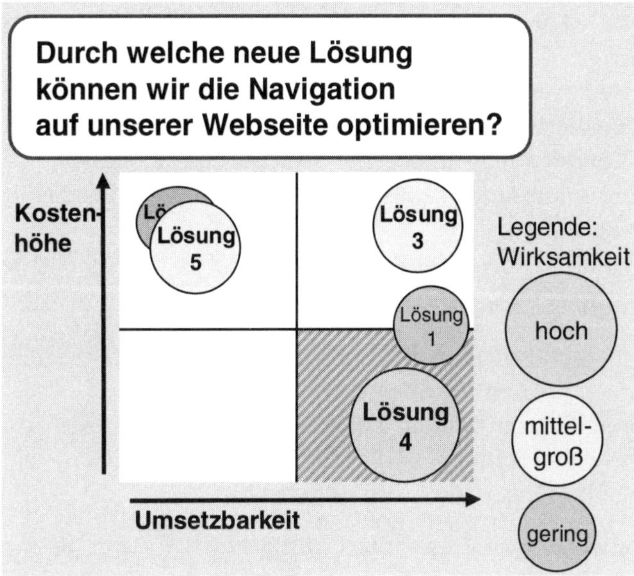

Abb. 5.4-3: Fadenkreuz-Diagramm.

- wird die Alternativenauswahl vereinfacht, weil bessere Vorschläge die schlechteren überdecken (Alternative 5 überdeckt links oben die Alternative 2.)

Es gibt unzählige Möglichkeiten, die Alternativenauswahl durch spezielle Darstellungsformen zu veranschaulichen. Natürlich können Sie hier auch mit ausgefeilten, selbst erstellten **Checklisten** arbeiten.

Raster bei Kreativitätsmethoden

Viele **Kreativitätsmethoden** liefern hilfreiche Raster für die Bewertung und Alternativenauswahl (Beispiel: »Morphologischer Kasten« (S. 258)). Hier entstehen im Laufe der Bewertung detaillierte Ergebnisprofile.

Train your brain: **Alternativenauswahl veranschaulichen**

Überlegen Sie: Wie können Sie die Alternativenauswahl zur Bewertung der gewonnenen Ideen für neue Hängematten übersichtlich und leicht verständlich darstellen (siehe Übung 1 am Anfang dieses Wissensbausteins)? Fertigen Sie eine Skizze an.

....

Train your brain: **Ideen bewerten**

Kehren Sie zum Schluss noch einmal zurück zur Ausgangsfrage: Wie erkennt man bei der Vielzahl der Ideen, welche Vorschläge besonders wertvoll sind?

Beantworten Sie diese Frage, und geben Sie dabei die wichtigsten Inhalte dieses Wissensbausteins kurz wieder. Zur Erleichterung finden Sie auf der Pinwand in Abb. 5.4-4 eine Reihe von Begriffen. Verwenden Sie diese bei Ihrem kleinen Vortrag.

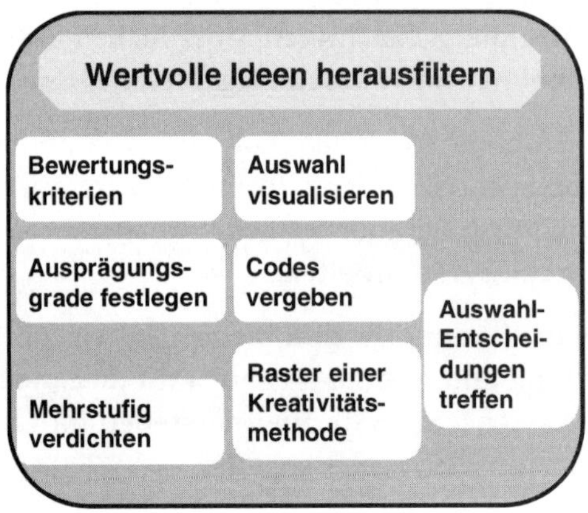

Abb. 5.4-4: Ideen filtern.

Basistext

Glossar

ABC-Analyse *(ABC analysis)* Mit Hilfe dieser Methode klassifiziert man Objekte und Produkte hinsichtlich ihrer Bedeutung am Gesamtprogramm. Sie werden in A-, B- und C-Objekte/Produkte aufgeteilt.

Break-Even-Analyse *(break-even analysis)* Die Break-Even-Analyse wird auch Gewinnschwellenanalyse genannt. In einem Diagramm stellt man den Umsatz und die Kosten eines oder mehrerer Produkte dar und ermittelt, ob und ab wann die Gewinnzone erreicht wird.

Investitionsrechnung *(investment appraisal)* Mit Hilfe der Investitionsrechnung will man feststellen, welche Auszahlungen in einem Unternehmen lohnend sind. So kann man beispielsweise mit Hilfe der Kostenvergleichsrechnung oder der Gewinnvergleichsrechnung prüfen, wie vorteilhaft die Anschaffung verschiedener Güter ist.

Portfolio-Analyse *(portfolio analysis)* In einem 4-Felder-Portfolio oder einem 9-Felder-Portfolio kann man das Leistungspotential eines Unternehmens aufzeigen und analysieren. Wer bei der Portfolio-Analyse ein 4-Felder-Portfolio zeichnet, will gewöhnlich den relativen Marktanteil und das Marktwachstum ausgewählter Produkte untersuchen. Die Produkte werden in die Felder eingeordnet. Dann kann man feststellen, welche zu den »Problemprodukten« *(poor dogs)* gehören, welche sich besonders gut absetzen lassen *(cash cows)* und welche Vermarktungsstrategien sich empfehlen.

5.4.2 Auswahlentscheidung herbeiführen **

Welche Alternativen lösungsrelevant sind, kann eine einzelne Person entscheiden. Oft kommt die Auswahl auch durch Mehrheitsbildung oder Gruppenkonsens zustande. Alle drei Methoden zeigen Vor- und Nachteile. Für eine Konsensbildung im kreativen Team spricht, dass die Motivation der Ideensucher erhalten bleibt, sich nach der Sitzung an der Realisierung der gefundenen Lösung zu beteiligen.

Basistext

Wie kommen Auswahlentscheidungen zu Stande? Im Wesentlichen gibt es drei Möglichkeiten:

Eine Person entscheidet

Einzelentscheidung

Die Bewertung, Alternativenauswahl oder die Endauswahl trifft eine einzelne Person, beispielsweise ein Abteilungsleiter oder eine andere Führungskraft.

Vorteile

+ Geht schnell.
+ Die Lösungsumsetzung ist relativ gesichert, wenn die betreffende Person weisungsbefugt ist.
+ Auch außergewöhnliche Lösungen können uneingeschränkt realisiert werden.

Nachteile

– Gegebenenfalls mangelnde Nähe zum Problem.
– Bei den Mitarbeitern kann der Eindruck entstehen, dass ihre Meinungen wenig zählen.

Die Mehrheit entscheidet

Mehrheitsentscheidung

Entscheidungen können auch durch Abstimmungen zu Stande kommen.

Vorteil

+ Man kommt schnell zu klaren Ergebnissen.

Nachteil

– Meinungen von Minderheiten werden kurzerhand überstimmt. Bei den betroffenen Personen kann dadurch die Motivation sinken, sich engagiert für die Umsetzung der ausgewählten Lösung einzusetzen. Mehrheitsentscheidungen in der Schlussphase sind problematisch.

Gruppenkonsens

Gruppenkonsens

Häufig legt man fest, dass Auswahlentscheidungen durch einen **Gruppenkonsens** getroffen werden sollen.

Vorteile

+ Gemeinsam entwickelte Lösungen fördern den Teamgeist.
+ Wer die Ideen bewertet und Lösungsalternativen auswählt, ist eher geneigt, auch die Realisierung voranzutreiben. Besonders bei der abschließenden Entscheidung ist eine Konsensbildung wünschenswert.

- Kann viel Zeit kosten. Nachteile
- Kann mittelmäßige, verwässerte Ergebnisse liefern, wenn allzu viel Zugeständnisse gemacht werden.

Balance halten

Methoden-Mix

In der Praxis mischt man häufig die Methoden: Entscheidungen kommen in verschiedenen Prozess- und Bewertungsphasen auf unterschiedliche Weise zu Stande, einmal als Einzelentscheidung, dann auch durch eine Abstimmung, ein anderes Mal durch einen Gruppenkonsens, je nachdem, was gerade am zweckmäßigsten ist.

Beispiel 1

Die Ideenfinder prüfen zunächst das Rohmaterial und treffen eine Vorauswahl. Mit der Alternativen-Endauswahl wird eine einzelne Führungskraft betraut.

Beispiel 2

Bei der Produktneuentwicklung finden die Ideenfindung und die Alternativenauswahl oft zu verschiedenen Zeitpunkten statt. Die Bewertung der gefundenen Lösungsvorschläge übernehmen Fachleute und Problemkenner in speziellen Ideenausschüssen. Sie bestimmen auch, welche Lösung letztendlich realisiert wird.

***Train your brain:* Auswahlentscheidungen herbeiführen**

1 Überlegen Sie, wie in Ihrem Unternehmen Auswahlentscheidungen getroffen werden. Welche Personen werden in den Prozess einbezogen?
2 Welche Vor- und Nachteile sehen sie?
3 Wie könnte man die Mitarbeiter und Führungskräfte auch auf andere Weise an Auswahlentscheidungen beteiligen?

Überlegen Sie zukünftig, was in der Praxis in der jeweiligen Situation angemessen ist, und achten Sie darauf, dass mühsam generierte originelle Ideen in dieser Phase sorgsam be-

handelt werden, damit hochwertiges Material nicht verloren geht.

Auch in der Auswahlphase ist es wichtig, die Diskussion gut zu moderieren, sie einfühlend und fragend zu steuern und Einwände der beteiligten Personen ernst zu nehmen (siehe »Kreative Teamsitzungen moderieren« (S. 291)).

5.5 Phase 5: Lösungsumsetzung planen **

Am Ende des kreativen Problemlösungsprozesses kann man die gewonnene Lösung noch detaillierter ausgestalten. In einem Tätigkeitskatalog hält man fest, welche nächsten Arbeitsschritte zur Umsetzung der Lösung erforderlich sind. Dabei wird aufgelistet, wer welche Aufgaben bis wann erledigen wird. Auch Netzplantechniken und Ablaufdiagramme aus dem Projektplanungsbereich kommen hier zum Einsatz.

Optimale Lösung ausarbeiten

Nachdem man sich für eine Lösung entschieden hat, kann man diese noch weiter ausfeilen. Zu fragen ist zum Beispiel:

- □ »Wie kann man einzelne Produktbestandteile noch weiter verbessern?«
- □ »Was muss verfeinert werden?«
- □ »Welche Elemente kann man auf außergewöhnliche Weise umgestalten?«
- □ »Welchen Zusatznutzen können wir einarbeiten?«

Kreativitätsmethoden nutzen

Zur Unterstützung können Sie **Fragetechniken** wie die »Osborn-Checkliste« (S. 247) nutzen. Auch systematisch-analytische Methoden, wie »Attribute Listing« (S. 252) leisten in dieser Prozessphase gute Dienste. Wieder ist Kreativität nötig, um in kurzen Suchrunden noch Ideen zur detaillierten Ausgestaltung der Lösungsbestandteile zu finden. Intuitive Kreativitätsmethoden können hier helfen, einer frisch gewonnenen Produktidee den besonderen innovativen Kick zu verleihen.

Prozess organisieren

Um die Teilnehmer bei komplexen Problemen nicht zu überfordern, kann man die Ideensuche von der Alternativenauswahl und Lösungsausarbeitung zeitlich trennen und die Arbeiten auf mehrere Tage aufteilen. Nehmen Sie sich ausreichend Zeit zur Ausformung einer wirklich hochwertigen Lösung.

Zitat

»Die Ausarbeitungsphase wird sehr häufig unterschätzt. In vielen Kreativitätsbüchern kommt sie nur am Rande vor, dabei ist eine kreative Idee ohne Ausarbeitung wie ein Flügel ohne Vogel.« /Nöllke 98, S.39/

Umsetzung planen

Tätigkeitskatalog erstellen

Schließlich können Sie in einem Tätigkeitskatalog (Abb. 5.5-1) oder einem anderen Projektplanungsinstrument (Netzplan, Ablaufdiagramm) die nächsten Arbeitsschritte für die Lösungsumsetzung planen. Die Schlüsselfrage lautet: **»Wer wird was in der nächsten Zeit tun, damit wir die neue Lösung realisieren können?«**

Hier zeigt sich, wie praktikabel die Lösung tatsächlich ist. In einem Tätigkeitskatalog listet man auf,

- wer welche Aufgaben übernimmt.
- bis zu welchem Zeitpunkt die Aufgaben erledigt werden können,
- wann und wo Rückmeldungen über die Ergebnisse zu erwarten sind,

Tätigkeitskatalog				
Nr.	Aufgabe	Wer?	Bis wann?	Rückmeldung

Abb. 5.5-1: Tätigkeitskatalog.

Katalog fragend entwickeln

Folgende Fragen sollten auch beantwortet werden:

- ☐ »Welche Aufgaben hängen zusammen, so dass man sie gebündelt erledigen kann?«
- ☐ »Was passiert mit dem unbearbeiteten Ideenmaterial?« (Zum Beispiel: Aufbewahren und nutzen, falls sich die ausgearbeitete Lösung nicht bewährt.)
- ☐ »Wann erhalten die am Prozess Beteiligten ein Protokoll über die Vereinbarungen?«

Teilnehmer sollen in dieser Phase bereitwillig Arbeiten übernehmen oder sich bereit erklären, Aufgaben an ihre Mitarbeiter zu delegieren. Weisungsbefugte Personen, die Personal-, Organisations- und Budgetentscheidungen treffen können, sollten deshalb spätestens in dieser Prozessphase anwesend sein.

Am Ende einer kreativen Sitzung fasst der Moderator das Gesamtergebnis zusammen und dankt allen am Prozess beteiligten Personen (»Kreative Teamsitzungen moderieren« (S. 291)). Schließlich liefert er noch einen kurzen Ausblick über die wichtigsten Aktivitäten zur Umsetzung der neuen Lösung. So kann sie im Unternehmen kommuniziert werden, und die Mitarbeiter können an ihrer Realisierung engagiert mitwirken.

Ergebniskontrolle

Im Laufe der Realisierung werden noch weitere Korrekturen und Anpassungen nötig werden. Später wird man das **Gesamtergebnis kontrollieren**:

- »Wurden die Ziele erreicht?«
- »Welchen besonderen Nutzen liefert die neue Lösung?«
- »Wie ist die Qualität des Lösungsprozesses zu beurteilen?«

Train your brain: **Tätigkeitskatalog erstellen**

Stellen Sie sich vor: Um die Kreativität der Mitarbeiter zu fördern, soll eine seit langem überflüssige Lagerhalle Ihres Unternehmens zu einer »Oase für kreative Pausen« umgebaut werden.

Sie wurden nun beauftragt, einen Tätigkeitskatalog zu erstellen und darin aufzulisten, welche Aufgaben in der nächsten Zeit zu erfüllen sind. Notieren Sie in einem Maßnahmenkatalog erste Aufgaben zur Realisierung der geplanten Umgestaltung:

Fragen Sie sich: »Wer kann innerhalb der nächsten drei Monate was erledigen?« und beachten Sie dabei die folgenden Rahmenbedingungen:

1 Eine Hallenhälfte wird derzeit noch von einem Bauern genutzt, der hier seinen altertümlichen Traktor und einen wüsten Haufen ausrangierter Ackergeräte aufbewahrt.
2 In der anderen Hallenhälfte horten die innovativen Köpfe Ihres Unternehmens ihre Ferraris, die sie für besondere Verdienste von der Geschäftsleitung geschenkt bekamen.
3 Ziel ist es, die Halle in einem phantastischen Stil auszugestalten: durch eine Kombination von tropisch-exotischen Grundelementen mit Einrichtungsgegenständen aus den Filmkulissen von *Jurassic Park*.
4 Spezielle Bereiche sollen auf besondere Weise die Ideenfindung anregen: Vorgeschlagen wurde bereits, einen 18-Loch-Golf-Computer bereitzustellen, um den Perspektivenwechsel zu trainieren.
5 Außerdem wünschen sich die Mitarbeiter verstellbare *High Tech*-Massagesessel zur geistigen Entspannung und mehrere ergonomisch geformte »**Heureka**-Badezuber.«
6 Daneben sind auch schlichte Büromöbel zu installieren, damit die Mitarbeiter ihre Einfälle auf der Stelle festhalten und visualisieren können.

Am Ende dieses Wissensbausteins beantworten Sie bitte noch drei Fragen (Abb. 5.5-2).

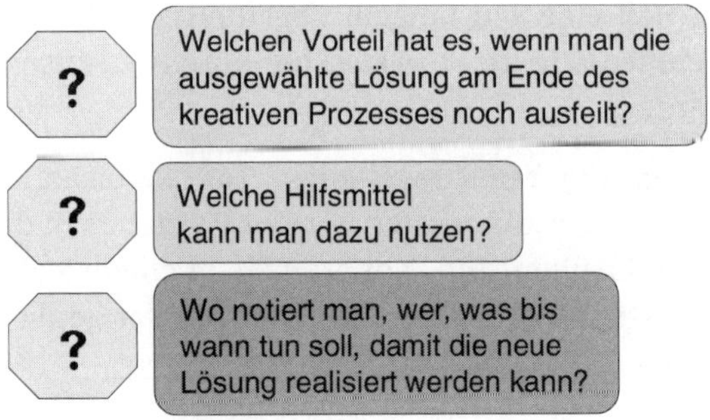

Abb. 5.5-2: Kontrollfragen.

Basistext

6 Methodenkatalog *

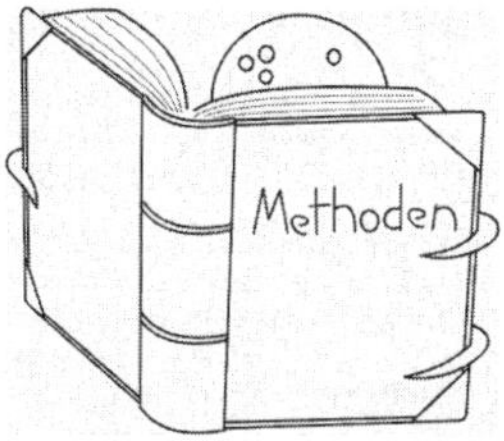

Diese Gruppierung liefert Ihnen einen umfangreichen Katalog mit bewährten Kreativitätsmethoden. Sie finden die einzelnen Verfahren unter den in der Tab. 6.0-1 aufgeführten Kategorien.

Alle Methoden aus dem Methodenkatalog werden in den einzelnen Wissensbausteinen *im Detail* beschrieben. Dabei wird jeweils gezeigt, wie man die *Ideensuche* in einen mehrstufigen Problemlösungsprozess *einbetten kann.* Dies erleichtert es dem Anwender, auch bei schwierigen Suchproblemen den Überblick über die notwendigen Arbeitsschritte zu behalten, von der Problemdefinition bis hin zur Lösungsentwicklung. Natürlich können Sie die unterschiedlichen Suchvarianten auch separat nutzen, um beispielsweise in einer Arbeitssitzung eine kurze Suchphase spontan zu gestalten. Sie finden in den einzelnen Wissensbausteinen Informationen zu folgenden Themen:

Gliederung der Methodenbeschreibung

1 Herkunft der Methode
2 Anwendungsbereiche
3 Arbeitsform (Einzel- oder Gruppenarbeit)
4 Detaillierte Beschreibung der Methode
5 Anwendungsbeispiel

 »Grundlegende Visualisierungstechniken« (S. 121)	 »Brainstorming-Methoden« (S. 143)	 »Brainwriting-Methoden« (S. 164)
 »Synektik und Bildtechniken« (S. 209)	 »Reizwort-Methoden« (S. 187)	 »Methoden für den Perspektivenwechsel« (S. 225)
 »Systematisch-analytische Methoden« (S. 245)	 »Problem(feld)-erkennen« (S. 238)	 »Verfahren der Bionik« (S. 286)

Tab. 6.0-1: Methoden-Katalog.

6 Vor- und Nachteile
7 Erforderliche Materialien
8 Übungen
9 Varianten, Alternativen und Tipps

Gruppierung

6.1 Grundlegende Techniken *

In diesem Kapitelwerden grundlegende Visualisierungstechniken beschrieben. Sie können diese Techniken nutzen, um neue Ideen und andere Informationen zu sammeln, zu strukturieren und den Teilnehmern vor Augen zu führen. Lesen Sie dazu die Abschnitte:

- »Mind Maps« (S. 125)
- »Ursache-Wirkungs-Diagramme« (S. 132)
- »Mit (Moderations-)Karten clustern« (S. 136)

Außerdem können Sie hier erfahren, worauf Sie achten sollten, damit die bei der Visualisierung der Infos verständlich, übersichtlich und ansprechend ist:

- »Visualisieren, schriftlich diskutieren« (S. 121)

6.1.1 Visualisieren, schriftlich diskutieren *

In kreativen Sitzungen gilt die Regel: »Schriftlich diskutieren«. Das gesammelte Ideenmaterial soll allen Beteiligten vor Augen geführt werden, damit es zu weiteren Einfällen anregt, ergänzt und leicht bewertet werden kann. Wichtig ist dabei, auf Verständlichkeit, Übersichtlichkeit und eine aktivierende Darstellungsweise zu achten.

Basistext

Schriftlich diskutieren!

Dieses Prinzip ist ein Erfolgsfaktor kreativer Teamarbeit. Alle Ideen und Beiträge sollen schriftlich festgehalten werden, auf **Flipchart**-Plakaten, Tafeln oder **Pinwänden**. So entstehen **gemeinsame Arbeitsbilder als Grundlage der Diskussion**. Sie bieten eine ganze Reihe von Vorteilen:

Vorteile

+ Die Aufmerksamkeit der Betrachter wird erhöht.
+ Die Assoziationsbildung wird angeregt.
+ Kürzere Redezeiten.
+ Erleichterung der Diskussion, weil alle das gleiche Bild vor Augen haben.
+ Zusammenhänge, Abhängigkeiten und Widersprüche werden sichtbar.
+ Bildinformationen werden oft besser behalten als Textinformationen.
+ Das schriftliche Ideenprotokoll kann man in nachfolgenden Sitzungen wieder verwenden.

Verständlich visualisieren

Lesbarkeit, Übersichtlichkeit und eine aktivierende Darstellungsweise der Informationen sind ausschlaggebende Merkmale guter Visualisierungen. Was können Sie tun, um diese Ziele zu erreichen:

Lesbarkeit

- Bitten Sie die Teilnehmer in **Druckschrift** bzw. in ihrer lesbarsten Schrift zu schreiben.
- Achten Sie auch darauf, dass die Teilnehmer die **gleiche Stiftstärke und Stiftfarbe** benutzen. So kann jeder sehen, dass alle Beiträge gleichwertig sind.
- Die Beiträge sollen möglichst kurz und knapp und **in Stichworten** verfasst werden.

Übersichtlichkeit

- **Gliedern** Sie die Informationen. Wenn die Teilnehmer ihre Vorschläge auf (Moderations-)Karten schreiben, können Sie die Karten leicht zu Themengruppen zusammenstellen und nach Bedarf umstrukturieren.

- Arbeiten Sie gezielt mit verschiedenen Kartenfarben und -formen, um zu verdeutlichen, was zusammengehört und was man unterscheiden sollte. Beachten Sie: die Farbe Rot hat Signalcharakter, so dass der Betrachter glaubt, hier etwas besonders Wichtiges vor Augen zu haben.
- Zeichnen Sie **Symbole, Grafiken** oder **Skizzen**, um Inhalte zu betonen und verständlicher zu machen.
- Umrahmen Sie die einzelnen Informationsblöcke.
- **Nummerieren** Sie die Beiträge, wenn beim Lesen eine bestimmte Reihenfolge eingehalten werden soll.
- Zeigen Sie durch **Pfeile und Linien** wichtige Zusammenhänge und Verbindungen auf.
- Beachten Sie die Regel: **Ein Thema pro Plakat** (Folie usw.).

***Train your brain:* Für Lesbarkeit und Übersichtlichkeit sorgen**

Stellen Sie sich vor: Die Produktpalette Ihres Unternehmens soll erweitert werden. Dazu bitten Sie in einer Besprechung Ihre Mitarbeiter, neue Ideen auf Moderationskarten zu schreiben und diese anschließend an eine Pinwand zu stecken. »Oh je!« ruft Kollegin Mira Maunz, »So was schon wieder! Jeder krakelt seine Karten voll, und hinterher blickt in dem Durcheinander keiner mehr durch! :-(«

Sie aber wissen, wie man für die Lesbarkeit und Übersichtlichkeit der Beiträge sorgen kann. Nennen Sie jeweils mindestens zwei Möglichkeiten:

Lesbarkeit:

....

....

Basistext

Übersichtlichkeit:

....

....

Aktivierende Darstellungsweise

Bilder sollen aktivieren

- ○ Arbeiten Sie mit Bildern und Darstellungsweisen, die zum Teilnehmerkreis und zum Thema passen.
- ○ Setzen Sie unterschiedliche Medien ein (Medienwechsel).
- ○ Arbeiten Sie ggf. mit besonderen Materialien.

Train your brain: **Aktivierende Darstellungsweise**

Stellen Sie sich vor: Sie bereiten eine kreative Sitzung vor, in der Sie gemeinsam mit Ihren Kollegen originelle Ideen finden sollen, um die Webseite eines Aquaristik-Fachgeschäftes neu zu gestalten.

Ziel ist es dabei, die Kunden dafür zu gewinnen, eher Frösche als Fische in Aquarien zu züchten. Damit Ihre Mitarbeiter mit Begeisterung wertvolle Ideen generieren, möchten Sie die Visualisierungen der Sitzung möglichst anregend und themenbezogen gestalten. Wie machen Sie das? Nennen Sie einige Stichpunkte:

....

Materialen

Materialien

Ein gut ausgestatteter Moderationskoffer erleichtert das »schriftliche Diskutieren«. Doch Sie können die Materialien auch nach Bedarf selbst zusammenstellen. Gebraucht werden vor allem:

- Ein Flipchart-Ständer, Plakatpapier und Plakatstifte (am besten in verschiedenen Farben),
- Selbstklebepunkte, Schere und Klebestreifen,
- häufig auch eine Pinwand (ggf. mehrere) und Packpapierbögen, außerdem Pinnadeln, und Moderationskarten in verschiedenen Größen.

Auch bei der Einzelarbeit empfiehlt es sich, alle Einfälle schriftlich festzuhalten. Statt Moderationskarten können Sie hier Karteikarten oder Haftzettel einsetzen.

Glossar

Flipchart *(flipchart)* Ein Flipchart ist ein Gestell, das meistens auf drei Standbeinen steht und einem Papierblock von circa 68 x 100 cm Größe eine Unterlage bietet. Am oberen Ende wird der Flipchart-Block aufgehängt und auch häufig von einer Klemmschiene gehalten. Die ausgefüllten Papierseiten kann man über das Kopfende nach hinten wenden.

Pinwand *(pin board)* Eine Pinwand ist eine Visualisierungsfläche, die entweder an einer Wand fest angebracht ist oder auf Standbeinen bzw. einem Rollständer steht. Bewegliche Pinwände sind etwa 190 cm hoch und haben eine Fläche von circa 123 x 150 cm. Die Visualisierungsfläche besteht aus einem korkähnlich Material, aus Hartschaum oder ist mit Filz bezogen, so dass man Moderationskarten leicht anheften kann.

6.1.2 *Mind Maps* erstellen **

Teilnehmerbeiträge kann man in *Mind Maps* sammeln und strukturieren. Neue Ideen und andere Teilnehmervorschläge werden hier an Haupt- und Unteräste geschrieben und hierarchisch strukturiert. Man ver-

Basistext

deutlicht die verschiedenen Gliederungsebenen und verwendet zur Hervorhebung bedeutsamer Inhalte besondere Schriftauszeichnungen, Farben, Bilder und Symbole. Die Teilnehmer erhalten auf diese Weise entweder eine schnelle Gesamtübersicht über ein Problem und seine Bestandteile oder auch über gewonnene Lösungsideen und ihre Beziehungen untereinander. *Mind Maps* unterstützen die Assoziationsbildung und regen zu neuen Einfällen an.

Herkunft

Mind Mapping® ist eine beliebte Visualisierungstechnik, die in den 1970er Jahren von Tony Buzan und seinem Bruder Barry Buzan entwickelt wurde.

T. Buzan

Tony Buzan wurde 1942 geboren. Er studierte Anglistik, Psychologie, Naturwissenschaften und Mathematik und veröffentlichte circa 20 Bücher zum Thema Kreativität und Lernen. 1974 stellte er der Öffentlichkeit die *Mind Map*-Methode vor /Buzan 74/. Barry Buzan arbeitete als Professor für internationale Studien an der Universität Warwick und befasste sich seit 1970 mit der Entwicklung von *Mind Maps*. 1993 veröffentlichte er gemeinsam mit seinem Bruder »Das Mind Map Buch« /Buzan 93/. Mind Mapping® ist ein eingetragenes Warenzeichen. Die Vielfalt der Möglichkeiten, die diese Methode in den unterschiedlichsten Anwendungsbereichen bietet, kann man in speziellen Seminaren erlernen.

Anwendungsbereiche

Mind Maps werden in privaten und beruflichen Bereichen erstellt, überall wo Informationen erfasst, strukturiert und präsentiert werden müssen. Typische Einsatzbereiche sind:

- Problemanalyse
- Konzeptentwicklung
- Planungsaufgaben
- Protokollerstellung
- Prüfungsvorbereitung
- Wissensmanagement

Basistext

Mind Maps kann man bei der Einzelarbeit erstellen und auch bei der Gruppenarbeit (mehr Anregungen durch ein Arbeits-Team). Arbeitsform

Den grundsätzlichen Aufbau einer *Mind Map* zeigt die Abb. 6.1-1. Ablauf

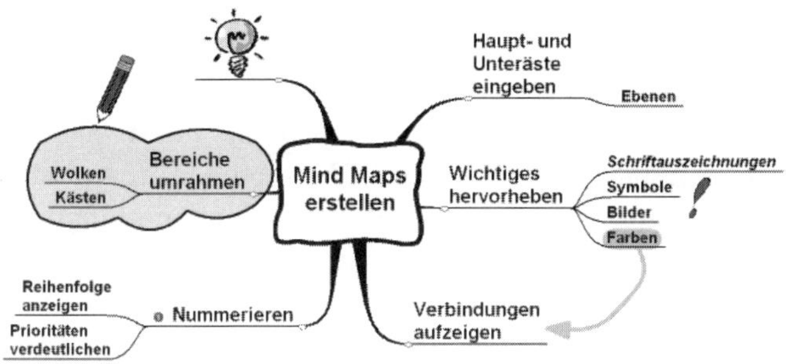

Abb. 6.1-1: Mind Maps erstellen.

Die Erstellung einer *Mind Map* sollte in folgenden Schritten erfolgen:

1 **Thema ins Zentrum**
Bei der Entwicklung einer *Mind Map* (Abb. 6.1-1) schreibt man zunächst das Thema in die Mitte eines Blattes Papier (einer Tafel, Folie oder Pinwand). Das Thema kann als Suchfrage, Halbsatz, Schlüsselbegriff oder als Skizze präsentiert werden.

2 **Beiträge erfassen und strukturieren**
Schreiben Sie die Teilnehmerbeiträge auf leicht geschwungene Linien, die in der Mitte vom Thema aus beginnen und zu den Seitenrändern auslaufen. Eine Linie sollte mindestens so lang sein wie die darüber stehende Beschriftung. (Nach Möglichkeit nur ein oder zwei Stichworte pro Ast schreiben.)

Zeichnen Sie Haupt- und Unteräste für verschiedene Gliederungsebenen. Die Hauptäste verlaufen radial bzw. strahlenförmig vom Thema aus. Jeder Unterast dockt an den Ast der übergeordneten Ebene an. Sammeln Sie Informationen und Ideen und notieren Sie diese in Stichworten im *Mind Map*-Speicher. Um Übersichtlichkeit zu schaffen, kann man die Haupt- und Unteräste in verschiedenen Farben darstellen.

3 Wichtige Inhalte hervorheben

Wichtige Inhalte sollten Sie betonen, durch Schriftauszeichnungen, Symbole, Grafiken oder Farben. Manche *Mind Map*-Ersteller tragen wichtige Informationen in der Nähe des Zentrums ein, weniger wichtige eher an den Rändern des Blattes. Die Position einer Information auf der Schreibfläche sagt also sowohl etwas über die Gliederungsebene des Inhaltes aus, als auch über seine Bedeutung.

4 Übersichtlichkeit verstärken

Sie können Bereiche mit Farbflächen hinterlegen und durch Rahmen voneinander abgrenzen.

5 Reihenfolge vorgeben

Mind Maps liest man meistens automatisch im Uhrzeigersinn. Eine andere Reihenfolge kann man durch eine Nummerierung der Äste festlegen.

6 Beziehungen aufzeigen

Mind Maps können Übersichten über ganze Themengebiete liefern. Man hat das gesamte Bild vor Augen und erkennt schnell inhaltliche Zusammenhänge und Abhängigkeiten. Markieren Sie wichtige Verbindungen durch Linien und Pfeile.

7 Verzweigungen einbauen

Was kann man tun, wenn sich plötzlich ein neues Thema herausbildet, dessen Inhalte nicht mehr ins *Mind Map* hineinpassen? Durch ein Sternsymbol oder ein anderes Kennzeichen können Sie diese Stelle markieren. Geben Sie zu-

Basistext

sätzlich den Namen des neuen *Mind Maps* ein, in dem das Thema ausgeführt wird. Auf diese Weise verlinken Sie die Darstellung: *Mind Maps* sind beliebig erweiterbar.

8 **Ideenproduktion anregen**
Was kann man tun, wenn einem nichts mehr einfällt? Tony Buzan empfiehlt, einen oder mehrere leere Äste ins *Mind Map* zu zeichnen. Dies reizt zu weiteren Einfällen.

Eine *Mind Map* wirkt wie eine »Gedächtniskarte« und erleichtert die Informationssammlung und -speicherung. Die besondere Art der Darstellung entspricht nach Tony Buzan einem »Radialbild«. Er nennt diese Art der Informationsverarbeitung auch **radiales** Denken.

Vorteile

+ *Mind Maps* sind vielfältig einsetzbar, schnell anzuwenden und verursachen wenig Aufwand.
+ Sie regen zu Assoziationen und neuen Ideen an.
+ Sie sprechen besonders Menschen an, die lieber gestalterisch arbeiten als streng linear.
+ Sie zeigen inhaltliche Schwerpunkte, Abhängigkeiten und Beziehungen.
+ Sie erleichtern die Kombination verschiedener Vorschläge.
+ *Mind Maps* kann man auch mit Hilfe von Computerprogrammen zeichnen. Dann können Menschen weltweit Ideen hinzufügen und sich gegenseitig zu neuen Einfällen anregen.

Nachteil

– *Mind Maps* können aufgrund der Informationsfülle chaotisch wirken. Deshalb ist es wichtig, möglichst lesbar und übersichtlich zu arbeiten!

erforderliche Materialien

- DIN A4- oder DIN A3-Papier und bunte Stifte,
- oder Flipchartpapier und Filzstifte (Tafel und Tafelstifte),
- oder Moderationskarten und weitere Moderationsmaterialien,
- oder *Mind Map*-Software, PC und *Beamer*.

Train your brain: Alles verstanden?

1 Wo steht in einer *Mind Map* das Thema (bzw. die Suchfrage)?
2 Wie können Sie die Ideen in Haupt- und Unterebenen gliedern?
3 Wie können Sie die Reihenfolge der Ideen verdeutlichen?
4 Wie heben Sie wichtige Themenbereiche in einer *Mind Map* hervor?
5 Wie grenzen Sie Äste voneinander ab?
6 Wie verdeutlichen Sie inhaltliche Verbindungen?
7 Auf welche Weise kann man eine *Mind Map* erweitern?

Train your brain: Selbst ausprobieren!

Was ist Liebe? Notieren Sie Ihre Assoziationen in einer *Mind Map*.

Liebe ist ...

Varianten und Alternativen

Mehrstufig arbeiten

Tony Buzan, der Vater der *Mind Map*-Methode, empfiehlt, mehrstufig zu arbeiten:

1 *Mind Map* 1: Schreiben Sie das Thema in die Mitte eines Blattes. Generieren Sie fünf bis zehn Minuten lang Ideen und schreiben Sie diese an Hauptäste, die allesamt strahlenförmig vom zentralen Thema ausgehen. Halten Sie alles fest, was Ihnen spontan in den Sinn kommt.
2 *Mind Map* 2: Entwickeln Sie ein strukturiertes Bild. Informationen aus der ersten Darstellung können Sie teilweise oder vollständig übernehmen, verändern oder weglassen und dieses Mal auf unterschiedlichen Gliederungsebenen darstellen.
3 Nun folgt eine **Inkubationszeit**! :-)
4 Ausarbeitung: Nach der Pause können Sie die strukturierte *Mind Map* vervollständigen.

Mit Moderationskarten, Haftzetteln oder Computerprogrammen arbeiten

Wenn es Ihnen nicht behagt, eine *Mind Map* immer wieder neu zu zeichnen, weil sich die Darstellung durch Änderungen zwischenzeitlich verschlechtert, können Sie auch mit Moderationskarten oder einer Computer-Software arbeiten.

Pro & Contra-Technik

Um Argumente zu sammeln, die für oder wider eine Idee (einen Vorschlag, eine Theorie) sprechen, kann man eine *Mind Map* in die Bereiche »Pro« und »Contra« aufteilen. Ordnen Sie die Teilnehmerbeiträge jeweils richtig ein und ergänzen Sie diese, bis Sie ausreichend Material gesammelt haben, um eine Entscheidung vorzubereiten.

Concept Mapping

Informationen können Sie auch in einer *Concept Map* sammeln und visualisieren (siehe Abb. 6.1-2). Diese Technik wurde bereits in den 1960er Jahren von Professor Josef D. Novak an der Cornell University entwickelt. In *Concept Maps* können Sie zahlreiche Infos unterbringen und komplexe Themen hierarchisch, als Begriffsnetz oder in einer anderen Darstellungsform veranschaulichen. *Concept Maps* zeigen die Relationen zwischen den Elementen, wobei Sie man jeweils mehr als zwei Elemente miteinander verknüpfen kann.

Basistext

Beispiel

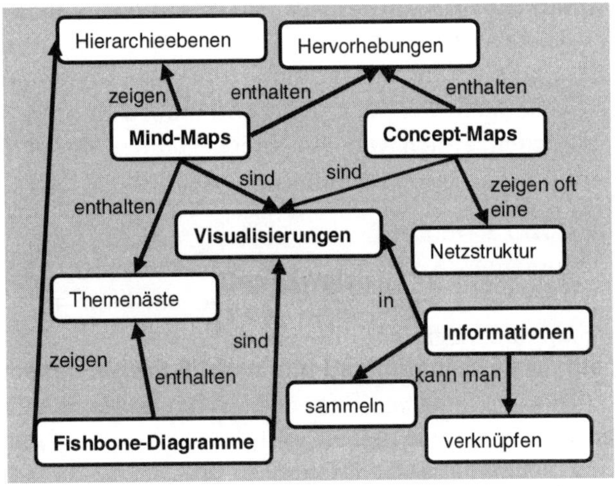

Abb. 6.1-2: Concept Map.

Glossar **radial** *(radial)* Strahlenförmig, von einem Zentrum ausgehend (lat.: radius – der Strahl).

6.1.3 Ursache-Wirkungs-Diagramm **

Zur Analyse eines Problems kann man die Haupt- und Nebenaspekte in einem Ursache-Wirkungs-Diagramm aufzeigen. Ein besonders anschauliches und beliebtes Modell zeigt eine Fischgrätenstruktur. In der Darstellung weist der zentrale horizontale Pfeil auf die Problemformulierung. An Haupt- und Neben-»Gräten« sammelt man Haupt- und Nebenursachen für das Problem.

Herkunft

Der japanische Professor Kaoru Ishikawa (1915-1989) leistete wichtige Beiträge im Bereich Qualitätsmanagement und erntwickelte das Ursachen-Wirkungs-Diagramm, das auch **Ishikawa-Diagramm** genannt wird. Diese beliebte grafische Darstellung wird außerdem als **Tannenbaum-Diagramm** und ***fishbone chart*** bezeichnet.

Anwendungsbereiche

- Problemanalyse.
- Entwicklung von Schwachstellenkatalogen (als Basis für die Ideensuche).

Arbeitsform

für die Einzelarbeit und für die Gruppenarbeit (mehr Anregungen durch ein Team).

Beispiel

Ein Beispiel für ein Ursache-Wirkungs-Diagramm zeigt die Abb. 6.1-3. Ein weiteres Beispiel zum Thema »Instabile Software-Anforderungen« ist in /Balzert 98, S.347/ enthalten.

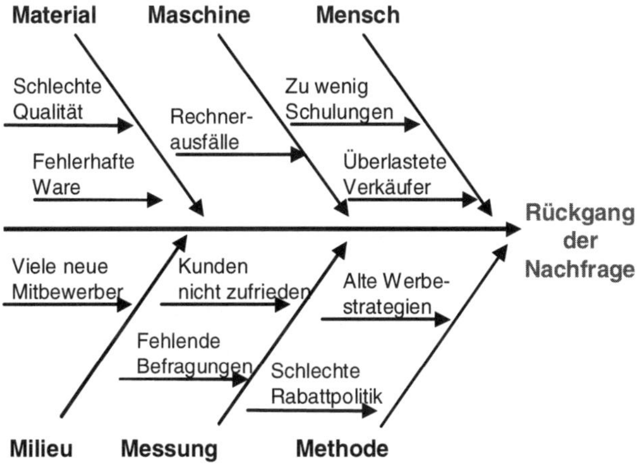

Abb. 6.1-3: Ursache-Wirkungs-Diagramm.

Ablauf

1 **Diagramm-Struktur** zeichnen: Schreiben Sie die möglichst präzise Problemformulierung an den rechten Rand. Zeichnen Sie darauf in der Mitte einen kräftigen, horizontalen Pfeil, der auf das Problem hinweist. Fügen Sie nach links oben und links unten schräg verlaufende Seitengräten an.

2 Fragen Sie nach den **Hauptursachen** für das Problem, und schreiben Sie diese an die Seitengräten des Diagramms. Sammeln Sie alle Teilnehmerbeiträge. In der Abb. 6.1-3 erscheinen die in der Industrie gebräuchlichen Kategorien »Mensch«, »Maschine«, »Material«, »Methode«, »Messung« und »Milieu«. Andere häufig benutzte Kategorien sind »Umwelt«, »Prozess« oder »Management«. Wählen Sie je nach Problemstellung unterschiedliche Kategorien oder Überschriften.

3 Sammeln Sie nun gemeinsam die **Nebenursachen**. Fragen Sie hartnäckig, was dem Problem im jeweiligen Bereich zu Grunde liegt.

4 Wenn Sie ausreichend Schwachstellen notiert haben, dient die Darstellung als **Grundlage für die Suche nach neuen Lösungsideen**.

Vorteile

+ Einfach in der Anwendung, geht schnell.
+ Sehr übersichtlich.
+ Zu neuen Einfällen anregend.
+ Beliebig erweiterbar.

Nachteil

– Weist auf den ersten Blick Ähnlichkeit mit einer »Mind Map« (S. 125) auf. Doch die Struktur ist hier fest vorgegeben.

erforderliche Materialien

- Flipchartpapier und Filzstifte,
- oder Tafel und Tafelstifte,
- oder Pinwände und Moderationsmaterialien.

Basistext

Train your brain: **Alles verstanden?**

1 Wozu werden Ursache-Wirkungs-Diagramme eingesetzt?
2 Wie strukturiert man in einem Fischgräten-Diagramm die Haupt- und Unterpunkte?
3 Auf welche Information zeigt die zentrale, horizontale Hauptgräte?

Train your brain: **Übung 1**

Die Telefonanlage in einem Reisebüro funktioniert nicht. Woran kann es liegen? Erstellen Sie ein Ishikawa-Diagramm:

....

Train your brain: **Übung 2**

Eine wichtige Präsentation, mit der Sie neue Kunden gewinnen wollten, ging völlig daneben. Notieren Sie mögliche Haupt- und Nebenursachen in einem Fischgräten-Diagramm:

....

Varianten und Alternativen

Beim so genannten ***Idea Engineering*** geht man folgendermaßen vor /Knieß 95, S.84f./:

1 Problem beschreiben, in ein Fischgräten-Diagramm eintragen, Ursachen sammeln und strukturieren.
2 Hauptursachen in Suchfragen umformulieren
3 In **Kleingruppen** zu jeweils einer Suchfrage neue Lösungsideen entwickeln.
4 Die gewonnenen Ideen bewerten (ggf. durch ein spezielles Experten-Team) und die beste Lösung auswählen.

Hinweis

Moderationskarten einsetzen

Mit Hilfe von Moderationskarten, Karteikarten oder *Post-*

Basistext

It-Haftzetteln können Sie sich die Umstrukturierung der Inhalte erleichtern.

6.1.4 Mit Karten *clustern* **

Neue Ideen und andere Teilnehmerbeiträge kann man auf Karten schreiben, um sie anschließend auf einem Plakat oder auf einer Pinwand zu strukturieren. Bei der *Cluster*-Bildung fasst man die gewonnenen Ideen und Vorschläge zu unterschiedlichen Themenbereichen zusammen. Moderationsmaterialien, die man in fertigen Sortimenten erwerben oder selbst zusammenstellen kann, erleichtern die schriftliche Diskussion.

Herkunft

Bereits in den 1940er Jahren schrieb man bei der US-Navy Informationen und ergänzende Teilnehmerbeiträge auf Karten, um Diskussionen zu erleichtern. Die Karten wurden an Steckwänden befestigt und strukturiert. Nach dem zweiten Weltkrieg nutzte man dieses Verfahren in japanischen Qualitätszirkeln, um Verbesserungsvorschläge zu sammeln /Weidenmann 01, S.63ff./.

Seit den 1970er Jahren arbeitet man auch in Deutschland mit der Karten-Methode. Eberhard Schnelle stellte die so genannte *Metaplan-Methode*® und zugehörende Hilfsmaterialien vor. Seither wachsen die Sortimente an Moderationsmaterialien, die in verschiedenen Unternehmen zur Unterstützung der schriftlichen Diskussion entwickelt werden. Klebert, Schrader und Straub zeigen, wie man diese Visualisierungstechnik mit speziellen Formen der Gesprächsführung und Gruppenzusammenarbeit verbinden kann /Klebert et. al. 85/.

Anwendungsbereiche

- Überall, wo man Ideen und Informationen sammeln und strukturieren muss.
- Überall, wo man in der Arbeitsgruppe zu gemeinsamen Entscheidungen kommen will.
- Bei Such- und Analyseproblemen.

Arbeitsform

- ○ Für die Gruppenarbeit. Ideal ist häufig eine Gruppengröße von 5 bis 7 Teilnehmern. Bei mehr als 15 Teilnehmern sollte man einen Teil der Arbeitsaufgaben auf Kleingruppen aufteilen.
- ○ Auch bei der Einzelarbeit kann man mit Karten **clustern**, um die eigenen Ideen und Gedanken schriftlich festzuhalten und zu ordnen. Dazu kann man auch gewöhnliche Karteikarten oder verschieden farbige Merkzettel verwenden.

Ablauf

Die Abb. 6.1-4 zeigt, wie man mit Karten *clustern* kann.

Abb. 6.1-4: Mit Karten clustern.

Gehen Sie folgendermaßen vor:

- Visualisieren Sie die Suchfrage bzw. das **Thema** auf einer Pinwand.
- Geben Sie **Moderationskarten** aus. Anzahl der Karten **pro Teilnehmer:** Oft erhält jeder zwei bis drei Karten. Wenn jedoch möglichst viele Teilnehmerbeiträge gesammelt werden sollen, kann man auch mehr Karten ausgeben. (Beispiel: Alle Fehler, die eine neu entwickelte Software noch enthält, müssen gefunden werden. Hier wird die Kartenzahl nicht vor vorn herein begrenzt.) Diese Vorgehensweise sollte allerdings gut überlegt sein, denn die Bearbeitung erfordert Zeit und bei den Teilnehmern eine hohe Konzentration.

  Kartenbeschriftung: Bitten Sie die Teilnehmer
  - ihre Beiträge in einer gut lesbaren Schrift stichpunktartig auf Moderationskarten zu schreiben,
  - Filzstifte in gleicher Farbe und gleicher Strichstärke zu benutzen,
  - einen Gedanken pro Karte zu notieren, stichwortartig und in maximal 3 Textzeilen.
- Während die Teilnehmer schreiben, schweigt der Moderator. **Sammeln** Sie die Moderationskarten anschließend verdeckt ein (beschriftete Seite nach unten).
- **Lesen** Sie die erste Karte vor, und heften Sie diese an eine Pinwand.
- Lesen Sie die zweite Karte vor und drehen sie diese mit dem Schriftbild zur Gruppe. Überlegen Sie gemeinsam, wo sie hingehört: Kann sie zur bereits fixierten Karte gehängt werden, oder gehört sie sinngemäß zu einem anderen Thema? **Strukturieren** Sie auf diese Weise gemeinsam die restlichen Karten.
- Danach liest der Moderator die Karteninhalte des ersten Themenbereichs vor und sucht mit den Teilnehmern nach

einer passenden **Überschrift** (Wechsel der Kartenform). Suchen Sie weitere Überschriften für die restlichen Themenbereiche (Karten-*Cluster*, Abb. 6.1-4).

- Damit der Ideenspeicher übersichtlich bleibt, kann man die einzelnen **Cluster umrahmen** und die Überschriften **nummerieren**. Dies erleichtert die weitere Diskussion.

Das Material steht jetzt zur Ausarbeitung bereit: Haben Sie gerade einen »Schwachstellenkatalog« erstellt, dann können Sie nun in Kleingruppen zu den einzelnen Themen neue Lösungsideen suchen. Haben Sie gerade einen »Ideenspeicher« erstellt, können Sie die Einfälle nun prüfen, bewerten und geeignete Alternativen auswählen.

Spielregeln für die Zusammenarbeit

- **Alle Beiträge sind gleichwertig.** Die Karten sollten deshalb nicht übereinander gehängt werden.
- **Vorschläge doppeln**, wenn die Teilnehmer der Meinung sind, dass sie in zwei Themenbereiche gehören. Der Inhalt einer Karte wird dabei auf einer weiteren Karte wiederholt.
- **Unverständliche Beiträge kommentieren**: Wenn ein Karteninhalt von der Gruppe nicht verstanden wird, kann der Autor ihn kommentieren. Er sollte dazu allerdings nicht nachdrücklich aufgefordert werden, sondern frei wählen können, ob er den Inhalt näher darlegt oder dazu schweigt. Bleibt der Inhalt der Karte unverständlich, wird sie am unteren Rand der Pinwand fixiert. Sie kann schließlich noch zu weiteren Einfällen Anreiz geben.
- **Einwände visualisieren**: Einwände und wichtige Anmerkungen kann man auf ovale Karten schreiben (Wechsel der Kartenform und -farbe) und sie zu den jeweiligen Basiskarten in den Ideenspeicher hängen. Die Einwände werden später bei der Bearbeitung der gewonnenen Vorschläge mitberücksichtigt.

- **Der Moderator bleibt neutral.** Er bewertet die Karteninhalte nicht (s.a. »Kreative Teamsitzungen moderieren« (S. 291)).

Vorteile der Methode

+ Karten können leicht geordnet und umgruppiert werden.
+ Die Kartensammlung liefert eine Diskussionsgrundlage und regt zu neuen Einfällen an.
+ Personen, die sonst eher zurückhaltend sind, liefern bei gleicher Kartenzahl ebensoviel Beiträge wie jene, die zu den Vielrednern zählen.
+ Wenn auf vielen Karten gleiche oder ähnliche Beiräge stehen, tritt die Wichtigkeit dieser Informationen deutlich sichtbar hervor.

Nachteil

– Die gemeinsame Strukturierung kann zeitaufwändig sein. Oft ist es deshalb vorteilhafter, wenn die Teilnehmer ihre Karten selbst einordnen.

erforderliche Materialien

Ein gut ausgestatteter Moderationskoffer erleichtert die schriftliche Diskussion. Doch Sie können die Moderationsmaterialien auch einzeln zusammenstellen. Gebräuchlich sind vor allem:

- Moderationskarten in unterschiedlichen Farben und Größen:
  - Rechteckige Karten: 10 x 21 cm (bei Eigenfertigung liefert Ihnen eine DIN A4-Seite 3 Karten, Alternative: DIN A6-Karteikarten).
  - Ovale Karten: 11 x 19 cm.
  - Kreisförmige Karten (Kullern): Durchmesser 10 cm, 14 cm und 20 cm.
  - Überschriftenstreifen: 55 x 10 cm.
  - Wolken: 25 x 40 cm und 35 x 60 cm (s.a. /Neuland, Michéle 95/, die Kartengrößen unterscheiden sich dort geringfügig).

- Plakatstifte: Am besten in verschiedenen Strichstärken und Farben. Bevorzugt genutzt werden Schwarz, Blau und Rot.
- Eine oder mehrere Pinwände: Größe ca. 125 x 150 cm / ca. 125 x 200 cm.
- Packpapier: Das Papier wird auf die Pinwand geheftet, kann direkt beschrieben und mit den Karten beklebt werden.
- Pinnadeln, Klebepunkte für die Bewertung (ca. 20 mm Durchmesser), Schere, Papierkleber, Krepp-Klebestreifen.
- Flipchart (Arbeitsfläche ca. 70x 100 cm) und Flipchart-Block.

Train your brain: Alles verstanden?

1 Welche Vorteile bietet die Ideensammlung mit Hilfe von Moderationskarten?
2 Worauf sollte man bei der Beschriftung der Karten achten?
3 Wie kann man die Ideen zu Themenbereichen bündeln?
4 Stellen Sie sich vor: Bei einer Kartensammlung schreibt die Hälfte der Ideensucher mit schwarzen Filzstiften, andere Teilnehmer benutzen ihre Kugelschreiber und wenige schreiben mit dicken roten Plakatstiften. Wie denken Sie über eine solche Arbeitsweise?

Train your brain: Selbst ausprobieren!

Ihr nächstes Gartenfest soll Ihre Gäste begeistern. Was können tun, damit dies gelingt? Sammeln Sie Ideen auf Haftzetteln (Einzelarbeit) oder auf Moderationskarten (Gruppenarbeit) und strukturieren Sie Ihre Einfälle.

Teilnehmer *clustern* selbst

Varianten & Alternativen

Zeitsparend, unkompliziert und sehr praktikabel ist es, wenn die Teilnehmer ihre beschrifteten Karten selbst anpinnen und zuordnen. Bitten Sie die Teilnehmer: »Bitte hängen Sie Ihre Karten an die Pinwand, und ordnen Sie diese jeweils dort ein, wo Sie Ihrer Meinung nach hinpassen.« Wenn der letzte Teilnehmer die Pinwand verlässt, ist das Ideenmaterial bereits gebündelt. Sie können nun gemeinsam Überschriften bilden, weitere Informationen ergänzen und die fertigen Themen-*Cluster* umranden. Bei dieser Arbeitsweise sollte die Kartenmenge allerdings überschaubar und die Pinwand groß genug sein.

Ideenliste entwickeln
Neue Ideen kann man auch über einen längeren Zeitraum sammeln, in einem speziellen Briefkasten oder per Intranet. Vor der kreativen Sitzung überträgt der Moderator die Ideen auf Karten. In der Gesamtgruppe werden die Vorschläge strukturiert, ergänzt und ausgearbeitet.

Tipps

Mind-Map®-Ideenspeicher
Ideenspeicher mit Moderationskarten können Sie auch im *Mind Map®*-Format entwickeln (s.a. »Mind Maps erstellen« (S. 125)).

Bilder und Symbole verwenden
Beleben Sie Ihre Plakate und Wandbilder durch *Symbole und kleine Skizzen*. Kennzeichnen Sie auf diese Weise besonders wichtige und interessante Stellen in Ihren Ideenprotokollen.

Ohne Packpapier geht es auch
Wenn Sie die Pinwand mit **Packpapier** bespannen und die Moderationskarten später darauf fixieren (stecken oder kleben), können Sie um die Karten-*Cluster* auf dem Packpapier Rahmen zeichnen, die Themen nummerieren oder Pfeile malen, um einzelne Karten miteinander zu verknüpfen. Doch manchmal fehlt das Packpapier. Weidenmann empfiehlt, in diesem Falle **Wollfäden** zu benutzen. Sie können einen Faden um den Kopf einer Stecknadel wickeln und von hier aus die Karte mit anderen verbinden. Auch Trennlinien kann man mit Hilfe von Wollfäden oder Paketkordeln ziehen /Weidenmann 01, S.65/.

Cluster *(cluster)* Cluster sind »Klumpen« von Informationen. Dabei werden Wisseneinheiten, die ähnliche Merkmale aufweisen, zu einem Haufen zusammengefasst. Bei der Arbeit mit Moderationskarten strukturiert man Karten, bis sich verschiedene Themen herausbilden. Die zusammengehörenden Karten bilden jeweils ein *Cluster* (engl. cluster: eine Anzahl von zusammengefügten oder zusammengewachsenen Elementen, Häufung von einzelnen Teilen, ungeordnete Menge, Traube, Büschel, Gruppe). Glossar

6.2 *Brainstorming*-Methoden **

Brainstorming ist ein bekanntes Suchverfahren mit grundlegenden Spielregeln für die Ideensuche. Es wird auch im Rahmen anderer Kreativitätsmethoden eingesetzt.

Zugleich gibt es eine ganze Reihe von *Brainstorming-Methoden*. Mit ihrer Hilfe kann man einzeln oder im Team auf unterschiedliche Weise Ideen produzieren. Folgende bewährte Varianten finden Sie in dieser Gruppierung:

- »Klassisches Brainstorming« (S. 144)
- »Imaginäres Brainstorming« (S. 149)
- »Solo-Brainstorming« (S. 154)
- »Anonymes Brainstorming« (S. 157)
- »Diskussion 66« (S. 160)
- »Schwachstellen-Brainstorming« (S. 161)

Basistext

6.2.1 Klassisches Brainstorming **

Klassisches *Brainstorming* ist ein grundlegendes Verfahren zur Ideensuche und zum Sammeln von Teilnehmerbeiträgen. Dabei sind spezielle »Spielregeln« zu beachten. Die Methode ist als einzelnes Verfahren nutzbar, besonders bei einfachen Suchproblemen. Sie ist zugleich Bestandteil vieler Kreativitätsmethoden. Klassisches Brainstorming basiert auf intuitiver Assoziation.

Herkunft

Der amerikanische Reporter, Verkaufsmanager und Direktor eines Werbeunternehmens Alex F. Osborn (1888-1966) entwickelte die *Brainstorming*-Methode (*brainstorm*: Hirnsturm, Geistesblitz).

A. Osborn

Von ihm stammt auch die so genannte »Osborn-Checkliste« (S. 247). Sein Ziel war es, die kreative Intelligenz der Menschen zu fördern. Dazu gründete er im Jahre 1954 die Non-Profit-Organisation *Creative Education Foundation* (CEF). Er wirkte dort als Präsident bis zum Ende seines Lebens. Ab 1955 organisierte er an der University of Buffalo ein jährliches *Creative Problem Solving Institute* (CPSI), an dem vor allem Pädagogen und Führungskräfte teilnahmen. Alex Osborn veröffentlichte eine Reihe von Büchern. *Applied Imagination: Principles and Procedures of Creative Thinking* zählt zu den Standardwerken und wurde in fünf Sprachen übersetzt /Osborn 53/. Andere Werke tragen Titel wie *Wake up Your Mind* (1952) oder *How to Become More Creative* (1964).

Anwendungsbereiche

Klassisches *Brainstorming* kann man überall durchführen, wo man schnell Vorschläge und neue Ideen sammeln will. Besonders gebräuchlich ist das Verfahren in den Bereichen

- Werbung,
- Marketing,

- Produktentwicklung,
- Projekt- und Unternehmensplanung,
- Training und Unterricht.

Arbeitsform

- ○ Die Methode dient vorrangig der Gruppenarbeit. Ideal erscheint eine Gruppengröße von 6 bis 12 Ideensuchern, heterogen und interdisziplinär zusammengesetzt.
- ○ Für die Einzelarbeit gibt es das so genannte »Solo-Brainstorming« (S. 154).

Ablauf

- Beschreiben Sie das **Problem**. Gegebenenfalls müssen Sie es erst noch analysieren und neu formulieren. Stellen Sie anschließend eine **Suchfrage**.
- Bitten Sie die teilnehmenden Personen um neue Ideen und Lösungsvorschläge. Dabei sollen sie die nachfolgenden **Brainstorming-Regeln** einhalten:

Brainstorming-Regeln

- ○ **Möglichst viele verschiedene Ideen erzeugen.** Viele Vorschläge wecken viele Assoziationen. Dies erhöht die Chance, wertvolle Lösungen zu finden. Auch unsinnig wirkende, utopisch klingende Ideen werden notiert. Sie geben Anreiz zu weiteren Einfällen.
- ○ **Erst Ideen suchen, später bewerten.** Während der *Brainstorming*-Phase darf niemand eigene oder fremde Vorschläge bewerten. Dies würde den Ideenfluss blockieren.
- ○ **Phantasie sprudeln lassen.** Lassen Sie Ihrer Phantasie freien Lauf und vermeiden Sie Unterbrechungen durch ausufernde Diskussionen.
- ○ **Vorschläge anderer Teilnehmer weiterentwickeln.** Ein Copyright auf eigene Ideen gibt es beim *Brainstorming* nicht. Mit den Vorschlägen der anderen Ideensucher darf man experimentieren. Einfälle sollen aufgegriffen und weiterentwickelt werden.
- Starten Sie nun die **Ideensuche** und visualisieren Sie alle Beiträge. Doch halten Sie sich nicht lange mit der Struktu-

rierung auf: Klassisches *Brainstorming* verläuft eher unstrukturiert. Nichts soll den Ideenfluss bremsen!
Die Suche dauert häufig circa 15 bis 20 Minuten, doch manchmal braucht es eine ganze Stunde, bis der Ideenspeicher genug brauchbares Material enthält. Falls der Ideenfluss frühzeitig stockt, können Sie die **Suche durch Fragen erneut anregen.**

- Nach ca. 20 Minuten ist gewöhnlich eine Pause fällig: Gelegenheit zur **Inkubation**! Bruchstückartig aufgenommene Informationen können sich hier noch zu brillianten Ideen entfalten. Als Moderator fragen Sie also am besten gleich nach der Pause, ob weitere Vorschläge in den Speicher aufgenommen werden sollen. Danach endet die *Brainstorming*-Phase.
- Prüfen Sie nun die Verwendbarkeit der gewonnenen Ideen: Ergänzen Sie diese durch zusätzliche Informationen und arbeiten Sie das Material weiter aus. Kombinieren Sie Teillösungen miteinander. Danach können Sie das Material detaillierter **bewerten**, Lösungsalternativen herausfiltern und die beste Lösung auswählen.

Train your brain: Let's start with a short brainstorm!
Stellen Sie sich vor: An der Uferpromenade des Bodensees eröffneten Sie im vergangenen Jahr ein wunderschönes Café. Dann mussten Sie die Getränkepreise erhöhen, und nun sinken die Besucherzahlen ganz rapide! Finden Sie Lösungsideen, wie Sie trotz der frechen Preise, die Kunden dazu motivieren können, Ihr Café recht häufig zu besuchen (Abb. 6.2-1). Beachten Sie dabei die *Brainstorming*-Regeln:

....

Basistext

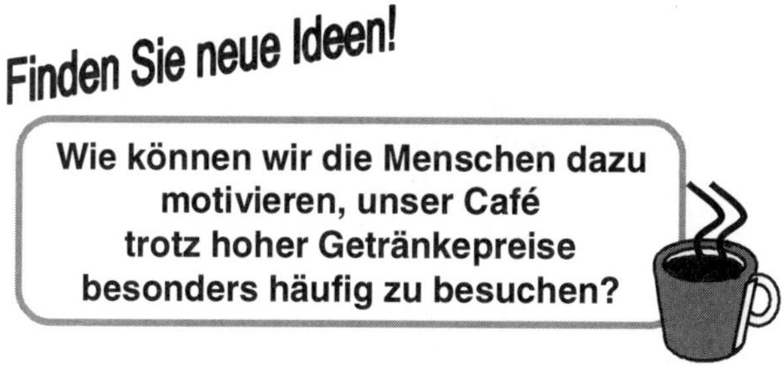

Abb. 6.2-1: Kaffee.

Vorteile

+ Leicht anzuwendendes Verfahren.
+ Spontan durchzuführen mit wenig Aufwand.
+ Viele verschiedene Vorschläge werden in kurzer Zeit produziert.
+ Das Wissen aller beteiligten Personen wird aktiviert.
+ Gegenseitige Anregung hilft, Denkgrenzen zu überschreiten.

Nachteile

– *Brainstorming* liefert gewöhnlich keine direkt realisierbaren Lösungen, sondern einen Katalog von Rohideen, die man noch ergänzen und ausarbeiten muss.
– Möglicherweise tragen einige Teilnehmer massiv zur Ideenfindung bei, andere überhaupt nicht.
– Gegebenenfalls werden überwiegend konventionelle Ideen produziert. Alternative: In einer weiteren Suchrunde das Problem verfremden, zum Beispiel mit Hilfe der »Visuellen Synektik« (S. 210).
– Bei komplexen Problemen muss das Verfahren durch andere Suchmethoden ergänzt oder ersetzt werden.

erforderliche Materialien

- Flipchart-Block und Plakatstifte,
- oder Tafel und Tafelstifte,
- oder Pinwände, Packpapier und Moderationsmaterialien.

Train your brain: Alles verstanden?

1 In welchen Schritten produzieren die Ideensucher beim *Brainstorming* neue Einfälle?
2 Welche Spielregeln sind dabei zu beachten?
3 Wann werden die Teilnehmerbeiträge bewertet?

Varianten & Alternativen

Denkgrenzen überwinden

Wenn Sie schon vorab befürchten müssen, dass überwiegend konventionelle Vorschläge produziert werden, ist die Methode »Imaginäres Brainstorming« (S. 149) vielleicht besser geeignet.

Individuelle Gedankenstürme

Für die Einzelarbeit gibt es eine spezielle Variante: »Solo-Brainstorming« (S. 154).

Anonymität ermöglichen

Wenn Teilnehmer ihre Vorschläge im Team nicht gern äußern (mangelnde Offenheit, Ängste, Konkurrenzdruck), lohnt sich »anonymes Brainstorming« (S. 157).

Von Schwachstellen ausgehen

Sie können auch zunächst einen Schwachstellenkatalog erstellen und auf dieser Basis neue Lösungsideen produzieren: »Schwachstellen-Brainstorming« (S. 161). Als Darstellungsform eignet sich möglicherweise ein »Ursache-Wirkungs-Diagramm« (S. 132).

Brainstorming in großen Gruppen

Wie kann man die *Brainstorming*-Methode in großen Gruppen einsetzen? Die Antwort lautet: Arbeitsweisen wechseln. Bei der »Diskussion 66« (S. 160) geht's besonders zügig voran.

Tipp

Fragenkataloge verwenden
Um die Lösungssuche zu unterstützen, können Sie beim klassischen *Brainstorming* zusätzlich Fragelisten einsetzen, selbst erstellte oder zum Beispiel die »Osborn-Checkliste.« (S. 247)

6.2.2 Imaginäres Brainstorming **

Beim imaginären *Brainstorming* kann man der Phantasie freien Lauf lassen. Veränderte und auch utopische Vorstellungen dienen als Anreiz zu neuen Einfällen. Die Methode basiert auf dem klassischen *Brainstorming* und hilft den Ideensuchern, durch eine Problemverfremdung, durch intuitive Assoziationen und die Konfrontation mit ungewöhnlichen Vorstellungen, Denkgrenzen zu überwinden.

Herkunft

Die Methode Imaginäres *Brainstorming* wurde von Arhur F. Keller vorgestellt /Keller 71/.

Anwendungsbereiche

Imaginäres *Brainstorming* kann man überall durchführen, wo man neue Ideen finden will. Hilfreich ist die Methode vor allem dort, wo »Klassisches Brainstorming« (S. 144) eher zu konventionellen Einfällen führt. Imaginäres Brainstorming ist geeignet für Such-, Analyse- und Konstellationsprobleme. Besonders gebräuchlich ist das Verfahren in den Bereichen

- Werbung,
- Marketing,
- Produktentwicklung,
- Projekt- und Unternehmensplanung,
- Training und Unterricht.

Arbeitsform

○ Vorrangig bei der Gruppenarbeit.

○ Auch bei der Einzelarbeit kann man auf vergleichbare Weise neue Ideen finden. Doch die gegenseitige Anregung entfällt.

Ablauf

■ Beschreiben Sie das **Problem**.

■ Suche 1: Nennen Sie eine **Suchfrage**, und sammeln Sie zunächst **Spontanlösungen**. Bitten Sie die Teilnehmer, die »Brainstorming-Regeln« (S. 144) einzuhalten.

■ Suche 2: Nun sollen die Ideensucher mit Hilfe ihrer **Imagination** entweder das ganze **Problem verfremden** oder einzelne Problembestandteile. So wird das tatsächliche Problem zu einem imaginären. Notieren Sie einige Änderungen:

a .....
b .....
c .....

■ Suchen Sie danach **Lösungsideen zum Imaginären Problem.** Denken Sie verrückt, irrational und produzieren Sie phantastische Einfälle. Schreiben Sie alle Einfälle auf ein Plakat.

■ **Übertragung** auf das tatsächliche Problem: Betrachten Sie gemeinsam das gewonnene Material und überlegen Sie, wie man die gesammelten Ideen zur Lösung des tatsächlichen Problems verwenden kann. Hier können Sie zum Beispiel fragen:

○ »Welche Zusammenhänge zum wirklichen Problem erkennen Sie?«

○ »Welche Verbindungen und Übertragungen sind möglich?«

○ »Wie können wir die imaginären Ideen zur Lösungsentwicklung nutzen?«

Tragen Sie alle **Vorschläge in den Ideenspeicher** ein.

■ Später können Sie das Material **bewerten** und zu einer neuen Lösung **weiterentwickeln**.

Basistext

Beispiel

Stellen Sie sich vor: Für den Messestand Ihres Röhren-Unternehmens benötigen Sie kleine Werbegeschenke. Nun sitzen Sie in einer Planerrunde und grübeln darüber nach, womit Sie Ihren Kunden eine Freude bereiten können. Die Bedingungen sind folgende: Die Geschenke sollen

a nur Erwachsene erhalten.
b leicht zu transportieren sein.
c Freude bereiten, während sie an Ihr Unternehmen erinnern.

Suche 1: Sie stellen die **Suchfrage**: »Mit welchen Werbegeschenken können wir bei unseren Kunden Interesse wecken?« Dann sammeln Sie erste **Spontanlösungen**. Die Ideensucher liefern Vorschläge Abb. 6.2-2.

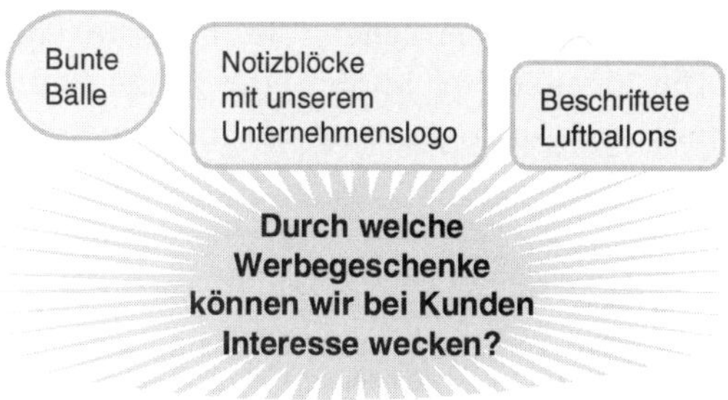

Abb. 6.2-2: Imaginäres Brainstorming, Beispiel 1.

Suche 2: Etwas originellere Werbeprodukte dürften es schon sein!! Deshalb **wandeln Sie das echte Problem in ein imaginäres um** und bitten die Teilnehmer, sich das Folgende vorzustellen:

a Die Kunden sind Kinder.
b Die Geschenke sind superschwer.
c Sie wollen die Kunden mit den Geschenken ärgern, so dass die niemals wieder an Ihr Unternehmen denken.

Basistext

Aus dieser veränderten Perspektive suchen Sie nun **Ideen zum imaginären Problem**. Die Teilnehmer schlagen folgendes vor:

a für Kinder: »Röhren-Spiele«, »Taschenlampen«, »Tatoos«.
b superschweres Geschenk: »Produktkatalog«, »alte Schreibmaschine«, »Felsbild«.
c Kunden durch Geschenke ärgern: »freche Bilder«, »winzige Visitenkarten, die man leicht verliert«, »kräftig röhrender Metall-Hirsch«.

Im Anschluss an die Suche **übertragen** Sie die Vorschläge auf das tatsächliche Problem. Dabei wird gefragt:
»Wie können wir die imaginären Ideen zur Lösungsentwicklung nutzen?«
»Welche Verbindungen sehen Sie zum wirklichen Problem?« Die Ideensucher bilden eine ganze Reihe von Assoziationen und Analogien und der Ideenspeicher wird erweitert Abb. 6.2-3.

Abb. 6.2-3: Imaginäres Brainstorming, Beispiel 2.

Basistext

Die Vorschläge werden anschließend diskutiert, ergänzt und **bewertet**. Einige Lösungsalternativen kommen in die Endauswahl, und schließlich hat die Planungsgruppe die ersehnte **Lösung** gefunden: Ein kleines Kartenspiel soll von einem Spielkarten-Designer konstruiert werden. Es soll spannende und auch skurrile Röhrensysteme präsentieren, und auf jeder Karte wird Ihr Unternehmenslogo erscheinen.

Vorteile

+ Hilft, Denkgrenzen zu überschreiten und regt zum divergenten Denken an.
+ Durch die Auflockerung des Suchfeldes produziert man leichter originelle Ideen.

Nachteil

– Teilnehmer müssen über ausreichende Vorstellungskraft verfügen und bereit sein, auch skurrile und phantastische Einfälle zu akzeptieren.

erforderliche Materialien

- Flipchart-Block und Plakatstifte,
- oder Tafel und Tafelstifte,
- oder Pinwände und Moderationsmaterialien.

Train your brain: **Alles verstanden?**

1 Wie unterscheidet sich das Imaginäre *Brainstorming* vom Klassischen *Brainstorming*?

2 Wodurch verfremdet man das tatsächliche Problem?

3 Wie kommt man von den gefundenen phantastischen Einfällen zu praktikablen Lösungsideen für das konkrete Problem?

Train your brain: **Selbst ausprobieren!**

Stellen Sie sich vor: Ihr Unternehmen produziert Möbel aus Aluminium-Wellblech. Sie erhalten nun den Auftrag, interessierte Kunden auf einer Website von der Vorteilhaftigkeit der Produkte zu überzeugen. Wie kann Ihnen das gelingen?

Suchen Sie originelle Ideen mit Hilfe der Methode Imaginäres *Brainstorming*. Es gelten dabei die folgenden Bedingungen: Ihre Zielkunden

a sind junge Leute im Alter von 16-30 Jahren,
b müssen sparsam wirtschaften,
c sollen Ihre Website weiterempfehlen.

Tipp

Mit anderen Methoden kombinieren
Brainstorming-Methoden können Sie kombinieren: »Klassisches Brainstorming« (S. 144) kann man beispielsweise zu Beginn der Ideensuche einsetzen, solange, bis der Ideenfluss stockt. Dann wechselt man die Methode, um die Suche mit Hilfe des imaginären *Brainstormings* fortzusetzen.

6.2.3 Solo-Brainstorming ***

Solo-*Brainstorming* ist eine Abwandlung der klassischen *Brainstorming*-Methode zur Unterstützung der Einzelarbeit. Solo-*Brainstorming* basiert auf dem heuristischen Prinzip der intuitiven Assoziation.

Herkunft

Schwer zu sagen, wer die *Brainstorming*-Methode als Erster für sich allein entdeckt hat. Knies beschreibt die Methode unter dem Namen »Solo-Brainstorming« /Knieß 95, S.59/. Nöllke nennt sie »Einzel-Brainstorming« /Nöllke 98, S.59/. Sie wird außerdem als »Individuelles Brainstorming« bezeichnet.

Anwendungsbereiche

Überall wo man neue Ideen sucht.

Arbeitsform

Die Methode dient der Einzelarbeit, am besten kombiniert mit externen Anregungen.

Basistext

Ablauf

1 Definieren Sie das **Problem**. Gegebenenfalls müssen Sie es erst analysieren und umformulieren.
2 Formulieren Sie eine **Suchfrage**.
3 Beginnen Sie darauf mit der **Ideensuche**. Produzieren Sie möglichst **viele, verschiedene Ideen**. Lassen Sie Ihre Phantasie sprudeln, um zu originellen Einfällen zu gelangen. Schalten Sie dabei den »inneren Zensor« ab! Eine Bewertung der Ideen ist in dieser Phase streng verboten.

Solo-*Brainstorming* zusätzlich anregen. Da bei der Einzelarbeit direkte Anregungen von anderen Menschen fehlen, sollten Sie ihre Suche zusätzlich ankurbeln: Zum Beispiel durch die **direkte Konfrontation** mit dem zu verändernden Objekt. Wenn Sie eine neue Gestaltung für ein Produkt suchen, nehmen Sie es nach Möglichkeit in die Hand, drehen und wenden sie es, stellen Sie es auf den Kopf, spielen sie mit dem Objekt. Dies reizt zu neuen Einfällen.

Außerdem kann man Solo-Brainstorming in weiteren Suchrunden **mit anderen Kreativitätstechniken kombinieren**, beispielsweise mit der Methode »visuelle Synektik,« (S. 210) und auf diese Weise zu außergewöhnlichen und besonders wertvollen Ideen gelangen. **Notieren** Sie Ihre Einfälle.

4 **Inkubationszeit**! Verlassen Sie sodann das Thema: Gewinnen Sie erst einmal Abstand, und nehmen Sie den Ideenspeicher nach ein paar Tagen wieder zur Hand.
5 Dann können Sie weitere Ideen ergänzen und das gesammelte Material anschließend **bewerten**. Wenn Sie ausreichend Zeit haben, prüfen Sie die Bewertung nach einigen Tagen ein weiteres Mal. – Ist das Ergebnis etwa abhängig von Ihrer Tagesform ;-) ?
6 Wählen Sie nun die beste Alternative aus, und entwickeln Sie diese zu einer neuen, wertvollen **Lösung**.

Basistext

Vorteile

+ Unabhängigkeit von Zeit und Ort.
+ Das eigene Wissen und die eigenen Erfahrungen werden ungehindert genutzt.
+ Gruppenkonflikte entfallen.

Nachteil

– Leider entfällt auch die gegenseitige Anregung, und es besteht die Gefahr, im eigenen Denkraum gefangen zu bleiben.

erforderliche Materialien

Papier und Filzstifte.

Train your brain: **Alles verstanden?**

1 Welche Vor- und Nachteile bietet das Solo-*Brainstorming* im Vergleich zur Ideenfindung in der Gruppe?

2 Was kann es nützen, die Bewertung auf mehrere Tage aufzuteilen?

3 Überlegen Sie, wie man das Einzel- und Gruppen-*Brainstorming* kombinieren kann.

Train your brain: **Selbst ausprobieren!**

Stellen Sie sich vor: Sie möchten noch in diesem Jahr nach Hawaii reisen (s.a. Abb. 6.2-4). Nun benötigen Sie dringend gute Ideen, um das nötige Kleingeld aufzutreiben. Sammeln Sie dazu Ideen im Solo-*Brainstorming*-Verfahren:

....

Varianten & Alternativen

Solo *Brainstorming* einbetten

Die mangelnde Anregung kann sich bei dieser Methode nachteilig für die Ideenfindung auswirken. Dann ist es besser, Solo-*Brainstorming* einzubetten: Kommunizieren Sie während Ihrer Suche regelmäßig telefonisch oder per *E-Mail* mit Kollegen, Freunden und Bekannten. Bitten Sie diese um Vorschläge, und nutzen Sie deren Anregungen, um neue Ideen zu produzieren.

Abb. 6.2-4: Hawaii.

Sandwich-Brainstorming

1 Beim *Sandwich-Brainstorming* sucht man zunächst in einem kreativen Team nach neuen Ideen. Sie werden in einen Ideenspeicher übertragen.

2 Darauf produziert jeder Teilnehmer einzeln Lösungsideen, auf der Basis des gesammelten Materials.

3 Teamarbeit: Die Ergebnisse werden in der Arbeitsgruppe vorgestellt, diskutiert und weiterentwickelt.

6.2.4 Anonymes *Brainstorming* ***

Selbst in schwierigen Situationen sollen Mitarbeiter ungehindert neue Ideen produzieren können. Mit Hilfe des *anonymen Brainstormings* diskutieren sie ihre Einfälle in einer Arbeitsgruppe, ohne persönliche Angriffe fürchten zu müssen.

Basistext

Herkunft

Das anonyme *Brainstorming* ist eine Variante der Klassischen Brainstorming-Methode, die von Alex Osborn in den 1950er Jahren entwickelt wurde (s.a. »Klassisches Brainstorming« (S. 144)).

Anwendungsbereiche

Das Anonyme Brainstorming wird bei der Gruppenarbeit angewandt, wenn Teilnehmer ihre persönlichen Ideen nicht gern in der Gruppe äußern.

Arbeitsform

Für die Einzelarbeit, als Vorbereitung für die Diskussion in einer Gruppe.

Ablauf

1. Liefern Sie jenen Personen, die später an der kreativen Sitzung teilnehmen sollen, eine **Problembeschreibung**, ggf. auch Analyseergebnisse und die **Suchfrage**.
2. Bitten Sie die Teilnehmer, zunächst **in Einzelarbeit neue und originelle Ideen** zu suchen. Sie können dazu Arbeitsblätter, Moderationskarten oder eine Textverarbeitungs-Software verwenden.
3. Vor der Sitzung werden die Notizen von einer Vertrauensperson eingesammelt. Alternativ dazu kann auch ein spezieller »**Briefkasten**« für die Lösungsideen bereit gestellt werden.
4. In der Sitzung werden die **Vorschläge von einem Moderator vorgelesen und visualisiert**. Diskutieren, strukturieren und ergänzen Sie die Ideen in der Gruppe, und entwickeln Sie Schritt für Schritt eine neue **Lösung**.

Vorteile

+ Beteiligte Personen brüten die eigenen Ideen in Ruhe aus und kommen vorbereitet in die Sitzung.
+ Auch brisante Themen, Schwachstellen und angstbesetzte Probleme können zur Sprache gebracht werden.
+ Außergewöhnliche neue Ideen werden präsentiert, ohne dass die Urheber persönliche Angriffe fürchten müssen.
+ Vorteile der Einzel- und Gruppenarbeit werden genutzt.

Nachteil

- Wer bereits viel Mühe in die Konstruktion einer neuen Lösungsidee gesteckt hat, will seinen Vorschlag später in der Arbeitsgruppe auch durchbringen. Doch Fixiertheit auf bereits vorhandene Einfälle blockiert divergentes Denken.

erforderliche Materialien

- Flipchart-Block und Plakatstifte,
- oder Tafel und Tafelstifte,
- oder Pinwände und Moderationsmaterialien.

***Train your brain:* Alles verstanden?**

1 Wie schafft man es beim Anonymen *Brainstorming*, dass die Urheber erster Ideen unerkannt bleiben?

2 In welchen Fällen ist ein anonymes *Brainstorming* weniger nutzbringend?

3 Wie beurteilen Sie die Chancen, hochwertige neue Lösungen zu finden, wenn die Teilnehmer sehr große Ängste haben, ihre Ideen zu nennen?

***Train your brain:* Selbst ausprobieren!**

Sammeln Sie im *Brainstorming*-Verfahren neue und außergewöhnliche Ideen, um die Stimmung und Kommunikation in Ihrem Unternehmen noch weiter zu verbessern:

....

Tipp

Teilanonymität
Reicht ein geringes Maß an Anonymität aus, dann können Sie im Team arbeiten, während Sie zugleich darauf achten, dass alle beteiligten Personen in Druckschrift schreiben und die gleiche Stiftfarbe und -Stärke benutzen. Der Moderator kann die beschrifteten Moderationskarten verdeckt einsammeln (Schreibfläche nach unten) und sie zusätzlich mischen, bevor er die Inhalte vorliest.

6.2.5 Diskussion 66 ***

Die *Diskussion 66* wird vor allem in großen Gruppen angewendet. Diese *Brainstorming*-Variante zeichnet sich durch einen Wechsel von Klein- und Großgruppenarbeiten aus. In ausgewählten Prozessphasen produzieren die Ideensucher in Kleingruppen zu je 6 Personen jeweils 6 Minuten lang neue Ideen und Lösungsvorschläge.

Herkunft

Die *Diskussion 66*, auch *Methode 6x6* genannt, wurde vom Unternehmen *Philipps* vorgestellt.

Anwendungsbereiche

Überall wo man in großen Arbeitsgruppen schnell neue Ideen und Lösungsvorschläge generieren will.

Arbeitsform

Die *Diskussion 66* ist eine Methode für den Wechsel von Einzel- und Gruppenarbeiten.

Ablauf

1. Beschreiben Sie das **Problem**, und nennen Sie die **Suchfrage**.
2. Sammeln Sie in der Gesamtgruppe auf einem Plakat **Lösungsideen**. Beachten Sie dabei die Brainstorming-Regeln (s.a. »Klassisches Brainstorming« (S. 144)).
3. Sobald der Ideenfluss versiegt (oder wenn einzelne Themenbereiche eine detailliertere Bearbeitung erfordern), teilen Sie die Großgruppe in **Kleingruppen zu je 6 Teilnehmern** auf. Jede Kleingruppe soll anschließend eine bestimmte Suchfrage beantworten und hat dazu **6 Minuten Zeit**.
4. Anschließend werden die **Ideen im Plenum präsentiert** und gemeinsam weiterentwickelt.
5. Gegebenenfalls sind **mehrere Wechsel** der Kleingruppen- und Plenumsarbeit notwendig, bis man zu brauchbaren Ideen gelangt.
6. Schließlich kann man das Material **bewerten**, Lösungsalternativen hervorheben, und die beste Lösung auswählen.

Vorteile

+ Schnelle Ideensammlung in Großgruppen.
+ Das Wissen und die Erfahrungen vieler Personen fließen in den Prozess ein.
+ Zähe oder ausufernde Diskussionen in der Großgruppe werden vermieden.
+ Durch den mehrfachen Wechsel können auch komplexe Probleme in einem überschaubaren Zeitraum bearbeitet werden.

Nachteil

– Sechs Minuten Diskussionszeit, um in der Kleingruppe neue Ideen zu finden, kann zu knapp bemessen sein. Passen Sie als Moderator die Zeit gegebenenfalls an.

erforderliche Materialien

- Flipchart-Block und Plakatstifte,
- oder Tafel und Tafelstifte,
- oder Pinwände und Moderationsmaterialien.

Train your brain: **Alles verstanden?**

1 In welchen Schritten sammelt man mit Hilfe der *Diskussion 66* neue Lösungsideen?

2 Welchen Vorteil hat es, wenn der Kleingruppe nur 6 Minuten Diskussionszeit zur Verfügung stehen?

3 In welchen speziellen Fällen würden Sie der Kleingruppe dennoch eine längere Suchzeit gewähren?

6.2.6 Schwachstellen-Brainstorming ***

Beim Schwachstellen-*Brainstorming* erkunden Ideensucher zunächst die Schwachstellen einer speziellen Problemsituation, um auf dieser Basis neue, zweckmäßige Lösungsideen zu finden.

Herkunft

Das Schwachstellen-Brainstorming ist eine Variante der Klassischen *Brainstorming*-Methode (s.a. »Klassisches Brainstorming« (S. 144)), die von Alex Osborn in den 50er Jahren vorgestellt wurde.

Basistext

Anwendungsbereiche

- Zur Produktverbesserung.
- In Qualitätszirkeln.
- Überall, wo neue Ideen gesucht werden, um konkrete Schwachstellen zu überwinden.

Arbeitsform

Schwachstellen-*Brainstorming* eignet sich für die Einzelarbeit und auch für die Gruppenarbeit (mehr Anregungen durch ein Team).

Ablauf

1 Beschreiben Sie das **Problem**.
2 Analysieren Sie gemeinsam in der Arbeitsgruppe, welche Ursachen und Schwachstellen dem Problem zu Grunde liegen: Erstellen Sie dazu einen **Schwachstellenkatalog** (beispielsweise als »Ursache-Wirkungs-Diagramm« (S. 132)).
3 Suchen Sie anschließend **neue Ideen,** um die Schwachstellen zu beheben. Wenn Sie nur wenig »Sand im Getriebe« gefunden haben, können Sie jetzt gemeinsam neue Lösungsideen für die einzelnen Schwachstellen suchen. Wenn Sie einen umfangreichen Schwachstellenkatalog erstellt haben, ist es vermutlich effizienter, die einzelnen Themenbereiche in Kleingruppen zu bearbeiten und die gewonnenen Lösungsvorschläge dem Plenum später vorzustellen. Achten Sie bei der Ideensuche auf die Einhaltung der *Brainstorming*-Regeln.
4 Dann werden die Lösungsideen von der Gesamtgruppe ergänzt und **bewertet**.
5 Erstellen Sie schließlich einen Tätigkeitskatalog (s.a. »Phase 5: Lösungsumsetzung planen« (S. 114)), um die neue Lösung auf den Weg zu bringen.

Vorteil

+ Zweckmäßige Lösungen werden erzeugt, die geeignet sind, Schwachstellen zu beheben.

Basistext

Nachteile

- Eingeschränktes Suchfeld.
- Der Blick auf die Schwachstellen führt eher zu konventionellen Ideen. Lösungsmöglichkeit: Weitere Suchrunde durchführen und dabei das Problem verfremden.

erforderliche Materialien

- Flipchart-Block und Plakatstifte,
- oder Tafel und Tafelstifte,
- oder Pinwände und Moderationsmaterialien.

***Train your brain:* Alles verstanden?**

1. In welchen Arbeitsschritten verläuft die Ideenfindung beim »Schwachstellen-*Brainstorming*«?
2. Welche Vor- und Nachteile hat es, bei der Ideensuche von den Schwachstellen auszugehen?
3. Welche Möglichkeiten sehen Sie, um die Ideenfindung in den Kleingruppen zusätzlich anzuregen?

***Train your brain:* Selbst ausprobieren!**

»Mieter haben aber auch immer ´was!« Damit nichts übersehen wird, erstellen Sie bitte mit Hilfe des Schwachstellen-*Brainstormings* einen Katalog über die Unannehmlichkeiten in Ihrem Hause: ;-)

....

Bleiben Sie dabei konstruktiv und suchen Sie anschließend neue Ideen, wie man die Wohnqualität kostengünstig verbessern kann.

....

Varianten & Alternativen

Destruktiv-Konstruktives Brainstorming

General Electric stellte das »Destruktiv-Konstruktive Brainstorming« vor. Dabei werden die Schwachstellen der alten Lösung ermittelt und die Schwächen und Stärken einer neuen, denkbar guten Lösung diskutiert und visualisiert. Dann sucht man Ideen, die geeignet sind, alte und mögliche neue Schwierigkeiten zu überwinden und erkennbare Chancen optimal zu nutzen.

Negativkonferenz
Bei der so genannten Negativkonferenz werden vorhandene Schwachstellen maßlos übertrieben. Im *Brainstorming*-Verfahren erfindet man zusätzliche Schwierigkeiten und regelrechte Horror-Szenarien. Dann wird gefragt, welche neuen Lösungen zur Behebung dieser Schwierigkeiten und Störungen beitragen können.

Hinweis

> **Gelegenheit zu einer vielversprechenden Produktverbesserung oder Neuproduktentwicklung**
> Hier können Sie ganz außergewöhnliche Lösungen entwickeln, an die zuvor kaum jemand gedacht hat. Mit Hilfe dieser Methode können Sie einen einzigartigen Zusatznutzen herauszuarbeiten!

6.3 *Brainwriting*-Methoden **

Spezielle Verfahren der schriftlichen Ideenfindung werden *Brainwriting-Methoden* genannt. Es gibt eine ganze Reihe spannender Varianten. Dazu gehören:

- die bewährte »Methode 6-3-5« (S. 165). Sie liefert in kurzer Zeit eine Vielzahl von Ideen.
- die »Collective Notebook Methode« (S. 170), bei der man vorbereitete Notizbücher zur Ideensuche einsetzt.
- die Methode »Brainwriting-Pool« (S. 173). Hier kann man andere Teilnehmervorschläge ohne strenge Zeitbegrenzung aufnehmen und ausarbeiten.
- Bei der »SIL-Methode« (S. 176) kombiniert man zunächst zwei in Einzelarbeit gewonnene Ideen, um dann in einer Arbeitsgruppe die Vorzüge anderer Lösungsalternativen systematisch einzuarbeiten.
- Die »Galerie-Methode« (S. 179) inspiriert durch die besondere Art der Ideen-Visualisierung.
- Mit Hilfe der »Delphi-Methode« (S. 182) kann man Expertenwissen einholen und Prognosen erstellen.

6.3.1 Methode 6-3-5 **

Die beliebte *Methode 6-3-5* gehört zu den *Brainwriting*-Verfahren. Dabei notieren 6 Ideensucher jeweils 3 Ideen innerhalb von 5 Minuten. Die Bögen werden in der Teilnehmerrunde weitergegeben. Jeder Teilnehmer kann die Einfälle der Vorgänger optimieren oder sich zu neuen Ideen anregen lassen. Insgesamt kann man auf diese Weise in 30 Minuten 108 Ideen erzeugen.

Herkunft

Die Methode 6-3-5 wurde von dem Unternehmensberater Professor Bernd Rohrbach im Jahre 1968 entwickelt. Sie eignet sich zur Lösung von Such-, Analyse- und Konstellationsproblemen.

Anwendungsbereiche

- In Entwicklungsbereichen, zum Beispiel bei Produktneuentwicklungen.
- In Planungsbereichen, bei Markt- und Produkt-Analysen.

- Besonders auch dort, wo Themen, Slogans und Werbetexte gesucht werden.
- Überall, wo man schnell viele, verschiedene Ideen generieren will.

Arbeitsform Für die Gruppenarbeit.

Ablauf Die Abb. 6.3.1 zeigt das bei der Methode 6-3-5 verwendete Raster.

Lösungsvorschläge				Blatt Nr.
				Teil-nehmer
1				
2				
3				
4				
5				
6				

Abb. 6.3-1: Tabelle 635.

Die Erstellung sollte folgendermaßen durchgeführt werden:

1 Beschreiben Sie zunächst das **Problem**. Gegebenenfalls müssen Sie es noch analysieren und neu formulieren.

2 Nennen Sie die **Suchfrage**, und verteilen Sie an 6 Teilnehmer jeweils ein Blatt, auf dem das »6-3-5-Raster« abgebildet ist (Abb. 6.3.1).

3 Bitten Sie die 6 Teilnehmer, **in den nächsten 5 Minuten in die erste Zeile des Rasters 3 Ideen** einzutragen.

4 Fordern Sie die Teilnehmer anschließend auf, die Bögen **an den rechten Nachbarn** weiterzugeben. In den folgenden 5 Minuten soll jeder Ideensucher erneut 3 Einfälle notieren, dieses Mal in der zweiten Zeile. Dabei kann man völlig neue Einfälle produzieren oder sich vom vorhandenen Material inspirieren lassen und die Ideen der anderen Teilnehmer weiterentwickeln oder miteinander kombinieren. Während die Teilnehmer schreiben, sollte der Moderator schweigen.

5 Nach 5 Minuten wiederholt sich der Vorgang, bis alle 6 Zeilen des Rasters ausgefüllt sind bzw. bis jeder Ideensucher jeden der 6 Bögen 5 Minuten lang bearbeitet hat.

6 Bitten Sie die Teilnehmer im Anschluss an die Ideensuche, die 6 ausgefüllten Seiten an eine Pinwand zu heften. Lesen und **prüfen** Sie nun gemeinsam die gesammelten Vorschläge:
»Was ist realisierbar, wichtig und dringlich?«
»Welche Vorschläge kann man umgestalten, so dass sie zur Problemlösung beitragen?«
»Welche Ideen sollte man kombinieren?«

Hit-Liste: Kennzeichnen Sie die viel versprechenden Einfälle mit einem Plakatstift. Kreuzen Sie die Ideen Ihrer Wahl an. Natürlich können Sie auch mit Klebepunkten arbeiten: Jeder erhält gleich viele Punkte, die er gleichmäßig verteilt oder häufelt, um Prioritäten deutlich zu machen.

7 Anschließend können Sie das Material detailliert bewerten, Lösungsalternativen hervorheben und die beste **Lösung** auswählen.

Beispiel

Ergebnis einer 6-3-5-Tabelle nach fünf Minuten Suchzeit (Abb. 6.3-2).

Vorteile

+ Leicht durchzuführen, wenig Aufwand.
+ Gegenseitige Anregung.
+ Alle Teilnehmer werden beteiligt: Zurückhaltende Teilnehmer und Vielredner liefern gleich viele Vorschläge.
+ Erspart hitzige Diskussionen.
+ Angenehm für reizüberflutete Zielgruppen.

Suchfrage: Wie können wir unsere Schokoladenriegel neu gestalten? Lösungsvorschläge:				Blatt Nr. 3 Teilnehmer
1	Neue Verpackung	Neue Form	Cremefüllungen	Hilde Hölzchen
2				
3				
4				
5				
6				

Abb. 6.3-2: Tabelle635, bearbeitet.

+ Bis zu 108 Ideen in 30 Minuten.

Nachteile

- Weniger spontan als das Klassische *Brainstorming.*
- Keine Problemverfremdung, um grenzüberschreitend zu denken.

erforderliche Materialien

- Raster auf DIN A4- oder DIN A3-Papier und Stifte,
- Pinwand, Nadeln und Klebepunkte.

Train your brain: Alles verstanden?

1 Wofür stehen die Zahlen »6-3-5« bei der »6-3-5-Methode«?

2 Wo werden bei dieser *Brainwriting*-Methode die Ideen gesammelt und visualisiert?

3 Was spricht für feste Suchzeit-Intervalle? Was spricht dagegen?

Train your brain: Selbst ausprobieren!

Stellen Sie sich vor: Ein Unternehmen, der Schlafmöbel-Branche möchte ein bestechend schönes und flexibles Bett entwickeln. Es soll Kundenbedürfnissen in vollem Maße gerecht werden und zusätzlichen Nutzen bieten. Suchen Sie neue Ideen mit Hilfe der 6-3-5-Methode (Abb. 6.3-3). Üben Sie gemeinsam mit Freunden oder Kollegen. Wenn sich nur 3 Ideensucher finden, wird aus der »6-3-5-« eben eine »6-3-3-Methode«. Hauptsache die Ideen stimmen!

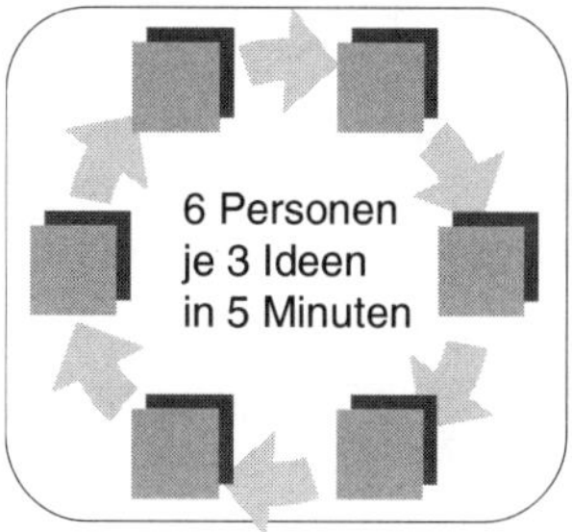

Abb. 6.3-3: Methode 635.

Suchfrage: »Welche Eigenschaften sollte ein neues Bett haben, das die Kunden begeistert und zusätzlichen Nutzen bietet?«

Lösungsvorschläge				**Blatt Nr.** / **Teil-nehmer**
1				
2				
3				
4				
5				
6				

Brainwriting-Pool

Varianten & Alternativen

Nur unwesentlich von der »6-3-5-Methode« unterscheidet sich der »Brainwriting-Pool« (S. 173).

6.3.2 *Collective-Notebook*-Methode **

Bei der *Collective-Notebook*-Methode (CNB) sammeln Ideensucher und ausgewählte Experten mehrere Wochen lang ihre Einfälle und Lösungsvorschläge. Sie schreiben diese in spezielle Notizbücher. Das in den *Notebooks* gesammelte Material wird von einem Moderator des Problemlösungsprozesses anschließend zusammengefasst. Darauf können die Ideensucher die Ergebnisse weiterbearbeiten und Teillösungen kombinieren und modifizieren, um eine hochwertige Gesamtlösung zu entwickeln.

Herkunft

Die Collective-Notebook-Methode wurde 1962 von John Haefele vorgestellt.

Anwendungsbereiche

- In Entwicklungs- und Planungsbereichen.
- Überall dort, wo man »Inkubationszeit« hat bzw. über längere Zeit Ideen und Lösungen suchen kann.
- Besonders dort, wo Ideensucher und Fachleute nicht am selben Ort sitzen oder wo sich gemeinsame Termine nur schwer vereinbaren lassen.

Arbeitsform

Für die Kombination von Einzel- und Gruppenarbeit.

Ablauf

1 **Wer macht mit?** Überlegen Sie, welche Personen zur Lösung eines speziellen Problems in besonderem Maße beitragen können. Nehmen Sie Kontakt mit ihnen auf, um zu klaren, wer am nachfolgenden Verfahren teilnimmt.

2 **Notebooks vorbereiten:** Bereiten Sie Notizhefte oder Blöcke vor. Beschreiben Sie auf den ersten Seiten das Problem und das Ziel des Suchprozesses. Nennen Sie die Suchfrage.

3 **Ideensuche**: Verteilen Sie die Notizhefte an die Teilnehmer und vereinbaren Sie einen Termin, an dem die Hefte zurückgegeben werden. Oft wird hier ein Zeitraum von mehreren Wochen (z.B. ein Monat) eingeräumt.

Spielregeln: Bitten Sie die Teilnehmer

a die Notizhefte während der nächsten Zeit stets mit sich zu führen.

b im Heft einen eigenen Schwachstellenkatalog zum Problem zu erstellen.

c erste Lösungsideen zu entwickeln. Spontane Einfälle sollen sofort eintragen werden. Viel versprechende Lösungsideen sollen sorgfältig durchdacht und detailliert beschrieben werden.

d Oft wird auch vereinbart, dass jeder Teilnehmer mindestens eine Idee pro Tag eintragen sollte.

4. **Zusammenfassung der Vorschläge**: Am Ende der Suchperiode fassen die Ideensucher ihre Ergebnisse zusammen und heben ihre besten Ideen besonders hervor. Dann geben sie die Hefte zurück. Als Moderator können Sie nun die Lösungsideen zusammenführen und strukturieren.
5. **Zweite Suchrunde:** Geben Sie das Gesamtergebnis an die Teilnehmer weiter. Bitten Sie diese, anhand des gesammelten Materials weitere Lösungsideen zu suchen und dabei auch vorhandene Vorschläge miteinander zu verbinden und weiter auszugestalten. Zu einem festgelegten Termin sollen die *Notebooks* wieder zurückgesandt werden.
6. Auch die **Ergebnisse der zweiten Suchrunde** können Sie in den Ideenspeicher übertragen.
7. **Ausarbeitung:** Je nachdem, was nun in der konkreten Situation praktikabel und am hilfreichsten ist, wird das Material entweder gemeinsam mit den Ideensuchern geprüft oder von einer speziellen Fachgruppe ausgewertet und weiterentwickelt.

Notebook-Vorbereitung

Schlicksupp empfiehlt, die Notebooks »im Westentaschenformat« zu erstellen, damit die Teilnehmer ihre Einfälle auch wirklich spontan notieren können /Schlicksupp 98, S.123/. Was sollte man vor der Ideensuche ins Notizbuch eintragen?

- ○ Eine kurze Beschreibung des Problems.
- ○ Analyseergebnisse, sofern sie vorliegen.
- ○ Wichtige Zusatzinformationen (Begriffsdefinitionen, Ergebnisse aus anderen Bereichen).
- ○ Das Ziel des Suchprozesses.
- ○ Die Kontaktadresse zum Koordinator/Moderator.
- ○ Den Abgabetermin.

Vorteile

- + Auch räumlich entfernte Fachleute können sich an der Ideensuche beteiligen.
- + Ausgedehnte Suchzeit.
- + Moderne Techniken können die Zusammenarbeit unterstützen, wie Video-Konferenzen, *Chat* oder *Net-Meeting*.

Nachteile

- – Keine direkte, spontane, gegenseitige Anregung.
- – Suchprozess beansprucht mehrere Wochen.

erforderliche Materialien

- ■ Flipchart-Block und Plakatstifte,
- ■ oder Tafel und Tafelstifte,
- ■ oder Pinwände und Moderationsmaterialien.

***Train your brain:* Alles verstanden?**

1 Welche besonderen Merkmale kennzeichnen die *Collective-Notebook*-Methode?

2 Welche Vor- und Nachteile hat das Verfahren?

3 Wie werden die Ideen gesammelt und ausgewertet?

***Train your brain:* Selbst ausprobieren!**

Entwerfen Sie in einer Arbeitsgruppe mit Hilfe der *Collective-Notebook*-Methode ein Produkt oder Projekt. Sollte Ihnen gerade kein Projekt einfallen, üben Sie zunächst, indem Sie gemeinsam eine Feier, einen Betriebsausflug oder eine neue Marketing-Strategie planen:

1 Bereiten Sie die Notizhefte vor.
2 Notieren Sie eine Suchfrage.
3 Jetzt können Sie loslegen. Sammeln Sie eine Zeit lang neue Einfälle und Lösungsideen:

....

Varianten & Alternativen

Delphi-Methode
Ein ähnliches Verfahren, das Sie an Ihre eigenen Erfordernisse und Möglichkeiten anpassen können, finden Sie in der »Delphi-Methode« (S. 182).

6.3.3 *Brainwriting*-Pool ***

Beim *Brainwriting-Pool* schreiben die Teilnehmer ihre Ideen auf vorbereitete Lösungsblätter. Diese können sie mit anderen Blättern aus einem Ideen-*Pool* austauschen. Anders als bei der »6-3-5-Methode« gibt es hier für die Ideensuche keine festen Zeitintervalle. Außerdem kann man die Blätter frei auf dem Tisch bewegen und die Vorschläge leicht miteinander kombinieren.

Herkunft

Die Methode *Brainwriting-Pool* wurde von dem Wirtschaftsingenieur Helmut Schlicksupp(geb. 1943) vorgestellt. Schlicksupp arbeitete sechs Jahre lang am Frankfurter Battelle-Institut und untersuchte Verfahren zur Innovationsentwicklung. Darüber hinaus entwickelte er eine Reihe von Kreativitätsmethoden. Dazu gehören die Methode *Brainwriting-Pool*, die »TILMAG-« (S. 199) und die »SIL-Methode« (S. 176), die »Semantische Intuition« (S. 194) und die »Sequentielle Morphologie.« (S. 272) /Schlicksupp 98, S.4/.

Anwendungsbereiche

- In Entwicklungs- und Planungsbereichen.
- Im Marketing und bei der Produktgestaltung.

- Überall, wo man schnell und mit wenig Aufwand viele neue Ideen erzeugen will.

Arbeitsform

Kombinierte Einzel- und Gruppenarbeit.

Ablauf

1. Beschreiben Sie das **Problem**, und nennen Sie die **Suchfrage**.
2. Legen Sie ein oder zwei **Papierbögen mit jeweils bis zu 4 Vorschlägen für mögliche Lösungen** in die Mitte auf einen Tisch.
3. Verteilen Sie an die Ideensucher **Blätter für eigene Lösungsideen.** Oben auf jedem Blatt kann eine kurze Beschreibung des Problems stehen. Bitten Sie die Teilnehmer, ihre Ideen auf den Blättern zu notieren.
4. Um die Suche zu unterstützen, können die Teilnehmer ihre beschriebenen Blätter so oft sie mögen mit den Blättern in der Mitte des Tisches **austauschen**. Die in diesem Ideen-*Pool* gesammelten Vorschläge kann man aufgreifen, anpassen, weiterentwickeln und mit eigenen Ideen kombinieren.
5. Wenn ausreichend viele Lösungsvorschläge vorliegen, können sie diese gemeinsam prüfen, **bewerten** und eine optimale Lösung ausarbeiten.

Vorteile

+ Leicht anzuwenden, wenig Aufwand.
+ Keine starren Suchzeit-Intervalle.
+ Gegenseitige Anregung.
+ Gut geeignet zur Modifikation von bereits vorhandenen Lösungen.

Nachteil

– Die zu Beginn vorgestellten Lösungen können die Denkrichtung stark beeinflussen und divergentes Denken erschweren.

erforderliche Materialien

- Vorbereitete Blätter für die Ideenentwicklung. Halten Sie ausreichend Blätter bereit.
- Ggf. auch Pinwände und Moderationsmaterialien.

Basistext

Train your brain: **Alles verstanden?**

1 Auf welche Weise versucht man die Ideenfindung beim *Brainwriting-Pool* anzuregen?

2 Welche Vorbereitungsarbeiten sind erforderlich?

3 Wozu dient der Austausch der Arbeitsblätter?

Train your brain: **Selbst ausprobieren!**

Am Rande des »Wildhorns« (3250 m hoher Berg in den Berner Alpen) steht eine kleine, behaglich eingerichtete Skihütte. Aufgrund kleiner Bestellmengen muss der Betreiber leider sehr hohe Einkaufspreise zahlen. Deshalb kosten die Speisen und Getränke hier weit mehr als bei den beiden riesigen Großrestaurants ganz in der Nähe. Der Betreiber der Skihütte sucht eine Lösung:

»Wie kann er es schaffen, verstärkt Kunden zu gewinnen?« Finden Sie außergewöhnliche Ideen mit Hilfe der Methode *Brainwriting-Pool*:

....

Kartenumlauftechnik

Varianten & Alternativen

Eine Variante zum *Brainwriting-Pool* ist die Kartenumlauftechnik:

1 Dabei sitzen die Teilnehmer in der Runde um einen großen Tisch, auf dem ein Stapel leerer Karten (DIN A6) liegt. Der Moderator beschreibt das Problem bzw. das Ziel der nachfolgenden Suche und nennt die Suchfrage.

2 Nun kann sich jeder Ideensucher beliebig viele Karten vom Stapel nehmen und seine Ideen darauf notieren. Jede beschriftete Karte gibt er an seinen rechten Nachbarn weiter.

3 Der Nachbar kann die notierten Einfälle ergänzen oder sich davon zu neuen, eigenen Ideen anregen lassen. Seine Vorschläge reicht er ebenfalls nach rechts weiter.

4 Auf diese Weise laufen die Karten von Ideensucher zu Ideensucher. Wer seine eigenen Karten zurück erhält, kann sie weiter ergänzen oder, sollte ihm nichts mehr einfallen, in die Mitte des Tisches legen. Auch Karten, die man nicht weiter bearbeiten will, kommen auf den Stapel in der Mitte.

5 Zugleich kann jeder Ideensucher jederzeit auf die Karten in der Mitte des Tisches zugreifen, deren Inhalte weiterentwickeln oder sich von den gewonnenen Vorschlägen zu neuen Ideen anregen lassen.

6 Wenn der Ideenflluss schließlich versiegt, wird die Suche beendet.

6.3.4 SIL-Methode ***

Bei der *SIL-Methode* (Systematische Integration von Lösungselementen) kombiniert man in einer Arbeitsgruppe zunächst zwei in Einzelarbeit gewonnene Ideen, um dann die Vorzüge anderer Lösungsalternativen einzuarbeiten. Bei der SIL-Methode suchen die Teilnehmer sowohl intuitiv-assoziativ als auch systematisch-analytisch. Individuelle Potentiale und Synergieeffekte sollen hier bestmöglich genutzt werden, um eine optimale und weitgehend ausgereifte neue Lösung zu entwickeln.

Herkunft

Die SIL-Methode wurde von dem Wirtschaftsingenieur Helmut Schlicksupp (geb. 1943) vorgestellt. Neben der SIL-Methode entwickelte er die Methoden »TILMAG« (S. 199), »Brainwriting-Pool,« (S. 173) »Semantische Intuition« (S. 194) und die »Sequentielle Morphologie.« (S. 272) /Schlicksupp 98, S.4/.

Anwendungsbereiche

- Überall, wo es darauf ankommt, Produkte, Verfahren und Prozesse zu verbessern und bestmöglich auszugestalten.
- Überall wo man eine hohe Lösungsqualität anstrebt, für Such-, Analyse und Konstellationsprobleme.

Arbeitsform

Für die kombinierte Einzel- und Gruppenarbeit. Ideal erscheint eine Teilnehmerzahl von 5 bis 8 Ideensuchern.

Ablauf

1 Beschreiben Sie das **Problem**. Gegebenenfalls müssen Sie es in der Gruppe noch analysieren und neu formulieren. Visualisieren Sie die **Suchfrage**.
2 Bitten Sie die Teilnehmer, **in Einzelarbeit jeweils eine eigene Lösungsidee** zu entwickeln, sie in Stichworten oder Skizzen festzuhalten und zu kommentieren. Dazu stehen 30 Minuten Zeit zur Verfügung.
3 **Gruppenarbeit**: Anschließend kommen alle Ideensucher zusammen. Bitten Sie **zwei** Teilnehmer, ihre **Lösungsvorschläge** nacheinander vorzustellen.
4 Nachdem beide Vorschläge vorgetragen wurden, können Sie folgende Fragen stellen:
»Durch welche **Merkmale und Stärken** können die beiden Vorschläge besonders wirksam zur Lösung des Problems beitragen?«
»Wie kann man die beiden vorgestellten Ideen und ihre besonderen Vorteile bestmöglich kombinieren?« Visualisieren Sie die Teilnehmerbeiträge.
5 **Integration weiterer Ideen:** Fragen Sie nun die Teilnehmer, welche weiteren der in Einzelarbeit produzierten Ideen zusätzliche und größere Vorteile liefern. Nun können Sie vielversprechende Lösungselemente systematisch integrieren. Arbeiten Sie auf diese Weise gemeinsam **Schritt für Schritt eine neue Gesamtlösung** aus. Visualisieren Sie dabei alle wichtigen Beiträge und Lösungsschritte (Abb. 6.3-4).

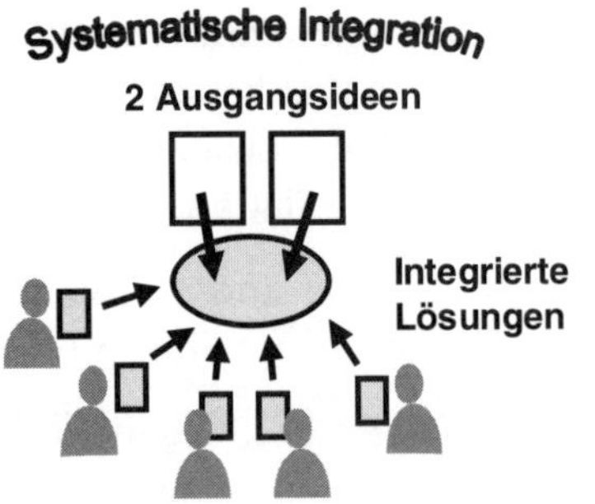

Abb. 6.3-4: SIL-Methode.

Vorteile

+ Integration der Vorteile verschiedener Lösungsideen.
+ Vorteile von Einzel- und Gruppenarbeit werden genutzt.
+ Systematische Lösungsoptimierung.
+ Alle Ideensucher sind daran beteiligt.
+ Ideen werden durch diese Methode weit ausgearbeitet. (Dagegen werden beim klassischen Brainstorming oft nur Rohideen produziert.)

Nachteil

– Kann zu einer Suchfeldverengung führen durch die starre Orientierung an zwei Ausgangs-Lösungsideen.

erforderliche Materialien

- Flipchart-Block und Plakatstifte,
- oder Tafel und Tafelstifte,
- oder Pinwände und Moderationsmaterialien.

***Train your brain:* Alles verstanden?**

1 Was regt bei der SIL-Methode zu Beginn des Suchprozesses die Ideenfindung an?

2 In welchen Arbeitsschritten integriert man die Vorzüge unterschiedlicher Lösungsideen zu einer optimalen Gesamtlösung?

3 Welche Vorteile hat der Wechsel der Arbeitsweisen Einzel- und Gruppenarbeit bei diesem Verfahren?

Basistext

***Train your brain:* Selbst ausprobieren!**

Parkbänke sind wichtig und beliebt, doch meistens grottenlangweilig gestaltet. Nun soll in einem Nationalpark (Abb. 6.3-5) ein besonders eindrucksvolles Expemplar aufgestellt werden. Sammeln Sie mit Hilfe der SIL-Methode Ideen zur Gestaltung einer neuen, einzigartigen Parkbank:

....

Abb. 6.3-5: Parkbank.

6.3.5 Galerie-Methode ***

Die *Galerie-Methode* ist bei Laien und Experten sehr beliebt. Neue Ideen werden hier auf Plakatwänden vorgestellt, so dass die Ideensucher wie in einer Galerie zwischen den optischen Informationen hin und her flanieren und miteinander kommunizieren. Dadurch ge-

Basistext

winnen sie schnell einen Überblick über das vorhandene Material, können sich zu weiteren Ideen anregen lassen und Informationen ergänzen. Die Diskussion über die gewonnenen Beiträge liefert das Fundament für die anschließende gemeinsame Entwicklung einer neuen Lösung.

Herkunft

Seit Urzeiten werden Text- und Bildinformationen auf Wänden und großen Flächen präsentiert, um den Betrachtern Problemsituationen und Lösungsmöglichkeiten vor Augen zu führen. (Text-)Bilder provozieren zu ungewöhnlichen Assoziationen und neuen Ideen und liefern Diskussionsstoff.

Anwendungsbereiche

- In Planungssitzungen.
- In Qualitätszirkeln.
- In Entwicklungs- und Konstruktionsbereichen.
- Im Unterricht.
- In Gruppen, die aus Fachleuten und Laien zusammengesetzt sind.

Arbeitsform

Kombinierte Einzel- und Gruppenarbeit. (Ideale Gruppengröße: ca. 5 bis 7 Teilnehmer.)

Ablauf

- Beschreiben Sie das **Problem**, und nennen Sie die **Suchfrage**.
- Bitten Sie die Teilnehmer, zunächst in **Einzelarbeit** Ideen zu suchen und die **Vorschläge auf Moderationskarten** zu schreiben. Auch kleine und große **Skizzen** können erstellt werden. Darauf sollte eine Pause folgen.
- **Präsentation in der Galerie**: Die Vorschläge werden nun auf bereitgestellte Pinwände geheftet. Stellen Sie die Ideen aus wie Bilder in einer Galerie. Die Teilnehmer können danach die Galerie durchwandern, sich Notizen machen und miteinander über die Lösungsideen diskutieren. Der Rundgang dauert mindestens 15-20 Minuten.
- **Neue Assoziationen und Informationen einfügen**: Verändern Sie danach gemeinsam die Galerie: Fügen Sie

weitere Vorschläge und Zusatzinformationen ein. Fragen Sie dabei beispielsweise die Teilnehmergruppe:
»Welche zusätzlichen Ideen tauchen auf?«
»Was soll in die Galerie aufgenommen werden?«
Strukturieren Sie anschließend das Material. Hier können Sie zum Beispiel fragen:
»Welche Haupt- und Unterthemen sind erkennbar?«
»Welche Vorschläge sind besonders interessant?«
»Welche Einfälle sind ganz bestimmt nicht realisierbar?«
Entfernen Sie ungeeignete Vorschläge aus der Galerie. Achten Sie jedoch darauf, dass wertvolle, außergewöhnliche Ideen nicht vorschnell verschwinden!

- **Einzelarbeit**: Bitten Sie nun die Teilnehmer, in Einzelarbeit zu überlegen, wie man jene **Lösungsvorschläge weiterentwickeln** und optimieren kann, die in der Gesamtgruppe als besonders vielversprechend betrachtet werden.
- **Gemeinsame Diskussion**: Danach werden die Einzelergebnisse in der Arbeitsgruppe vorgestellt und diskutiert. Reichern Sie die Galerie durch die neuen Informationen an.
- Wenn nötig, folgen weitere Phasen der Einzel- und Gruppenarbeit. Schließllich können Sie gemeinsam die Lösungsvorschläge **bewerten**, **Alternativen auswählen** und vielleicht auch bereits entscheiden, welche **Lösung** realisiert werden soll.

Vorteile

+ Fördert die Kommunikation und den gegenseitigen Erfahrungsaustausch.
+ Regt zu weiteren Einfällen an.
+ Nutzt die Teilnehmerpotentiale durch einen Wechsel von Einzel- und Gruppenarbeit.
+ Liefert einen guten Überblick über das gesammelte Ideenmaterial.

+ Bewegung tut gut: Körperliche Bewegung unterstützt die geistige Flexibilität. ;-)

Nachteil

– Kann in Gruppen mit ausgeprägtem Konkurrenzdenken weniger geeignet sein.

erforderliche Materialien

- Pinwände und Moderationsmaterialien,
- ggf. auch Flipchart-Block und Plakatstifte,
- Tafel und Tafelstifte.

Train your brain: **Alles verstanden?**

1 Beschreiben Sie den Wechsel der Arbeitsweisen bei der Galerie-Methode?

2 Auf welche besondere Weise wird hier die Ideenfindung angeregt?

3 Zu welchem Problem könnten Sie mit Hilfe der Galerie-Methode Lösungsideen sammeln?

Train your brain: **Selbst ausprobieren!**

Sie erhalten den Auftrag, gemeinsam mit einem Designer-Team einen hochmodernen Campingplatz zu entwerfen, für einen Ferienaufenthalt mit allen Schikanen, von dem noch die Urlauber im Jahre 2050 schwärmen werden.

Nutzen Sie die Galerie-Methode, und finden Sie neue Lösungsideen:

....

6.3.6 Delphi-Methode **

Bei der *Delphi-Methode* sammelt man in einer mehrstufigen Befragung die Ideen, Meinungen und Empfehlungen von ausgewählten Forschern und Fachexperten. Die Ergebnisse werden jeweils von einer Monitorgruppe ausgewertet und für eine weitere Befragungsrunde

Basistext

aufbereitet. Ziel ist es, die gewonnnen Erkenntnisse zur Lösung komplexer Probleme nutzbar zu machen und zukünftige Entwicklungen zu prognostizieren.

Die *Delphi-Methode* wurde 1967 von Olaf Helmer entwickelt. Er war Mitglied der Non-Profit-Organisation *Rand Corporation, Research and Development*. Die Veröffentlichungen dieses Institutes zu Forschungsergebnissen und technischen Entwicklungen fanden in den 1960er Jahren großes Interesse. Olaf Helmer entwickelte die Delphi-Methode und benannte sie nach dem berühmten griechischen Orakel. Denn mit Hilfe von Expertenbefragungen soll hier exklusives Wissen aus unterschiedlichen Fachgebieten genutzt werden, um daraus zukünftige Entwicklungen abzuleiten und neue Ideen zur Lösung komplexer Probleme zu generieren. Herkunft

Anwendungsbereiche

- In Forschungsbereichen.
- Bei der Produktentwicklung.
- Im Marketing.
- In der Unternehmensplanung.
- In Bereichen, in denen technische, wirtschaftliche oder soziale Entwicklungen frühzeitig prognostiziert werden sollen.

Kombination von Einzel- und Gruppenarbeit, interner und externer Wissens- und Erfahrungsaustausch. Arbeitsform

Ablauf

- **Vorbereitung**

1. Definieren und analysieren Sie das **Problem**. Formulieren Sie anschließend das Ziel der nachfolgenden Suche.
2. Entwickeln Sie einen **Fragebogen**. Beschreiben Sie darauf das Problem und seine Bestandteile.

   Erarbeiten Sie anschließend Fragen für die Ideensuche. **Unterschiedliche Fragetypen** sollen zu verwertbaren Antworten führen: Gebundene Fragen werden mit Antwort-Alternativen versehen. Die einfachsten sind »ja-nein«, »stimmt-stimmt nicht«-Fragen. Dagegen eröffnen offene Fragen einen weiten Antwortspielraum. Hier sollen die Experten ausführlich Auskunft geben. Bitten Sie um ausführliche Begründungen zu den erwarteten Entwicklungen und zur Einschätzung der zukünftigen Möglichkeiten.

3 Überlegen Sie, welches Expertenwissen und welche **Experten** für das Fachgebiet und die Lösung des Problems von Bedeutung sind. Nehmen Sie Kontakt zu den entsprechenden Personen auf, und legen Sie fest, wer an den nachfolgenden Befragungen teilnehmen wird. Dies können 10 oder auch 100 Experten sein. Um voneinander unabhängige Stellungnahmen zu erhalten, wissen die Experten nicht, wer sonst noch an den Befragungen beteiligt ist.

4 Legen Sie fest, wer in der **Monitorgruppe** mitarbeiten wird. Deren Aufgabe ist es, die von den Experten gelieferten Ergebnisse zu erfassen, zusammenzuführen und auszuwerten.

■ Durchführung

1 **Erste Suchrunde**: Verteilen Sie die Fragebögen an die Teilnehmer und vereinbaren Sie einen **Rücksendetermin**.

2 Die **Monitorgruppe** wertet anschließend die zurückgesandten Fragebögen aus. Die Stellungnahmen und Begründungen werden verglichen und zusammengefasst. Folgende Fragen müssen dabei beantwortet werden:
»Stimmen die Einschätzungen der Experten weitgehend überein?«
»Widersprechen sie sich? «
»Zeigen sich ganz unerwartete Probleme und Möglichkeiten?«
»Wie tragen die Antworten zur Lösung des zentralen Problems bei?«

Die Ergebnisse werden von der Monitorgruppe dokumentiert und den Experten mitgeteilt.

3 Dann stellt die Monitorgruppe fest, ob eine **weitere Befragungsrunde** nötig ist. Falls dies der Fall ist, werden die Experten gebeten, zu den Gesamtergebnissen erneut schriftlich Stellung zu nehmen, sich zu Widersprüchen zu äußern, auf ähnliche Einschätzungen einzugehen und über Kompromisslösungen nachzudenken. Ziel ist es, Anhaltspunkte und Lösungsalternativen zu finden, in deren Beurteilung die Experten weitgehend übereinstimmen.

4 Es können noch zusätzliche Befragungsrunden folgen, zwei oder drei, solange, bis ein **stabiles und nutzbares Gruppenurteil** vorliegt.

Beispiel

Befragung: *European Energy Delphi* (EurEnDel)
Im Jahr 2004 präsentierten die Deutsche Energie-Agentur GmbH und das IZT die Ergebnisse einer zuvor durchgeführten Delphi-Studie. Ihr Thema war die Entwicklung des europäischen Energiesektors. 670 Experten und Fachleute aus Europa und den osteuropäischen Beitrittsländern nahmen an zwei Suchrunden teil. Die Ergebnisse wurden im Internet veröffentlicht – EurEnDel (`http://www.izt.de/projekte/archiv/eurendel_-_europaweite_delphistudie.html`).

Vorteile

+ Erfahrungen und das Wissen bedeutender Experten aus unterschiedlichen Fachgebieten werden in die eigenen Planungen einbezogen.
+ Ortsunabhängigkeit.
+ Ausufernde Diskussionen werden vermieden.
+ Unabhängige Stellungnahmen der Experten durch gegenseitige Anonymität.
+ Neueste Erkenntnisse können genutzt und zukünftige Chancen frühzeitig erkannt werden.

Nachteile

– Aufwendig, nicht immer einfach, die richtigen Experten zu beteiligen.

- Endergebnisse basieren auf Durchschnittsurteilen (»stabiles Gruppenurteil«), so dass außergewöhnliche Entwicklungen, auf die einzelne Experten rechtzeitig hinweisen, möglicherweise unberücksichtigt bleiben.
- Auch die Einschätzung der Experten liefert keine endgültige Sicherheit.

erforderliche Materialien

- Fragebögen für die Teilnehmer,
- Moderationsmaterialien für die Monitorgruppe.

***Train your brain:* Alles verstanden?**

1 Welchen besonderen Merkmale kennzeichnen die Delphi-Methode?

2 Welchen Beitrag liefert die Delphi-Methode zur Lösung eines praktischen Problems?

3 Wer wertet die Ergebnisse der Expertenbefragung aus?

4 Warum sind häufig mehrere Befragungsrunden notwendig?

***Train your brain:* Selbst ausprobieren!**

»Welche Versicherungen sollte man heute abschließen, um auch in Zukunft ausreichend geschützt zu sein?« Entwerfen Sie einen kurzen Fragebogen, und holen Sie die Meinungen von Ihnen bekannten, wichtigen Fachleuten ein, per Versandpost oder per E-Mail.

....

Varianten & Alternativen

Ähnliches Verfahren »für den Hausgebrauch«: »Collective-Notebook-Methode« (S. 170).

Zitat ;-)

Prognosen: »*I always avoid prophesying beforehand, because it is much better to prophesy after the event has already taken place.*« Winston Churchill (zitiert aus /EurEnDel 04, S.5/).

Gruppierung

6.4 Reizwort-Methoden **

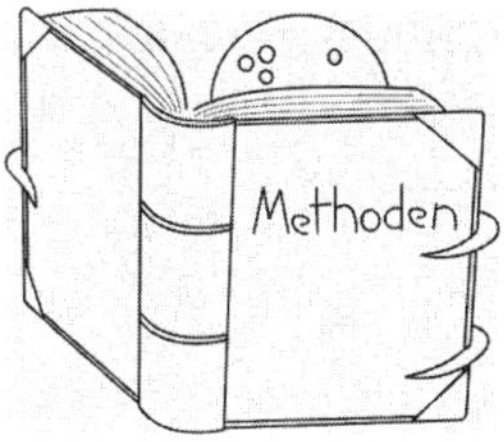

Reizwörter regen zu neuen Ideen an. Es gibt viele spannende Reizwort-Methoden:

- Grundlegend ist die »Reizwort-Analyse« (S. 187).
- Bei der »Semantischen Intuition« (S. 194) zerlegt man Begriffe in ihre Wortbestandteile und kombiniert sie miteinander.
- Die »TILMAG-Methode« (S. 199) eignet sich besonders für Lösungssucher, die am liebsten analytisch-systematisch arbeiten.

6.4.1 Reizwort-Analyse **

Bei der *Reizwort-Analyse* wählt man Begriffe nach dem Zufallsprinzip. Die Ideensucher analysieren die Wörter und nutzen die dabei aufkommenden Assoziationen und Analogien als Anreiz für neue Ideen. Die Reizwort-Analyse basiert auf dem Prinzip der intuitiven Konfrontation.

Herkunft

Die Reizwort-Analyse wurde von den Innovationsberatern Professor Dr. Horst Geschka und Diplom-Ingenieur Götz Schaude (geb. 1943) entwickelt. Beide arbeiteten eine Reihe von Jahren am Frankfurter Battelle-Institut im Bereich Innovationsmanagement. Schaude baute in den 1980er Jahren

Basistext

eine Innovationsberatungsstelle bei der IHK Nordschwarzwald auf. Professor Dr. Horst Geschka ist Inhaber eines Stiftungslehrstuhls für Unternehmensgründungen an der TU Darmstadt und außerdem Gründungsvorsitzender der Gesellschaft für Kreativität e.V.

Anwendungsbereiche

Überall, wo Reizwörter die Ideenfindung anregen können, in der Unternehmensplanung, im Marketing, in der Werbung, beispielsweise bei der

- Entwicklung von Entwürfen.
- Produktplanung.
- Planung von Serviceleistungen.
- Suche nach Slogans, Werbebotschaften und Produktnamen.

Arbeitsform

Für die Einzelarbeit und für die Gruppenarbeit.

Ablauf

- Beschreiben Sie das **Problem**. Gegebenenfalls müssen Sie es in der Arbeitsgruppe noch analysieren und umformulieren.
- Nennen Sie eine **Suchfrage**, und bitten Sie die Teilnehmer, zunächst **Spontanlösungen** zu sammeln. Achten Sie dabei auf die Einhaltung der Brainstorming-Regeln (s.a. »Klassisches Brainstorming« (S. 144)), und visualisieren Sie alle Beiträge.
- **Reizwörter auswählen:** Bitten Sie die Teilnehmer anschließend, einen Katalog oder ein Lexikon an irgendeiner Stelle aufzuschlagen und spontan auf einen Begriff zu tippen. Schreiben Sie ihn auf eine Tafel oder ein Plakat. Sammeln Sie auf diese Weise circa 5 bis 10 Reizwörter.
  Sollte Ihnen ein Begriff viel zu abstrakt erscheinen, wählen Sie ein anderes Wort. Statt die Teilnehmer »blind« in einem Katalog herumtippen zu lassen, können Sie zur Auswahl eines Reizwortes auch eine konkrete Position vorgeben (nach Zufall, je nachdem, welche Position Ihnen ge-

rade einfällt). Z.B.: »Dritter Begriff in Zeile 4«, »Seite 100, letzte Zeile, letzter Begriff.«

- **Reizwörter analysieren:** Bearbeiten Sie nun die einzelnen Reizwörter Stück für Stück. Fragen Sie dazu jeweils nach
  - den speziellen Merkmalen des ausgewählten Objektes,
  - den Funktionen,
  - der Struktur,
  - dem Nutzen,
  - den Formen, in der das Objekt im Alltag vorkommt.

  Notieren Sie stichwortartig die Teilnehmerantworten.
- ***force fit*** (bzw. »erzwungene Eignung«): Leiten Sie anschließend von den gewonnenen Teilnehmerantworten neue Lösungsideen ab. Fragen Sie dabei:
  - »Wie können wir diese Informationen zur Lösung des konkreten Problems nutzen?«
  - »Wie kann man diese Information verändern oder erweitern, so dass sie zur gesuchten Lösung führt?«

  Visualisieren Sie alle Beiträge.
- **Lösungsideen bewerten und Alternativen auswählen**: Wenn Sie ausreichend Lösungsideen produziert haben, können Sie diese bewerten und Alternativen auswählen. Prüfen Sie auch die Verwertbarkeit der zu Beginn gesammelten Spontanlösungen.
- **Lösung ausarbeiten:** Entscheiden Sie sich schließlich für eine Lösung, und arbeiten Sie diese noch detaillierter aus.

Beispiel

Stellen Sie sich vor: Sie besitzen eine 3 Meter hohe und 6 Meter breite Bücherwand. Mittlerweile sind Sie es leid, auf herangerückten Stühlen und Tischen halsbrecherisch herumzuturnen, um an die Exemplare in den obersten Reihen zu gelangen. Aus Platzgründen kann man jedoch nicht kontinuierlich eine Leiter aufstellen. Nun wollen Sie eine Lösung finden, die Ihnen den Zugriff auf die Bücher erleichtert:

Basistext

☐ Sie sammeln zunächst **Spontanlösungen** (Abb. 6.4-1):

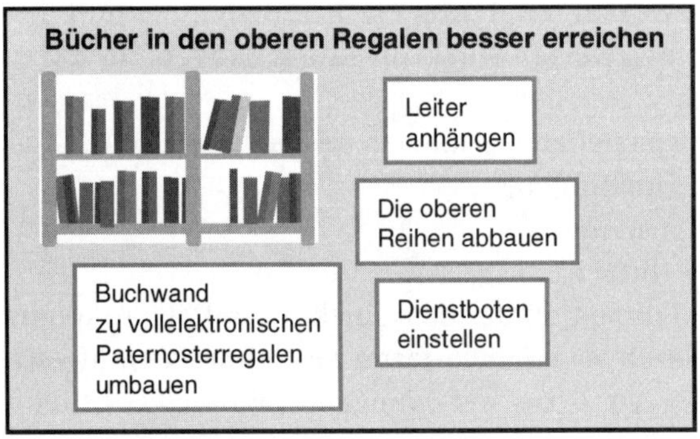

Abb. 6.4-1: Reizwortanalyse, Spontanlösungen.

☐ **Reizwörter**: Die Spontanlösungen erscheinen Ihnen entweder unbefriedigend oder unpraktikabel. Deshalb greifen Sie zu einem Reisekatalog und wählen drei beliebige Begriffe aus. Die Wörter lauten »Komfort«, »Zitronenfalter« und »Preiselbeeren« (Abb. 6.4-2).

Komfort	Zitronenfalter	Preiselbeeren

Abb. 6.4-2: Reizwortanalyse, Wortauswahl.

Basistext

☐ Darauf **analysieren** Sie die Reizwörter. Das Ergebnis sehen Sie in der Abb. 6.4-3.

Komfort	Zitronen-falter	Preisel-beeren
Liefert Annehmlichkeit und Bequemlichkeit	Hat Flügel	Rote Beeren in der Heide oder im Wald
Erleichtert das Leben	Kann die Flügel falten	essbar
Kann durch moderne Technik verstärkt werden	Beginnt als Raupe und verändert sich durch eine Metamorphose	Kann man zu Preiselbeermarmelade verarbeiten

Abb. 6.4-3: Reizwortanalyse, Begriffe bearbeiten.

☐ **Ideen ableiten**: Nun fragen sich: »Welche neuen Lösungsansätze kann man von den Reizwörtern ableiten?« Die Abb. 6.4-4 zeigt die Teilnehmerideen.

☐ Sie **bewerten** die Ideen und wählen Lösungsalternativen aus. Schließlich entscheiden Sie sich: Sie werden eine ganz neue zusammenfaltbare Stufenleiter bauen!

☐ Dann arbeiten Sie die **Lösung** detaillierter aus:

a Die neue Leiter wird faltbar sein und aus einem leichten, doch stabilen Material bestehen.

b Sie wird nur wenige Stufen haben.

c Ihre Form wird unvergleichlich sein.

d Sie selbst werden sie in einem knalligen Preiselbeerrot anstreichen. ;-)

Sie entwerfen eine erste Skizze.

Basistext

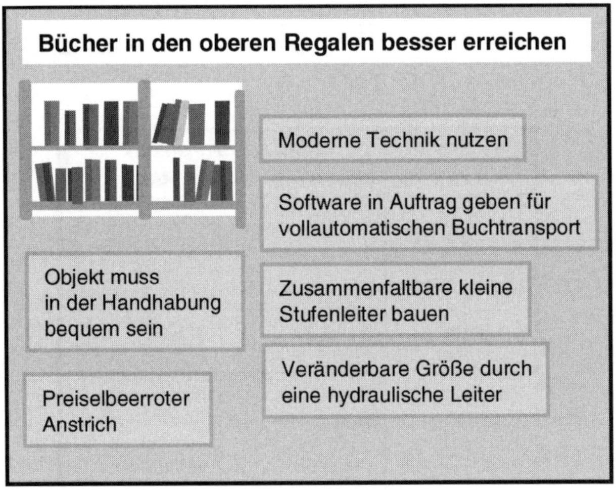

Abb. 6.4-4: Reizwortanalyse, Lösungsansätze.

Vorteile

+ Wenig Aufwand.
+ Schnell durchzuführen.
+ Unterschiedliche Suchrichtungen, je nachdem aus welchem Bereich die Reizwörter kommen.
+ Analytische und intuitive Fähigkeiten der Teilnehmer werden genutzt.
+ Hilft, Denkgrenzen zu überschreiten.

Nachteil

– Weniger anregend als bildliche Darstellungen (vergleiche: »visuelle Synektik« (S. 210)).

erforderliche Materialien

- Buch, Zeitschrift, Katalog oder Lexikon für die Auswahl der Reizwörter,
- Tafel, Flipchart und Filzschreiber,
- ggf. auch Pinwand und Moderationsmaterialien.

Basistext

Train your brain: **Alles verstanden?**

1 Wie gelangen Sie bei der Reizwort-Analyse zu geeigneten Begriffen?

2 Sie wollen Ihre Kosten senken. Aus welchem Bereich wählen Sie Reizwörter aus?

3 Wie gelangt man von den gewonnenen Reizwörtern zu Lösungsansätzen für das konkrete Problem?

Train your brain: **Selbst ausprobieren!**

Stellen Sie sich vor: Sie ziehen um, in eine wunderschöne neue Villa. Dort steht Ihnen ein 30 qm großes Badezimmer zur Verfügung, das Sie selbst völlig neu einrichten müssen.

Suchen Sie neue originelle Gestaltungsideen für den unvergleichlichen Badespaß. Nutzen Sie dazu die Reizwort-Analyse, und verwenden Sie Begriffe aus problemfernen Bereichen:

....

Varianten & Alternativen

Es gibt viele spannende Reizwort-Methoden:

- Zum Beispiel die »semantische Intuition« (S. 194), bei der man längere Begriffe zerlegt und die einzelnen Wortbestandteile wild miteinander kombiniert.
- Oder die »TILMAG Methode« (S. 199). Sie eignet sich besonders für Lösungssucher, die systematisch-analytische Suchwege bevorzugen.

Hinweis

Reizwörter richtig wählen

Sie können sie **aus problemnahen und problemfernen Bereichen** wählen, in Abhängigkeit vom jeweiligen Thema, von den Bedürfnissen der Teilnehmergruppe und von der Erfordernis, originelle und seltene Lösungen zu generieren.

6.4.2 Semantische Intuition **

Die »Semantische Intuition« inspiriert vor allem Ideensucher, die gern mit Sprache experimentieren. Begriffe aus unterschiedlichen Realitätsbereichen werden hier beliebig miteinander kombiniert. Bildhafte Vorstellungen zu diesen Begriffen geben Anreiz zu neuen Ideen. Die Semantische Intuition basiert auf intuitiver Konfrontation mit problemfremden und auch problemnahen Reizwörtern. Sie eignet sich zur Lösung von Such- und Analyseproblemen.

Herkunft

Die **Semantische Intuition** wurde von Helmut Schlicksupp (geb. 1943) vorgestellt. Der Wirtschaftsingenieur arbeitete sechs Jahre lang am Frankfurter Battelle-Institut und erkundete die Möglichkeiten, menschliche Kreativität zu fördern und in der Industrie Innovationen zu schaffen. Er schrieb eine Reihe von Büchern zur Wirkung und zum Einsatz von Kreativitätsmethoden. Neben der semantischen Intuition entwickelte er die Methoden »Brainwriting-Pool« (S. 173), »TILMAG« (S. 199), »SIL-Methode« (S. 176) und die »Sequentielle Morphologie« (S. 272) /Schlicksupp 98, S.4/.

Anwendungsbereiche

- Bei der Produktentwicklung.
- In der Werbung.
- Im Marketing.
- In der Unternehmensplanung.
- Bei Entwurfsplanungen.
- Überall, wo man neue Produktnamen und Objektbezeichnungen finden will.
- Überall, wo man schnell außergewöhnliche Ideen gewinnen will.

Basistext

Arbeitsform

Für die Einzelarbeit und für die Gruppenarbeit.

Ablauf

1 Beschreiben und analysieren Sie das **Problem**. Gegebenenfalls müssen Sie es noch umformulieren.

2 Stellen Sie eine **Suchfrage**, und bitten Sie die Teilnehmer, zunächst **Spontanlösungen** zu sammeln. Achten Sie auf die Einhaltung der Brainstorming-Regeln (s.a. »Klassisches Brainstorming« (S. 144)), und visualisieren Sie die Beiträge.

3 **Reizwörter sammeln und visualisieren**: Sammeln Sie 6 bis 10 beliebige Begriffe mit Hilfe einer Zeitschrift, eines Katalogs, Lexikons oder Handbuchs. Sie können problemfremde Begriffe auswählen oder problemnahe (Fachzeitschrift), je nachdem was im konkreten Fall die Ideensucher am besten inspiriert und am nutzbringendsten ist.
Schreiben Sie die Begriffe als Liste untereinander (oder alternativ dazu in eine 1. Tabellenspalte). Suchen Sie weitere Wörter (ggf. aus einem anderen Katalog) und schreiben Sie diese in eine weitere Liste (bzw. in die 2. Tabellenspalte). Lange, zusammengesetzte Begriffe kann man in mehrere Wörter zerlegen.

4 **Reizwörter kombinieren**: Kombinieren Sie anschließend die Wörter beliebig miteinander, und notieren Sie alle neuen Reizwörter.

5 **Bildliche Vorstellungen, neue Ideen ableiten**: Stellen Sie sich die neu entstandenen Objekte oder Bedeutungen bildlich vor. Überlegen Sie, wie sich diese Imagination verwenden läßt, um das konkrete Problem zu lösen. Wenn Sie mögen, können Sie die Begriffe einige Zeit auf sich wirken lassen und zur Imaginationsbildung Musik einsetzen. Notieren Sie alle Ideen.

6 Wenn Sie ausreichend Ideen erzeugt haben, können Sie diese **bewerten**. Prüfen Sie außerdem, welche Vorschläge durch Umstrukturierungen zusätzlichen Nutzen bie-

ten. Bewerten Sie auch die zu Beginn gesammelten Spontanlösungen.

7 Schließlich können Sie eine **Lösung auswählen** und noch etwas detaillierter ausarbeiten, bevor Sie in einem Tätigkeitskatalog festhalten, wer demnächst welche Aufgaben zur Umsetzung der neuen Lösung übernehmen wird (s.a. »Phase 5: Lösungsumsetzung planen« (S. 114)).

Beispiel

Stellen Sie sich vor: Sie benötigen dringend neue, originelle Ideen zur Gestaltung eines Camping-Zeltes. Sie machen sich auf die Suche mit Hilfe der Semantischen Intuition:

- □ Zunächst stellen Sie eine **Suchfrage** und sammeln **Spontanlösungen**. Ihr kreatives Team kommt zu folgenden Ergebnissen: »neue Kuppel«, »Tunnelform«, »Zelt mit Fahrradüberdachung«.
- □ Dann sammeln Sie gemeinsam **Reizwörter** mit Hilfe verschiedener Produktkataloge. Sie verwenden einen Katalog mit Camping-Artikeln und einen (problemfernen) Autokatalog. Die Reizwörter werden anschließend nebeneinander in zwei Tabellenspalten geschrieben. Lange Wörter wie »Außen-zelt«,» Seiten-markierung«, »Fußmatte« und »Rück-strahler« werden dabei zerlegt (siehe Tab. 6.4-1).
- □ Nun **kombinieren** Sie die Reizwörter beliebig miteinander:
  - ○ »Außenmatte«
  - ○ »Gestängesicherheit«
  - ○ »Kugelzelt«
  - ○ »Außenstrahler«
  - ○ »Zeltmarkierung«
  - ○ »Kabinenpflege«
  - ○ »Rückbelüftung«
  - ○ »Fenstermarkierung«
  - ○ »..............«

Basistext

Stellen Sie sich die entstehenden Objekte **bildlich** vor, und überlegen Sie, welche neuen **Lösungsideen** sich ableiten lassen. Notieren Sie alle interessanten Einfälle:

....

- ☐ Jetzt können Sie **prüfen**, welche Ideen verwertbar sind und diese weiter ausgestalten. Dabei berücksichtigen Sie auch die zu Beginn gesammelten Spontanlösungen.
- ☐ Sie diskutieren mögliche **Alternativen**, entscheiden sich schließlich für eine **Lösung** und arbeiten diese noch etwas detaillierter aus, bevor Sie einen Tätigkeitskatalog erstellen.

Außen	Fuß
Zelt	Matte
Kabinen	Sicherheit
Fenster	Kugel
Belüftung	Sonne
Gestänge	Pumpe
Boden	Pflege
Seiten	Rück
Markierung	Strahler

Tab. 6.4-1: Reizwort-Tabelle.

Vorteile

- + Wenig Aufwand.
- + Leicht durchzuführen.
- + Völlig fremde, unverbrauchte Reizwörter fördern grenzüberschreitendes Denken.
- + Spielerisches Verfahren, das vielen Ideensuchern Spaß macht.

+ Besonders hilfreich bei der Suche nach neuen Produkt- und Objektnamen.

Nachteil

– Ergebnisse hängen von der Phantasie der Teilnehmer ab.

erforderliche Materialien

- Buch, Zeitschrift, Katalog oder Lexikon für die Auswahl der Reizwörter,
- Tafel, Flipchart und Filzschreiber,
- ggf. auch Pinwand und Moderationsmaterialien.

***Train your brain:* Alles verstanden?**

1 Durch welche besondere Arbeitsweise gelangt man bei der Semantischen Intuition zu neuen Ideen?
2 Wie kommt man von den zerlegten Reizwörtern zu Lösungsansätzen für das konkrete Problem?
3 Welche Vor- und Nachteile sehen Sie bei dieser Methode?

***Train your brain:* Selbst ausprobieren!**

Stellen Sie sich vor: Sie wollen eine neue Sorte Kaubonbons auf den Markt bringen. Die zitronengelben, honigsüßen Leckereien brauchen noch einen reizvollen Namen. Nutzen Sie zur Namensfindung die Semantische Intuition:

....

Tipp

Reizwörter umstellen

Bei der Visualisierung der ausgewählten Reizwörter können Sie diese nebeneinander auf eine Notizblockseite, ein Plakat oder eine Tafel schreiben. Alternativ dazu können Sie auch **mit Moderationskarten arbeiten** oder die Begriffe in das **Datenblatt eines Tabellen-Kalkulationsprogramms** eintragen. Dies hat den Vorteil, dass man die Wörter bei der Kombination bewegen und räumlich neu zusammenführen kann, was die Assoziationsbildung erleichtert.

Basistext

Varianten & Alternativen

Mentale Provokation

Neue Begriffe, die bei der Kombination von Reizwörtern entstehen, können zu neuen, originellen Ideen anregen. Edward de Bono entwickelte die Mentale **Provokation**, um Ideensucher zu provozieren, originelle Einfälle zu entwickeln. Bei dieser Methode formuliert man verrückte, irreale, nicht besonders ernst gemeinte Aussagen und setzt an deren Anfang die Vorsilbe »PO«. (»PO« ist dabei ein Symbol für die nachfolgende Provokation: *p*rovocative *o*peration.)

Beispiele

»PO Computer sollten 6 Mäuse haben.« »PO Sonnenbrillen können schwimmen.«

Sammeln Sie zunächst ähnlich »kontrolliert-verrückte PO-Aussagen«. Bilden Sie dazu anschließend Assoziationen, als Anreiz für die Ideensuche.

Glossar

Intuition *(intuition)* Gefühlsmäßiges Erkennen oder spontanes Erfassen einer Situation, beruhend auf persönlichem Wissen und eigener Erfahrung.

Provokation *(provocation)* Herausforderung, starker Anreiz (lat. provocare – Zusammensetzung aus pro (hervor) und vocere (rufen), lat. provocatio – die Herausforderung).

semantisch *(semantic)* Die Bedeutung der Zeichen betreffend. Semantik ist die Lehre von den Bedeutungen der Zeichen (grch.: semantikos- bezeichnend).

6.4.3 TILMAG-Methode ***

Bei der TILMAG-Methode sammelt man zunächst ideale Lösungselemente und überträgt sie in eine »Assoziations-Matrix«. Dort kombiniert man die Lösungselemente miteinander und gewinnt dabei Assoziationen, die zu neuen Ideen anregen und zugleich als Reizwörter für nachfolgende Suchrunden dienen. Die TILMAG-Methode zeichnet sich durch eine betont systematisch-analytische Vorgehensweise aus, verbunden mit der intuitiven Konfrontation durch Reizwörter.

Basistext

Herkunft

Die TILMAG-Methode (**T**ransformation **i**dealer **L**ösungselemente in **M**atrizen für **A**ssoziationen und **G**emeinsamkeiten) wurde von dem Wirtschaftsingenieur und Unternehmensberater Helmut Schlicksupp (geb. 1943) entwickelt. Er arbeitete viele Jahre am Frankfurter »Battelle-Institut« und erkundete die Wirkung von Kreativitätsmethoden in der Industrie. Neben der »TILMAG-Methode« entwickelte er auch die Methoden »Brainwriting-Pool« (S. 173), die »SIL-Methode,« (S. 176) »Semantische Intuition« (S. 194) und die »Sequentielle Morphologie.« (S. 272) /Schlicksupp 98, S.4/.

Anwendungsbereiche

- Produkt- und Verfahrensentwicklung.
- Planung von Service-Leistungen
- Unternehmensplanung.
- Lösung technischer Probleme.

Arbeitsform

Für die Gruppenarbeit (ideal erscheint eine Teilnehmerzahl von 5 bis 7 Teilnehmern) und auch geeignet für die Einzelarbeit.

Ablauf

- Beschreiben Sie das **Problem**. Sammeln Sie erste **Spontanlösungen**, und visualisieren Sie diese in einem **Ideenspeicher**.
- Überlegen Sie, welche Anforderungen eine ideale Lösung erfüllen sollte. Nennen Sie stichwortartig **ideale Lösungselemente** (Soll- Funktionen und Soll-Eigenschaften). Sammeln und strukturieren Sie die Lösungselemente (beispielsweise auf einer Tafel, einem Plakat oder mit Hilfe von Moderationskarten auf einer Pinwand). Bilden Sie zu den gefundenen Funktions- und Lösungsbereichen **Oberbegriffe**.
- Erstellen Sie anschließend eine **Assoziationsmatrix**. Ein Beispiel für den Aufbau finden Sie in Tab. 6.4-2.
- ☐ Tragen Sie die Oberbegriffe in die oberste Überschriftenzeile und in die Vorspalte ein. Die Matrix soll helfen, die Elemente leichter miteinander zu kombinieren.

Basistext

	Oberbegriff 1	Oberbegriff 2	Oberbegriff 3
Oberbegriff 4			
Oberbegriff 3			X
Oberbegriff 2		X	X

Tab. 6.4-2: Assoziations-Matrix.

- ☐ **Kombinieren Sie die beiden Oberbegriffe**, die sich auf ein Matrixfeld beziehen. Bilden Sie dazu **Assoziationen**, und tragen Sie die interessanteste Assoziation stichwortartig in das Matrixfeld ein. Füllen Sie auf diese Weise die einzelnen Matrixfelder aus.
- ☐ Durchkreuzen Sie jene Matrixfelder, in denen man Oberbegriffe mit sich selbst kombinieren müsste oder wo Oberbegriffe zum zweiten Mal miteinander in Verbindung gebracht werden.
- **Neue Ideen finden:** Wenn die Matrix ausgefüllt ist, können Sie die gewonnenen **Assoziationen analysieren**. Nutzen Sie diese als Anreiz, um neue Ideen zur Lösung des konkreten Problems zu finden. Hier können Sie beispielsweise fragen:
  - ○ »Wie kann man die Analyseergebnisse zur Lösung des konkreten Problems nutzen?«
  - ○ »Was kann man übertragen und anpassen?«
  - ○ »Welche neuen Lösungsideen tauchen auf?«

  Halten Sie alle Einfälle im **Ideenspeicher** fest.
- Um **weitere Ideen** zu produzieren, werden die Assoziationen (aus den Matrixfeldern der Assoziationsmatrix) in ein neues Raster, die **Gemeinsamkeitsmatrix**, eingetragen (siehe Gemeinsamkeitsmatrix im nachfolgenden Beispiel). Verteilen Sie die gewonnenen Assoziationen in der Kopfzeile und Vorspalte der Gemeinsamkeitsmatrix. (Sehr ähnliche Assoziationen werden nur einmal eingetragen.)

Basistext

- ☐ Suchen Sie anschließend jeweils Verbindungen und **Gemeinsamkeiten zwischen zwei Assoziationen**. Tragen Sie die gefundenen Gemeinsamkeiten stichwortartig in die passenden Matrixfelder ein.
- ☐ Nutzen Sie die Gemeinsamkeiten jeweils als Anreiz (Reizwörter!), um **neue Ideen** zur Lösung des konkreten Problems zu generieren. Fragen Sie: »Welche neuen Ideen kann man zur Lösung des Problems aus den gefundenen Gemeinsamkeiten ableiten?« Tragen Sie alle Vorschläge in den **Ideenspeicher** ein.
- Elaboration: Schließlich können Sie die Vorschläge des Ideenspeichers **bewerten**, die beste **Lösung** auswählen und ausarbeiten.

Beispiel

Stellen Sie sich vor: Das Reiseunternehmen »Travel Tours« will sein Programm erweitern und sucht neue Ideen für einzigartige Urlaubsangebote.

- In einer Mitarbeitersitzung stellen Sie als Moderator die folgende **Suchfrage**:
  »Durch welche neuen, originellen Reiseangebote können wir unsere Kunden begeistern?«
- **Erste Ideensammlung**: Zunächst sammeln Sie **Spontanlösungen**. Die Teilnehmerbeiträge werden in einen **Ideenspeicher** eingetragen:
  - »Grönlandreisen«,
  - »Wellness-Angebote«,
  - »Reisen in europäische Gebirge«.
- Dann sammeln Sie **ideale Lösungselemente**: Soll-Funktionen und Soll-Eigenschaften. Sie fragen: »Welche Anforderungen soll ein ideales Reiseangebot erfüllen?«

Die Arbeitsgruppe nennt die folgenden idealen Lösungselemente:

- »Bessere Auslastung der eigenen Busse.«
- »Wenig Betreuungspersonal nötig.«
- »Viele Aktionen in der Natur.«
- »Gäste können die Natur des Reiseortes studieren.«
- »Viele Erholungsmöglichkeiten.«
- »Weiterbildung der Gäste wird unterstützt.«
- »Städtebesichtigungen.«
- »Gäste lernen bislang kaum bekannte, kulturelle Angebote und Kunstschätze kennen.«
- »Viele Interessenten fühlen sich angesprochen.«
- »Angebote wecken Begeisterung bei Jung und Alt.«

■ Die Gruppe strukturiert die Lösungselemente und formuliert anschließend folgende **Oberbegriffe**:

- »Wirtschaftlich arbeiten«
- »Erholung im Hochwald«
- »Weiterbildung «
- »Besichtigungen«
- »Mehr Reiseteilnehmer«

■ Sie tragen die Oberbegriffe in eine **Assoziationsmatrix** ein. (Sie sehen dazu ein Beispiel in der Tab. 6.4-3.)

□ Um möglichst viele Kombinationen zu bilden und um die Arbeit zu erleichtern, tragen Sie in die *Kopfzeile* der Matrix den ersten bis vorletzten Oberbegriff ein. In der *Vorspalte* notieren Sie die Oberbegriffe in der Reihenfolge vom letzten bis zum zweiten Begriff. Wo man Oberbegriffe mit sich selbst kombinieren müsste oder wo sie zum zweiten Mal miteinander in Verbindung gebracht werden, durchkreuzen Sie das Matrixfeld (nach /Schlicksupp 98, S.138/).

Basistext

	Wirtschaftlich arbeiten	Erholung im Hochwald	Weiterbildung	Besichtigungen
Mehr Teilnehmer				
Besichtigungen				X
Weiterbildung			X	X
Erholung im Hochwald		X	X	X

Tab. 6.4-3: Assoziations-Matrix, Beispiel.

☐ Die Ideensucher **kombinieren jeweils zwei Oberbegriffe** miteinander und tragen die dabei entstehenden **Assoziationen stichwortartig in die freien Matrixfelder** ein. In der Tab. 6.4-4 sehen Sie das Ergebnis.

	Wirtschaftlich arbeiten	Erholung im Hochwald	Weiterbildung	Besichtigungen
Mehr Teilnehmer	Multiplikator	Zeltlager im Wald	historische Orte	historischer Kneipenbesuch
Besichtigungen	Firmen-Besichtigungen	Hochwald-Seen	literarischer Stadtbummel	X
Weiterbildung	*Wellness*-Wandern	Segeln und Gitarre spielen	X	X
Erholung im Hochwald	*Survival*-Angebot	X	X	X

Tab. 6.4-4: Ausgefüllte Assoziations-Matrix.

☐ Anschließend **analysieren Sie die Assoziationen** gemeinsam mit den Ideensuchern und fragen: »Welche neuen **Lösungsideen** kann man von den gewonnenen Assoziationen ableiten?« Die Einfälle notieren Sie im **Ideenspeicher**: ....

- ○ »Neue Angebote, speziell für Führungskräfte, mit einem Programm, das Erholung, kulturellen Genuss (Museum) und Firmenbesichtigungen enthält«.
- ○ »*Outdoor*-Woche für Unternehmensmitarbeiter, in der man tagelang im Wald in Zelten lebt und die mit einem historischen Kneipenbesuch abschließt.«
- ○ »Wochenendangebot: Samstags literarischer Stadtbummel und ein Abend bei spanischer Gitarrenmusik, sonntags Segeln.«

■ Um weitere Ideen zu produzieren, erstellen Sie eine **Gemeinsamkeitsmatrix**. In dieses Raster tragen Sie die Assoziationen aus den Matrixfeldern der Assoziationsmatrix ein.

- □ Die Assoziationen verteilen Sie in der Kopfzeile und Vorspalte der Gemeinsamkeitsmatrix. Ähnliche Assoziationen tragen Sie nur einmal ein.
- □ Dann fragen Sie die Ideensucher: »Welche Verbindungen und Gemeinsamkeiten sehen Sie jeweils zwischen zwei Assoziationen?«

  Die Ideen der Teilnehmer schreiben Sie in Stichworten in die einzelnen Matrixfelder. In manchen Feldern findet die Gruppe keine Gemeinsamkeiten. Hier tragen Sie ein Fragezeichen ein. In der Tab. 6.4-5 sehen Sie die Inhalte der Gemeinsamkeitsmatrix.
- □ Nun nutzen Sie die gewonnenen **Gemeinsamkeiten als Anreiz** (Reizwörter!), um **neue Ideen** zur Lösung des konkreten Problems zu generieren. Sie fragen also: »Welche neuen Ideen kann man **zur Lösung des konkreten Problems** aus den gefundenen Gemeinsamkeiten ableiten?« Die Ideensucher liefern Vorschläge, die Sie im **Ideenspeicher** festhalten: ....

- ○ »Spezielle Angebote für Betriebsfeste entwickeln«,

Basistext

- »Abenteuerlust wecken«,
- »thematisch verbundene, spannende Erlebnis-Stationen«,
- »das Gruppengefühl stärken«,
- »Reiseteilnehmer können außergewöhnliche Geschenke mitbringen«.
- »Möglichst viele Teilnehmer werden von einem Unternehmensmitarbeiter betreut.«

Der **Ideenspeicher** enthält mittlerweile

1 Die Spontanlösungen vom Sitzungsbeginn. »Grönlandreisen, ...«
2 Die Ideen aus der Assoziationsmatrix. »Neue Angebote ...«
3 Die Ideen aus der Gemeinsamkeitsmatrix. »Spezielle Angebote für Betriebsfeste...«

■ Sie formulieren die Lösungsbestandteile noch etwas weiter aus. Dann **bewerten** Sie die Ideen gemeinsam mit den Teilnehmern. Schließlich gelangen Sie zur gesuchten **Lösung**. Das kommende Reiseprogramm wird folgende neue Angebote präsentieren:

- »Eine *Outdoor*-Woche in einem schwedischen Zeltlager, mitten im Wald in einem Hochtal, zwischen Rentieren, Waldhühnern und Wasserfällen.«
- »Ein spezielles Wochenendangebot: Samstags literarischer Stadtbummel und ein Abend bei spanischer Gitarrenmusik, sonntags Segeln. (Spanischer Abend ist auch als Betriebsfest buchbar.)«
- »Ein Wochenende für Leistungsträger in Kopenhagen, mit Firmenbesichtigungen, Erholung im Saunapark, abends Krebsessen und eine historische Bierprobe. (Krebsessen und historische Bierprobe sind auch für Betriebsfeste buchbar.)«

Basistext

	Multiplikator	Firmen-Besichtigungen	Weiterbildung im Hochwald	*Survival*-Angebot	Segeln und Gitarre spielen
Literarischer Stadtbummel	ein Reiseführer für viele Gäste	thematisch verbundene Aktionen	Gefühl, etwas Bedeutendes zu erleben	Wettbewerb	?
Segeln und Gitarre spielen	großes Publikum	Betriebsfest	Ballonaktion	Abenteuerlust	X
Survival-Angebot, Zeltlager im Wald	?	Scharmützel	?	X	X
Wellness-Wandern	nachhaltig wirken	man kann etwas kaufen	X	X	X

Tab. 6.4-5: Gemeinsamkeits-Matrix.

Vorteile

+ Kombinationsmöglichkeiten können ausgeschöpft werden.
+ Stark strukturierte, logisch-rationale Methode, die Assoziations- und Analogiebildung und die Kombination unterschiedlicher Elemente integriert.
+ Eignet sich auch besonders gut für die Einzelarbeit.
+ Auch zur Lösung von komplexen Problemen geeignet.
+ Ideen werden durch diese Methode weit ausgearbeitet. (Im Gegensatz zum klassischen *Brainstorming*, das überwiegend Rohideen liefert und durch andere Methoden ergänzt werden sollte.)

Nachteile

– Keine Problemverfremdung, wenig divergent.
– Erfordert von den Teilnehmern viel Konzentrationskraft.

– Es kann viel Zeit kosten, bis alle Kombinationen durchgespielt sind.

erforderliche Materialien

- Plakatpapier und Stifte,
- ggf. auch Moderationsmaterialien.

Train your brain: **Alles verstanden?**

1 In welche Arbeitsschritte gliedert sich die TILMAG-Methode?

2 Auf welche Weise werden neue Ideen erzeugt?

3 Welche Matrizen werden bei diesem Verfahren erstellt?

4 Was wird in die Matrixfelder eingetragen?

5 Welche Vor- und Nachteile sehen Sie bei der Methode?

6 Für welches Problem aus Ihrem Alltag können Sie mit Hilfe der TILMAG-Methode neue Lösungsideen suchen?

Train your brain: **Selbst ausprobieren!**

Viele Menschen, die im Alter voraussichtlich nicht von ihren Angehörigen betreut werden, fragen sich heute, wie sie später am besten gemeinsam mit anderen Menschen zusammenleben können. Entwickeln Sie mit Hilfe der TILMAG-Methode neue Lösungsideen:

....

Tipps

Richtiges Anwenden der Methode

Die idealen Lösungselemente werden in den Matrizen stichwortartig formuliert. Wichtig ist, dass sie *positiv formuliert* werden.

Schlicksupp empfiehlt, *maximal 6 Elemente pro Überschrift oder Vorspalte* einzutragen, um die Zahl der Kombinationsmöglichkeiten einzugrenzen und die Übersicht zu wahren.

Basistext

Sollten Lösungsideen in der Gemeinsamkeitsmatrix wiederholt auftauchen, kann dies ein Hinweis auf deren Wichtigkeit sein.

6.5 Synektik **

Synektische Methoden regen die Kreativität auf sinnliche und spielerische Weise an. Sie basieren auf Analogiebildung, Imagination und intuitiver Konfrontation:

- Die »visuelle Synektik« (S. 210) ist eine Methode, bei der man gezielt visuelle Reizobjekte einsetzt, wie Bilder, Fotos oder Plakate, um sich vom Problem zu entfernen und neue Ideen zu finden.
- Die »klassische Synektik« (S. 215) unterstützt eine mehrstufige Analogiebildung. Scheinbar unzusammenhängende Wissenselemente, Strukturen und Objekte aus fremden Denk- und Realitätsbereichen werden hier verknüpft, so dass man leichter zu außergewöhnlichen Einfällen gelangt.

Gruppierung

6.5.1 Visuelle Synektik **

Die *Visuelle Synektik* ist eine besonders beliebte und leicht durchzuführende Kreativitätsmethode. Hier nutzt man visuelle Reizobjekte, wie Bilder, Fotos oder Plakate, um sich vom Problem zu entfernen und Assoziationen zu bilden. Durch Analogiebildung und Übertragung der gewonnenen Erkenntnisse auf das Ausgangsproblem gelangt man zu neuen, außergewöhnlichen Lösungsideen.

Herkunft

Die visuelle **Synektik** wurde 1980 von dem Wirtschaftsingenieur Helmut Schlicksupp, dem Dipl.-Ingenieur Dr. Götz Schaude und Prof. Dr. Horst Geschka vorgestellt. Alle drei arbeiteten in den 1970er Jahren zusammen am Frankfurter Battelle-Institut. Sie erkundeten die Möglichkeiten, in der Industrie Innovationen zu schaffen und entwickelten Methoden, um die Kreativität der Menschen in den Unternehmen zu fördern.

Anwendungsbereiche

- Produkt- und Konzeptentwicklung.
- Marketing.
- Werbung.
- Überall, wo man bei der Ideensuche Denkgrenzen überwinden will.

Arbeitsform

Für die Einzelarbeit und für die Gruppenarbeit (mehr Anregungen durch ein kreatives Team).

Ablauf

- Beschreiben Sie das **Problem**, und analysieren sie es in der Arbeitsgruppe. Gegebenenfalls müssen Sie es noch umformulieren.
- Nennen Sie eine **Suchfrage**, und bitten Sie die Teilnehmer, zunächst **Spontanlösungen** zu sammeln. Achten Sie in allen Suchrunden auf die Einhaltung der Brainstorming-Regeln (s.a. »Klassisches Brainstorming« (S. 144)), und visualisieren Sie die Beiträge.

Basistext

- Präsentieren Sie nun den Ideensuchern vier bis fünf **Bilder** (z.B. Kalenderbilder, Poster, Leinwandbilder o.ä.): Stellen Sie das erste Bild vor, und bitten Sie die Ideensucher, es einige Minuten lang auf sich wirken zu lassen. Durch die Art der ausgewählten visuellen Darstellung – problemnahe oder problemferne Motive – können Sie ein Stück weit beeinflussen, wie weit sich die Ideensucher vom Problem entfernen. Bitten Sie die Ideensucher anschließend, ihre **Assoziationen** zu den abgebildeten Objekten und zur Gesamtdarstellung zu nennen. Hier können Sie zum Beispiel fragen:
  - »Welche Assoziationen löst das Bild bei Ihnen aus?«
  - »Was fällt Ihnen zu den abgebildeten Objekten ein?«
  - »Welche Wirkung vermitteln die Farben und Formen?«

  Notieren Sie die Assoziationen der Teilnehmer, und fahren Sie mit dem nächsten Bild fort.
- **Ideen übertragen** (*force fit*- erzwungene Eignung): Anschließend dienen die gesammelten Assoziationen als Reizwörter für die nachfolgende Ideensuche. Folgende Fragen kann man hier beispielsweise stellen:
  - »Welche Verbindung haben die Wörter zum konkreten Problem?«
  - »Welche speziellen Elemente, Strukturen oder Funktionen lassen sich von den Assoziationen ableiten und zur Entwicklung einer neuen Lösung nutzen?«
  - »Welche **Analogien** sind erkennbar?«

  Halten Sie alle Ideen und Erkenntnisse schriftlich fest.
- Danach können Sie **prüfen**, welche Ideen verwertbar sind. Berücksichtigen Sie hier auch die zu Beginn gesammelten Spontanlösungen.
- Sie diskutieren mögliche **Alternativen**, und entscheiden sich für eine **Lösung**. Arbeiten Sie diese noch etwas detaillierter aus, bevor Sie einen Tätigkeitskatalog erstellen (s.a. »Phase 5: Lösungsumsetzung planen« (S. 114)).

Basistext

Vorteile

+ Sehr beliebte Methode, um ein Problem zu verfremden und Denkgrenzen zu überschreiten.
+ Regt Emotionen an.
+ Erleichtert es, originelle Einfälle zu finden.
+ Wenig Aufwand, schnell einsetzbar

Nachteil

– Schwierigkeiten können auftreten, wenn das Bildmaterial nicht zur Teilnehmergruppe passt. Abstrakte Bilder können einerseits zu zahlreichen Assoziationen anregen, werden aber nicht von allen Ideensuchern akzeptiert. Gegenständliche Darstellungen werden oft leichter verstanden, erschweren es indes, sich vom dargestellten Thema zu entfernen. Überlegen, Sie was zur Teilnehmergruppe passt und was Sie erreichen wollen.

erforderliche Materialien

- Bildmaterial und Filzschreiber,
- Schreiboberfläche wie Plakat oder Tafel,
- ggf. auch Pinwand und Moderationsmaterialien.

***Train your brain:* Alles verstanden?**

1 Wie können Sie die Ideensuche mit Hilfe der visuellen Synektik unterstützen?

2 Wie gelangen Sie zu neuen Lösungsansätzen für das konkrete Problem?

3 In welcher Alltagssituaton könnten Sie mit Hilfe der visuellen Synektik Ideen suchen?

***Train your brain:* Selbst ausprobieren!**

Problem: Viele Menschen, die im Alter voraussichtlich nicht von ihren Angehören betreut werden, fragen sich heute, wie sie später am besten gemeinsam mit anderen Menschen zusammenleben können. Nutzen Sie die Visuelle Synektik, und entwickeln Sie neue, außergewöhnliche Lösungsideen:

1. Suchrunde: Stellen Sie zunächst eine *Suchfrage*, und sammeln Sie *Spontanlösungen*:

....

2. Suchrunde: Betrachten Sie eine Zeit lang das *Foto* (Abb. 6.5-1): Lassen Sie es einige Minuten auf sich einwirken!

Abb. 6.5-1: Haus oder Hütte.

- ○ Welche spontanen *Assoziationen* tauchen auf?
- ○ Woran erinnert Sie das Bild?
- ○ Welche Wirkung übt es auf Sie aus?
  Notieren Sie Ihre Eindrücke und Erkenntnisse:

....

- ■ *Ideen übertragen*: Die gesammelten Assoziationen dienen Ihnen als Reizwörter für die nachfolgende Ideensuche. Überlegen Sie:
- ○ Welche Verbindung haben die einzelnen Assoziationen zum konkreten Problem?

Basistext

- Welche **Analogien** erkennen Sie?
- Welche speziellen Elemente, Strukturen oder Funktionen lassen sich zur Entwicklung einer neuen Lösung ableiten?
- Wie können die gewonnenen Assoziationen und Analogien zur Lösung des konkreten Problems beitragen?
  Schreiben Sie ihre Ideen auf:

....

- Anschließend können Sie das gesammelte Material prüfen, *bewerten* und *die besten Lösungsideen herausfiltern.*

Varianten & Alternativen

Visuelle Reizobjekte:
Als Reizobjekte kann man unterschiedliche Bildsorten verwenden, beispielsweise Photos, Postkarten, Zeitungsbilder, Kalenderbilder, kleine Kunstposter, Dias oder Präsentationsfolien. Auch Filmsequenzen liefern Anregungen zu neuen Ideen.

Bildmappen-Brainstorming (BBB-Methode)
Beim Bildmappen-*Brainstorming* verwendet man jeweils eine ganze Bildmappe. Ein Moderator stellt die Mappen vor der kreativen Sitzung für die Teilnehmer zusammen: Er wählt geeignete Bildobjekte aus, steckt sie in Klarsichthüllen und heftet sie ein. Während der Ideensuche wählen die Teilnehmer die Bildobjekte in ihrer Mappe jeweils selbst aus. Bildmappen kann man während der Gruppenarbeit einsetzen oder auch, um den Teilnehmern die Einzelarbeit zu erleichtern.

Tipp

Filmsequenzen
Die Assoziationsbildung mit visuellen Objekten oder Vorstellungen kann man üben. Außerdem können Sie mit gedanklich vorgestellten oder erinnerten Filmsequenzen experimentieren (s.a. /Pricken 04, S. 227/).

1 Überlegen Sie: Welche Filmsequenz hat sie in der letzten Zeit besonders beeindruckt?
2 Versuchen Sie, die erinnerten Filminhalte auch sinnlich wahrzunehmen: Was glauben Sie zu hören, während der Film vor Ihrem geistigen Auge abläuft? Was können Sie fühlen, schmecken, riechen? Sammeln Sie Assoziationen, und notieren Sie Stichpunkte.
3 Versuchen Sie anschließend Verbindungen herzustellen zu Suchproblemen, die Sie derzeit beschäftigen. *Force fit* – erzwungene Eignung: »Wie lässt sich die Assoziation als Beitrag zur Lösung des Problems verwenden?«

Glossar

Synektik *(synectics)* Elemente miteinander in Verbindung bringen, die scheinbar nichts miteinander zu tun haben (grch.: synechein).

6.5.2 Klassische Synektik **

Die »Klassische Synektik« ist eine intuitiv-kreative Methode für die mehrstufige Ideensuche. Durch Analogiebildung und Verknüpfung scheinbar unzusammenhängender Wissenselemente sowie durch eine Übertragung von Elementen und Strukturen aus problemfernen Denk- und Realitätsbereichen gelangt man zu neuen Lösungen.

Herkunft

Der Amerikaner William J. Gordon entwickelte im Jahre 1944 die **Synektik** /Gordon 61/.

Anwendungsbereiche

- Produkt- und Konzeptentwicklung.
- Marketing.
- Werbung.
- Kampagnenplanung.
- Überall, wo man bewirken möchte, dass sich die Ideensucher weit vom Problem entfernen, um seltene Lösungen zu finden.

Basistext

Arbeitsform

Für die Einzelarbeit und für die Gruppenarbeit (mehr Anregung durch ein kreatives Team). Teilnehmerzahl: 5 bis 7 Ideensucher, am besten aus unterschiedlichen Fachbereichen.

Ablauf

- Beschreiben Sie das **Problem**. Gegebenenfalls müssen Sie es noch analysieren und umformulieren.
- Nennen Sie eine **Suchfrage**, und bitten Sie die Ideensucher, zunächst **Spontanlösungen** zu sammeln. Viel versprechende Vorschläge können hier bereits auftauchen. Doch oft fehlen noch außergewöhnliche, originelle Ideen. Versuchen Sie deshalb in weiteren Suchrunden, sich vom Problem zu lösen und Anreize aus problemfernen Bereichen zu gewinnen:

direkte Analogien

- **1. Analogiebildung – Direkte Analogien** zu anderen Realitätsbereichen finden: Bitten Sie die Ideensucher, sich gedanklich in einen problemfremden Bereich hineinzuversetzen. Techniker können ihre Aufmerksamkeit hier beispielsweise einem Bereich der Natur zuwenden. Der Moderator stellt dann Fragen wie diese:
  - »Welche vergleichbaren Probleme gibt es in der Natur, und wie werden sie dort gelöst?«
  - »Welche Strukturen, Elemente oder Prozesse in der Natur sind für die eigene Problembearbeitung interessant und zur Lösungsentwicklung nutzbar?«

  Bitten Sie die Teilnehmer, ihre Einfälle stichwortartig auf Moderationskarten zu schreiben und an eine Pinwand zu heften.

persönliche Analogien

- **2. Analogiebildung – Persönliche Analogien** finden: Wählen Sie nun aus den gewonnenen Teilnehmerbeiträgen gemeinsam die interessanteste Analogie aus. Danach beginnt die nächste Suchrunde: Bitten Sie die Teilnehmer, sich in das Objekt (ausgewählte Analogie) »einzufühlen«. Die Teilnehmer sollen sich mit dem Objekt **identifizieren** und ihre Assoziationen nennen. Dabei können Sie folgende Fragen stellen:

- »Wie geht es mir als ...?«
- »Was fühle ich als ...? «

Die Antworten der Teilnehmer sollen nach Möglichkeit mit »Ich fühle (sehe..) ....«, »Mir geht es ...« beginnen, so dass der persönliche Bezug deutlich wird. Notieren Sie die beschriebenen Gefühle in (mindestens 10) Stichpunkten.

- **3. Analogiebildung – Symbolische Analogien** finden: Wählen Sie nun das markanteste Gefühl (bzw. die interessanteste persönliche Analogie) aus. Bitten Sie die Teilnehmer **zum ausgewählten Gefühl** Analogien in Form von **Kontradiktionen** zu finden. Die Kontradiktionen sollen jeweils aus einem Adjektiv und einem Substantiv bestehen, z.B.: pechschwarzer Eisbär, flüsterndes Geschrei. So erzeugen sie starke Reizbegriffe. Halten Sie alle Kontradiktionen schriftlich fest.

symbolische Analogien

- **4. Analogiebildung – Direkte Analogien** zu weiteren Realitätsbereichen finden:
Wählen Sie gemeinsam die reizvollste Kontradiktion aus.

direkte Analogien

Bitten Sie die Teilnehmer, **zu dieser Kontradiktion** Analogien zu bilden. Wie bei der ersten Analogiebildung können Sie als Moderator den Suchbereich wieder frei wählen (Bereits vor der Sitzung sollte man sich darüber Gedanken machen.) Geeignet sind Bereiche, die hohe Verfremdungseffekte bieten und dadurch die Motivation der Ideensucher auf besondere Weise anreizen. Schlicksupp fordert hier vom Moderator ausreichendes Fingerspitzengefühl. Neben der Natur und Technik empfiehlt er Suchbereiche wie die Mythologie, Wirtschaft oder Kunst /Schlicksupp 98, S.133 f./. Halten Sie alle Einfälle schriftlich fest.

- **Analysieren** Sie die gewonnenen direkten Analogien. Stellen Sie fest, welche Elemente und Strukturen für die gesuchte Problemlösung von Relevanz sind. **Übertragen** Sie diese auf das zentrale Problem.

  Dies ist die wichtigste Phase der Ideenfindung. Versuchen Sie, Zusammenhänge und Verbindungen zu erkennen. Erzwingen Sie eine Beziehung zum wirklichen Problem (*force fit*: erzwungene Eignung.) Fragen Sie dabei zum Beispiel:
  - »Wie kann man die Strukturen und Merkmale der beobachteten Elemente auf das wirkliche Problem übertragen?«
  - »Wie können wir die gewonnenen Erkenntnisse nutzen, um das konkrete Problem zu lösen?«
- Prüfen Sie anschließend das Material. **Bewerten** Sie es, filtern Sie geeignete Alternativen heraus, und arbeiten Sie eine **Lösung aus**.

Beispiel

Dies ist eine fiktive Geschichte, die an einem einfachen Beispiel zeigt, wie man mit Hilfe der klassischen Synektik Probleme lösen kann:

- **1. Tatsächliches Problem erkennen:** Stellen Sie sich vor: Sie möchten an einem Gokart-Rennen der Formel A teilnehmen. Doch das etwas unscheinbare Wägelchen, das Ihnen zur Zeit zur Verfügung steht, nuckelt grausig langsam über das Pflaster. So fragen Sie sich: »Wie komme ich zu einem neuen, blitzschnellen, zitronengelben Gokart, mit dem ich das nächste Rennen der Formel A gewinnen kann?«

  Zur Beantwortung der Frage müssten Sie nun das Preis-/Leistungsverhältnis neuer Gocards prüfen – eine Routineaufgabe. Aber Achtung: Bevor Sie enttäuscht feststellen, dass Ihr Budget zum Neukauf nicht ausreicht, fragen Sie lieber nach dem tatsächlichen Problem. Sie **analysieren** also gemeinsam mit drei Freunden das konkrete Problem. Dabei stellt sich heraus, dass Ihr altes Modell die nötige Antriebskraft nicht erreicht. Die Suchfrage muss entsprechend umformuliert werden und lautet nun: »Durch welche ganz neue technische Lösung können wir die Antriebskraft des alten Gokarts enorm erhöhen?«

- In Ihrer Lieblingsgarage, auf einem Stapel alter LKW-Reifen hockend, brüten Sie und Ihre Freunde über Lösungsmöglichkeiten nach. Während Sie eine Kiste feinsten Mineralwassers leeren, suchen Sie im *Brainstorming*-Verfahren **Spontanlösungen**:
  - »Gewicht reduzieren«
  - »Motor ersetzen«
  - »Hochgeschwindigkeitsturbine einsetzen«
  - »Mit Rapsöl fahren«
  - »Solarenergie nutzen«

  Anschließend prüfen Sie das Material und stellen fest, dass die genannten Spontanlösungen entweder von der Rennleitung gar nicht erlaubt oder unpraktikabel sind. Sie müssen die neue Lösung auf einem ganz anderen Suchweg generieren:
- **Direkte Analogien zur Natur:** So fragen Sie sich zunächst: »Wovon werden Lebewesen in der Natur angetrieben, so dass sie blitzschnell vom Fleck kommen?« Sie notieren darauf alle Einfälle:
  - »Muskelkraft des Panthers«
  - »großer Druck beim Ausbruch eines Vulkans«
  - »Wasserausstoß beim Oktopus«
- **Persönliche Analogien:** Nun wählen Sie gemeinsam jene Idee aus, die Ihnen am interessantesten erscheint. Sie und Ihre Freunde reizt besonders der Wasserausstoß der Oktopusse.

Basistext

Die nächste Suchrunde beginnt. Das echte Problem tritt weiter in den Hintergrund. Stattdessen versucht man, sich mit einem Octopus zu identifizieren. Die Suchfrage lautet: »Wie fühle ich mich als Krake?« Sich in einen Octopus hinzuversetzen ist nicht leicht, der Versuch bereitet aber viel Spaß. Sie notieren derweil stichpunktartig die Einfälle:

- »Ich habe acht Arme und bin ein Kopffüßler! Mein Gehirn ist hoch entwickelt, und ich versetze die Konkurrenz durch mein Aussehen in Angst und Schrecken!« ruft einer Ihrer Freunde.
- »Ich werde selbst bedroht, Hilfe, Tinte raus!« tönt ein anderer und sprüht begeistert Mineralwasser aus seiner Flasche.
- »Ich fliehe!« schreit der dritte, »Ich sauge Wasser auf. Mit Wucht stoße ich es aus meiner Mantelhöhle, nach hinten auf den Verfolger; blitzschnell schieße ich nach vorn!« (Fast wäre der Freund vom Reifenstapel gefallen.)

- **Symbolische Analogien:** Spielerisch arbeiten Sie weiter: Als Basis für die nächste Suchrunde wählen Sie die zuletzt genannte persönliche Analogie. Stichworte: »Wasser ausstoßen, nach vorn schießen«.

  Dazu bilden Sie **Kontradiktionen**, bildliche Widersprüche, auch absurde und irrationale, die aus Adjektiv und Substantiv bestehen (Die Verbindung der beiden Wörter könnte ein Buchtitel sein.):
  - »gestauter Wasserfluss«
  - »müde Strömungsenergie«
  - »rückwärtiger Antrieb«
  - »rückwärtsgerichteter Vorwärtsdrang«
  - »erzwungene Befreiung«
- **Direkte Analogien zur Technik:** Zur weiteren Analogiebildung wählen Sie »rückwärtiger Antrieb«. Noch ein-

mal bilden Sie direkte Analogien, dieses Mal bezogen auf den technischen Bereich. Welche ähnlichen Objekte oder Zustände im technischen Bereich fallen Ihnen zu »rückwärtiger Antrieb« ein? Die Ideensucher nennen folgendes:

- »Rückstoß beim Flugzeug-Düsenantrieb«
- »Aufgeblasener Luftballon schießt durch ausströmende Luft in die Höhe!«
- »Wild gewordener Handfeger« (Alle Einfälle sind erlaubt. – Typisch *Brainstorming*!)
- »Antrieb einer Rakete«

■ Jetzt können Sie die zuletzt genannten Vorschläge gemeinsam **analysieren**. Die Analogie »Antrieb einer Rakete« findet dabei besonderes Interesse, und man fragt sich: »Durch welche speziellen Merkmale zeichnet sich ein Raketenantrieb aus?« Sie kommen gemeinsam zu folgenden Analyseergebnissen:

- »erzielt höchste Geschwindigkeiten«
- »Antrieb durch einen Ausstoßstrahl am unteren Ende«
- »verschiedene Antriebsarten: Strahlantrieb, Düsenantrieb, Sonnenenergie, Ionenantrieb«
- »wird auch für spezielle Rennwagen verwendet«

■ **Übertragung auf das konkrete Problem:** Nach einer Pause und dem Verzehr eines enormen Sortiments angelieferter Fertig-Pizza wenden Sie sich wieder dem echten Problem zu. Suchfrage: »Wie können wir die Analyseergebnisse dazu nutzen, die Antriebskraft des alten Gokarts enorm zu erhöhen?«

Force-fit: Nun übertragungen Sie die gewonnenen Einfälle und Sie versuchen diese derart zu ändern, dass daraus zweckmäßige Lösungsideen werden. Ihnen fällt beispielsweise folgendes ein:

- »Schubkraft erhöhen«
- »Gokart mit einem Strahlantrieb ausstatten«

Basistext

- ○ »prüfen, ob Düsentriebwerk möglich ist«
- ○ »Informationen über Raketenautos besorgen«

Auf einer alten Tapete verdeutlichen Ihre Freunde durch Skizzen, wie Sie das Gokart in einen superschnellen Flitzer verwandeln wollen.

- **Elaboration**: Anschließend prüfen und **bewerten** Sie die Vorschläge. Dabei berücksichtigen Sie auch die zu Beginn gefundenen Spontanlösungen. »Motor ersetzen« halten die Freunde für eine verwertbare Idee. Sie diskutieren die Alternativen. Natürlich können Sie kein Raketenauto mit Düsentriebwerk bauen. Doch sie können verschiedene Lösungselemente auf eine ganz neue Weise kombinieren: Sie werden Bauteile aus fremden Bereichen einsetzen, das Fahrzeug mit einem außergewöhnlichen Sauggerät und einem starken Kompressor auszurüsten. Ein Prachtstück wird das alte Gokart werden.

In einem **Tätigkeitskatalog** halten Sie die ersten Arbeiten zur Umsetzung der neuen Lösung fest. Dort steht auch, wer die zitronengelbe Farbe besorgt. Und einer der Freunde will Sie unbedingt so schnell wie möglich zum kommenden Gokart-Rennen in Indianapolis anmelden. Ob der Vorschlag in den Tätigkeitskatalog übernommen werden kann?

Das Beispiel verdeutlicht die Vorgehensweise bei der klassischen Synektik. Bevor Sie das umfängliche Verfahren selbst anwenden, denken Sie sich am besten zunächst einfache Probleme aus. Durchspielen Sie die einzelnen Ablaufschritte. Überlegen Sie, in welchen Bereichen Sie die direkten Analogien am besten bilden. Üben Sie, sich in neue Situationen »einzufühlen« und auch außergewöhnliche Lösungsideen auf ein konkretes Problem zu übertragen. ;-)

Basistext

Vorteile

+ Sehr praktikable Möglichkeit, alte Denkroutinen zu verlassen und sich einem Problem aus neuen Richtungen zu nähern.
+ Divergentes Denken wird gefördert.
+ Starke Anreize, außergewöhnliche Ideen zu produzieren.
+ Auch zur Lösung komplexer Probleme geeignet.

Nachteile

– Anspruchsvoll in der Moderation. Hohe Anforderungen an die Teilnehmer.
– Größerer Zeitaufwand für die Vorbereitung und Durchführung (mehrere Stunden) als bei den meisten anderen Kreativitätsmethoden.
– Die persönliche Analogiebildung kann bei Teilnehmern Widerstand auslösen.

erforderliche Materialien

- Pinwände und Moderationsmaterialien,
- Flipchart und Plakate,
- ggf. auch Wandtafel und Tafelstifte.

Spielregeln und Empfehlungen

○ Geben Sie zu Beginn der Sitzung einen kurzen **Überblick über den Ablauf**, und visualisieren Sie grob die Arbeitsschritte, damit die Teilnehmer jederzeit den »roten Faden« erkennen.
○ Halten Sie die **Teilnehmerbeiträge** in allen Suchrunden auf Plakaten **schriftlich** fest.
○ Die jeweiligen Bereiche für die **direkte Analogiebildung** kann der Moderator selbst auswählen (Soziologie, Wirtschaft, Medizin, ...). Wichtig ist, sich möglichst weit vom Problembereich zu entfernen und einen **Suchbereich** auszuwählen, der hohe Anreize zu neuen, originellen und wertvollen Ideen bietet.
○ Die **Reihenfolge** der verschiedenen Arten der Analogiebildung ist **variierbar**.
○ Die Teilnehmer sollten **in der Übertragung** von problemfremden Strukturen **geübt** sein.

○ Eine **lockere, entspannte Atmosphäre** und regelmäßige Pausen sind der Ideenfindung förderlich.

Train your brain: **Alles verstanden?**

1 In welchen Arbeitsschritten entwickelt man bei der Klassischen Synektik neue Lösungsideen?

2 Warum sind mehrere Suchphasen nötig?

3 Welche Stärken und Schwächen hat die Methode?

4 Für welches konkrete Problem könnten Sie mit Hilfe der Methode eine neue Lösung suchen?

Train your brain: **Selbst ausprobieren!**

Eine Bekleidungsfabrik an der Nordsee will den eigenen Umsatz kräftig steigern und deshalb für das Tourismusgeschäft eine ganz neue Art von Regenbekleidung entwickeln. Sie soll auch dem übelsten Wetter standhalten und zugleich äußerst reizvoll aussehen. Finden Sie mit Hilfe der klassischen Synektik mindestens eine neue, außergewöhnliche Lösung:

....

Tipp

Texte schreiben

Bei der persönlichen Analogiebildung können die Teilnehmer auch **kurze Texte schreiben** und dabei die eigenen Gefühle, Meinungen, Eindrücke und Vorstellungen wiedergeben. Was sie dabei am häufigsten beschrieben haben sowie besonders bemerkenswerte Eindrücke und Empfindungen werden dann stichpunktartig auf einem Plakat (oder an einer Tafel) notiert.

Glossar

identifizieren *(to identify (auch to empathy))* Sich identifizieren mit jemanden: sich gleichsetzen mit etw./jdn.; jemanden identifizieren: etw./jdn. erkennen; (von lat.: identitas – Wesenseinheit; sowie lat.: idem – derselbe und facere – machen, tun).

Kontradiktion *(contradiction)* Gegenwort, Gegenrede bzw. Wort, dessen Bedeutung gegensätzlich ist zur der Bedeutung eines anderen Wortes. Wort, das widersprüchlich ist zu einem anderen. Bzw. auch eine Aussage, die in sich widersprüchlich ist (contradictio in adjecto), Beispiele: eine gekrümmte Gerade; eine weiße Bank, die grün angestrichen ist. (Lat.: contradictio – Gegenrede).

6.6 Spezielle Methoden für den Perspektivenwechsel **

Bei der Suche nach neuen Ideen und Problemlösungen ist es wichtig, den Blickwinkel wiederholt zu wechseln, um Denkbarrieren zu überwinden und neue Anregungen und Einsichten zu gewinnen. Zugleich gibt es spezielle Kreativitätsmethoden, die den Perspektivenwechsel erleichtern. Dazu gehören

- die »Umkehrmethode« (S. 226), bei der man eine Suchfrage einfach in ihr Gegenteil verkehrt.
- die »6 Denkhüte« (S. 228) von Edward de Bono. Hier erproben die Ideensucher unterschiedliche Sicht- und Denkweisen und kennzeichnen ihre Rolle jeweils durch die Farbe eines »Denkhutes«.

Gruppierung

6.6.1 Umkehrmethode **

Bei der Umkehrmethode verkehrt man die Suchfrage einfach in ihr Gegenteil. Die Ideensucher müssen dadurch abrupt den Blickwinkel ändern und bilden zunächst Assoziationen zu einer unerwünschten Situation. Die Konfrontation mit den unerwünschten Effekten verstärkt die Motivation der beteiligten Personen, neue Lösungsideen zu finden.

Herkunft

Die Umkehrmethode ist ein einfaches und beliebtes Suchverfahren. Es wird auch als **Kopfstand-Technik** bezeichnet. Die Problemumkehrung gehört zu den menschlichen Heuristiken, die oft intuitiv angewendet werden.

Anwendungsbereiche

Überall, wo man einen schnellen Perspektivenwechsel herbeiführen und dadurch die Ideensuche auf Trab bringen will.

Arbeitsform

Für die Einzelarbeit und für die Gruppenarbeit.

Ablauf

1 Beschreiben und analysieren Sie das **Problem**. Gegebenenfalls müssen Sie es anschließend umformulieren.

2 Visualisieren Sie die **zentrale Suchfrage**, und sammeln Sie erste **Spontanlösungen**: Fragen Sie die Teilnehmer nach bereits vorhandenen Lösungsideen, und notieren Sie die Beiträge in einem **Ideenspeicher**. Achten Sie zugleich auf die Einhaltung der »Brainstorming-Regeln« (S. 144).

3 Nun folgt der »geistige Kopfstand« bzw. die Problemumkehrung: **Kehren Sie die Suchfrage inhaltlich in ihr Gegenteil**. Beispiel: Zentrale Suchfrage: »Wie können wir die Kosten senken?«
Suchfrage nach dem geistigen Kopfstand: »Wie können wir die Kosten in die Höhe treiben?« Sammeln und visualisieren Sie die Teilnehmerbeiträge.

4 **Lösungsideen ableiten**: Sie wissen nun genau, was Sie *nicht* wollen. Die visualisierten unerwünschten Effekte provozieren und wirken als Anreiz, neue Ideen zur Lösung des konkreten Problems zu finden. **Stellen Sie erneut die zentrale Suchfrage** zur Lösung des konkreten Problems. Tragen Sie die Lösungsideen in den **Ideenspeicher** ein.

5 Wenn Sie ausreichend interessante Lösungsvorschläge gesammelt haben und der Ideenstrom versiegt, können Sie das Material prüfen und **bewerten**.

Vorteile

+ Unterstützt einen schnellen Perspektivenwechsel.
+ Leicht durchzuführen.
+ Bei Ideensuchern sehr beliebt.
+ Sehr gut geeignet, um eine stockende Ideensuche erneut anzuregen.

Nachteil

– Besonders originelle Lösungsideen werden möglicherweise nicht gefunden, aufgrund des immer noch deutlich vorhandenen Problembezugs.

erforderliche Materialien

Papier oder Tafel und Stifte.

***Train your brain:* Alles verstanden?**

1 Wie gestaltet man bei der Umkehrmethode den Perspektivenwechsel?
2 Warum spricht man bei der Methode von 2 Umkehrungen?
3 In welchen Arbeitsschritten gelangt man nach der Problemumkehrung zu verwertbaren Lösungsideen?
4 Betrachten Sie doch einmal die Welt auf dem Kopf stehend.

***Train your brain:* Selbst ausprobieren!**

Kehren Sie die folgenden Suchfragen um:

○ Wie können wir die Qualität unserer Produkte verbessern?

....

- Durch welche neuen Aktionen können wir bei den Messebesuchern Interesse an unseren Produkten wecken?

....

- Was können wir tun, damit die Benutzungsoberfläche unseres Software-Programms auf neue und angenehmste Weise zu bedienen ist?

....

6.6.2 6 Denkhüte **

Mit Hilfe der so genannten »sechs Denkhüte« können Ideensucher unterschiedliche Sicht- und Denkweisen erproben. Dabei kennzeichnen sie ihre jeweilige Rolle durch die Farbe eines Hutes. Es gibt insgesamt sechs verschiedene Hutfarben. Die Verwendung der Denkhüte erleichtert es, schnell die Perspektive zu wechseln, die eigene Sichtweise verständlich zu machen und die Blickwinkel anderer Diskussionsteilnehmer zu erkennen. Die Arbeit mit den sechs Denkhüten fördert das gegenseitige Verständnis und die Kreativität der Teilnehmer. Die Methode basiert auf Symbolbildung und Imagination.

Herkunft

Der Arzt und Kreativitätstrainer Edward de Bono (geb. 1933) hat eine Reihe von Kreativitätsmethoden selbst entwickelt und zahlreiche Publikationen zum kreativen Denken veröffentlicht (/De Bono 96/, /De Bono 02/). Die »6 Denkhüte« ist eine besonders beliebte Methode, mit deren Hilfe ein schneller Perpektivenwechsel leicht gelingt.

Basistext

Anwendungsbereiche

- In Diskussionen, wenn die Teilnehmer ihre Sichtweisen wechseln oder andere Denkhaltungen besser verstehen sollen.
- Überall, wo man starre Denkhaltungen überwinden und Denkgrenzen überschreiten will.
- Bei der Ideensuche und Lösungsentwicklung, um die Stärken, das Wissen und die Erfahrungen der verschiedenen Teilnehmer zu nutzen.

Arbeitsform

Vorrangig für die Gruppenarbeit. Doch auch bei der Einzelarbeit erleichtern die sechs Denkhüte den schnellen Perspektivenwechsel.

Denkhüte einsetzen

Die sechs Denkhüte von Edward de Bono gibt es in den Farben Blau, Weiß, Schwarz, Rot, Gelb und Grün. Jeder Farbe symbolisiert eine idealtypische Rolle und die dazu gehörenden Denk- und Verhaltensweisen eines Diskussionsteilnehmers /De Bono 00/.

Der Wechsel eines Denkhutes (in gegenständlicher Form oder als geistige Vorstellung) führt zu einer Änderung des Blickwinkels: Man betrachtet das Thema oder das Problem von anderen Seiten. Edward de Bono fordert Flexibilität im Denken:

Zitat

»*Every person must be able and skilled, to look in all the directions.*« /De Bono 00, S.7/.

Farbsymbolik

Welche Denk- und Verhaltensweisen werden nun durch die Hüte symbolisiert? Machen Sie sich zunächst mit der Farbsymbolik der Denkhüte vertraut:

- **Weißer Hut: Symbol für Neutralität**

- ☐ Informationsbezogen denken, objektive Fakten liefern, objektiv berichten.
- ☐ Kein Urteilen oder Werten.

Wer den weißen Hut trägt, fragt zum Beispiel:

- »Welche Informationen benötigen wir?«
- »Welche Fragen müssen wir stellen?«
- »Welche Informationen sind bereits vorhanden, und welche müssen noch beschafft werden?«
- »Woher bekommen wir die notwendigen Informationen?«

Roter Hut: Symbol für Gefühle

- Emotionale, subjektive Sichtweise.
- Gefühle ausdrücken, Ärger, Unzufriedenheit, Zweifel, Freude, Begeisterung bekannt geben.
- Intuitiv denken und handeln.

Wer den roten Hut trägt, fragt zum Beispiel:

- »Welche Gefühle sind bei mir beteiligt?«
- »Wie empfinde ich das?«

Schwarzer Hut: Symbol für Kritik

- Kritisches Denken, Ernsthaftigkeit, Vorsicht, Sorgsamkeit,
- Fehler herauspicken, Schwachstellen benennen, Unprofitables aufdecken.
- Risiken nennen, Konsequenzen verdeutlichen.
- Prüfen, bewerten, beurteilen.

Wer den schwarzen Hut trägt, fragt zum Beispiel:

- »Was ist zu beachten?«
- »Wo ist Vorsicht geboten?«
- »Wo tauchen Fehler auf?«
- »Was kann schief laufen?«
- »Mit welchen Konsequenzen, Folgen, Reaktionen, Risiken müssen wir rechnen?«
- »Verfügen wir wirklich über die nötigen Ressourcen?«
- »Wird der Erfolg von Dauer sein?«

■ **Gelber Hut: Symbol für Optimismus, Konstruktivität**

☐ Optimistische Betrachtungsweise, Vorteile hervorheben.
☐ Nicht grundsätzlich alles und jedes positiv beurteilen, sondern Erfahrung einbeziehen, aufzeigen, unter welchen Bedingungen, eine Lösung funktioniert.
☐ Logisch urteilend und logisch denkend, auf Informationen und Beobachtungen basierend.
☐ Konstruktiv sein, Szenarien durchspielen.
☐ Gute Ideen und die dazu gehörenden Chancen und Möglichkeiten erkennen.
☐ Zielorientiertheit, Ideen und Lösungen auf den Weg bringen.

Wer den gelben Hut trägt, fragt zum Beispiel:

○ »Welchen Nutzen liefert die Idee?«
○ »Führt die Idee zum Ziel?«
○ »Welche Chancen bietet sie?«
○ »Unter welchen Bedingungen ist sie für uns von Vorteil?«
○ »Unter welchen Bedingungen können wir die neue Lösung realisieren?«

■ **grüner Hut: Kreativität**

☐ Neue Ideen finden, Innovationen schaffen, erfinden und entdecken.
☐ Neue Konzepte entwickeln.
☐ Kreativitätsmethoden einsetzen, kreative Pausen einlegen, etwas in Bewegung bringen.
☐ Neue Sichtweisen und Denkrichtungen erproben.
☐ Lösungsmöglichkeiten finden.

Wer den grünen Hut trägt, fragt zum Beispiel:

○ »Welche Ideen und Lösungen sind für uns interessant?«
○ »Wie können wir die neue Lösung ausgestalten?«

■ **blauer Hut: Prozess steuern**

□ Überblick geben, zusammenfassen, Schlussfolgerungen ziehen.

□ Den Prozess überblicken, moderieren, Suchphasen steuern, Suche anregen.

□ Einsatz der Denkhüte organisieren.

Wer den blauen Hut trägt, fragt zum Beispiel:

- »Wie lautet das tatsächliche Problem?«
- »Wie lautet die Suchfrage?«
- »Welchen weiteren Fragen müssen beantwortet werden?«
- »Welche Methoden sind geeignet und hilfreich?«
- »Wie kann man den Prozess optimal und ergebnisorientiert steuern?«

Hüte flexibel nutzen

Möglichkeiten, mit den Denkhüten zuarbeiten. Wer den mehrstufigen Ablauf von Problemlösungsprozessen kennt (s.a. »Der kreative Problemlösungsprozess« (S. 59)), hat bereits gemerkt, dass bestimmte Denkhüte bzw. Denkhaltungen in einzelnen Prozessphasen eine besondere Rolle spielen. Der schwarze Hut dominiert zum Beispiel in der Bewertungsphase, der grüne bei der Ideensuche, der gelbe bei der Planung der Lösungsumsetzung. Zugleich sollen die verschiedenen Sichtweisen in allen Phasen des Problemlösungsprozesses Beachtung finden. Wechseln Sie die Hüte, wie es der Lösungsfindung dienlich ist.

Während des Such- und Problemlösungsprozesses können Sie als Moderator

- *ausgewählten Personen bestimmte Hüte* (Hutfarben) zuordnen und um Beiträge oder Vorschläge bitten.
- *allen Teilnehmern eine spezielle Hutfarbe* zuordnen und mit der Gruppe die Sachlage gemeinsam diskutieren. Edward de Bono spricht hier von parallelem Denken:

Parallel thinking means that at any moment everyone is looking in the same direction. /De Bono 00, S.4/

- die Teilnehmer bitten, die Hutfarbe nach Belieben *selbst auszuwählen,* um zu verdeutlichen, aus welcher Perspektive sie gerade reden oder arbeiten.
- festlegen, dass *jeder Teilnehmer jeden Hut mindestens einmal* während der Sitzung aufsetzt und verschiedene Perpektiven erprobt.

lateral denken

Alle sechs beschriebenen Denk- und Verhaltensweisen sind wichtig und notwendig bei der Suche nach neuen, wertvollen Ideen. Der spielerische Rollenwechsel mit Hilfe der sechs Denkhüte verstärkt die Bereitschaft, fremde Positionen und Erkenntnisse in die Lösungsfindung einzubeziehen. Der Wechsel der Hüte trainiert die **Flexibilität im Denken**.

Edward de Bono spricht hier von **lateralem** Denken (*lateral thinking*) /De Bono 96/. Wenn die ausgetretenen Standardpfade nicht zum Ziel führen, dann gilt es abzuweichen und Seitenwege zu beschreiten, quer zu denken. Seitenwege können zu bahnbrechenden Innovationen führen.

Lateral denken meint zugleich, bei der Ideensuche die Funktionen beider Seiten des Gehirns zu aktivieren: sowohl analytisch-systematisch zu denken als auch intuitiv, sowohl logisch-mathematisch Lösungen zu suchen als auch mit Hilfe bildlicher Vorstellungen. »Den ganzen Kopf benutzen«, lautet die Devise bei der kreativen Ideensuche.

Beispiel

Stellen Sie sich vor: In Ihrem Unternehmen, das Handys entwickelt, sucht man neue Ideen, um jungen Leuten die eigenen Produkte besonders schmackhaft zu machen.

Sie moderieren dazu eine kreative Sitzung und stellen die Suchfrage: »Wie müssen wir unsere Handys gestalten, damit junge Leute sie begeistert kaufen?«

Dann bitten Sie die Ideensucher, die sechs Denkhüte zu erproben und aus den verschiedenen Blickwinkeln miteinander zu diskutieren, um der gesuchten Lösung näher zu kommen. Darauf entwickelt sich folgende Diskussion:

- »Gerade wurde im Fernsehen berichtet, dass Handys für junge Leute vor allem gut aussehen müssen und nicht zu teuer sein dürfen. Außerdem wünschen die Kunden, dass man die Inhalte auf dem Display gut erkennen kann.« (weißer Hut: Neutralität)
- »Oh je, da habe ich miese Erfahrungen. Ich bekomme Kopfweh, wenn ich daran denke. Die Inhalte sind doch fast immer furchtbar schwer zu lesen. Vor allem die Farben und die Hintergrundfotos sind oft peinlich, jämmerlich schlecht und ärgerlich. « (roter Hut: Gefühl)
- »Am schlimmsten ist es, dass die Uhrzeit schlecht sichtbar ist. Dies zu ändern, ist längst überfällig. Wir müssen aber aufpassen, dass wir bei der Neugestaltung im Kostenrahmen bleiben. Das größte Problem bei unseren Produkten war bislang das magere Klangspektrum der Geräte.« (schwarzer Hut: Kritik)
- »Wie gut, dass wir schon über eine Menge Erfahrungen verfügen, so dass wir ganz fix auf die Überholspur kommen können. Setzen wir doch bei der Erweiterung des Soundspektrums an. Dann können wir anschließend die technischen Möglichkeiten nutzen und auch die Displays für die Jugendlichen optimieren.« (gelber Hut: Optimismus, Dinge auf den Weg bringen)
- »Die Jugendlichen würden sicher gern selbst bestimmen, was auf dem Display erscheint. Vielleicht könnten Sie eigene Fotos als Hintergrundbilder verwenden, oder beim Anruf eines Bekannten gleich dessen Bild gezeigt bekommen. Wie wäre es, wenn sie auch die Farben und Objekte auf dem Display nach eigenem Geschmack gestalten und

Basistext

sie mit ihren Lieblingssounds verbinden könnten.« (grüner Hut: Kreativität)

- »Gut, Kollegen, lasst uns die Ideen auf Moderationskarten schreiben, strukturieren und ergänzen. Wir haben noch zwei Stunden Zeit, um zum Ziel zu kommen. Wollen wir auch unseren neuen Vorlagen-Katalog für Farbkompositionen einbeziehen?« (blauer Hut: Prozess steuern)

Mit Hilfe der sechs Denkhüte können Sie ihr Denken selbst steuern oder andere Teilnehmer um einen Perspektivenwechsel bitten:

Zitat

The six thinking hats allow us to conduct our thinking as a conductor might lead an orchestra. /De Bono 00, S.Xii/

Vorteile

+ Erleichtert den Perspektivenwechsel und verstärkt grenzüberschreitendes Denken.
+ Fördert die Fähigkeit, unterschiedliche Sichtweisen zu verstehen.
+ Hilft, Konflikte und gegenseitiges Missverstehen zu reduzieren.

Nachteile

– Reduktion auf sechs Denkrichtungen kann »Schubladendenken« verstärken.
– Möglicherweise zu geringe Entfernung vom konkreten Problem. (Lösung: die Sechs Denkhüte mit anderen Methoden kombinieren.)

erforderliche Materialien

- Sechs »Denkhüte« oder andere Objekte in sechs verschiedenen Farben,
- Moderationsmaterialien.

***Train your brain:* Alles verstanden?**

1 Was versteht man unter »lateralem Denken«, und welche Vorteile hat diese Denkweise?
2 Was symbolisieren die 6 Hutfarben?

Basistext

3 Auf welche Weise kann man mit den Hüten in Diskussionsrunden arbeiten?

***Train your brain:* Selbst ausprobieren!**
Stellen Sie sich vor: Ihre neue Freundin hat vorgeschlagen, gemeinsam mit Ihnen eine Reise quer durch Europa zu unternehmen. Sie haben sofort begeistert zugesagt und dann konsterniert festgestellt, dass der Weg zu Fuß absolviert werden soll. Nun fragen Sie sich, welches Schuhwerk wohl optimal geeignet ist, damit ihre Füße entspannt, bequem und möglichst leidlos das Abenteuer überstehen. Möglicherweise müssen Sie etwas Besonderes, ganz Neues erfinden.

Diskutieren Sie das Thema in einer Gruppe und nutzen Sie die 6 Denkhüte, um geeignete Ideen zu produzieren. Visualisieren Sie alle Beiträge:

....

Varianten & Alternativen

Reizobjekte
Statt richtiger Hüte verwendet man auch andere Objekte in den sechs empfohlenen Farben, beispielsweise Armbinden oder Karten. Alternativ dazu kann man auch auf eine gegenständliche Darstellung verzichten, sich stattdessen die spezielle Rolle (Denkhut) geistig vorstellen (Imagination) und den anderen Teilnehmern die Farbe des entsprechenden Denkhutes nennen.

Denkstühle der Walt Disney Methode
Auch bei der so genannten Walt Disney-Methode von Robert Dilts durchspielt man verschiedene Rollen, um zu neuen Lösungsideen zu gelangen. Diese NLP-Methode (Neuro-Linguistisches Programmieren, von John Grinder und Richard Bandler in den 1970er Jahren entwickelt) basiert auf einer Gewohnheit des Filmemachers Walt Disney. Der soll in sei-

nem Büro drei verschiedene Stühle verwendet haben, um gezielt die Denkweise zu wechseln. Er soll einen Stuhl zum Träumen genutzt haben, einen anderen, auf dem er die Welt möglichst realistisch betrachtete und einen dritten, um Kritik zu üben. Auf vergleichbare Weise kann man **3 Denkstühle** (gegenständlich oder imaginär) einsetzen, um die verschiedenen Haltungen bei der Lösungssuche einzunehmen und sie den anderen Diskussionsteilnehmern zu verdeutlichen. Folgende Denk- und Verhaltensweisen gehören zu den verschiedenen Rollen auf den drei Denkstühlen:

Der Träumer

- produziert Ideen, Phantasien, utopische Vorstellungen.
- stellt Dinge auf den Kopf, denkt quer und lateral.
- hat Visionen und überschreitet hemmungslos Denkgrenzen.

Der Realist

- ist ernsthaft und vernünftig.
- denkt nutzenorientiert, zielbezogen und liefert zweckmäßige Lösungsideen.
- konzentriert sich auf das Wesentliche, beschafft Material und relevante Informationen.
- probiert die Ideen des Träumers aus, bevor sie beim Kritiker landen.

Der Kritiker

- durchleuchtet und interpretiert.
- prüft die Qualität der Vorschläge, beurteilt und bewertet.

lateral *(lateral)* Edward de Bono beschreibt laterales Denken (*lateral thinking*). Bei dieser Denkweise betrachtet man verschiedene Seiten eines Problems bzw. einer Situation (at.: lateralis – die Seite betreffend). Glossar

Gruppierung

6.7 Problem(feld)-Erkennung **

Einige Methoden eignen sich besonders zur Problemspezifizierung und zur Erkundung ganzer Problemlandschaften. Dazu gehören:

- Die »Progressive Abstraktion« (S. 242). Sie hilft Lösungssuchern, das tatsächliche Problem zu erkennen.
- Die »KJ-Methode« (S. 238). Mit ihrer Hilfe kann man die Struktur und die Besonderheiten eines Problems darstellen. Auf einer Unterlage hebt man grafisch die Beziehungen und Abhängigkeiten zwischen Teilelementen hervor. Man erkundet die Wirkungen einzelner Problemelemente untereinander und im Hinblick auf das Gesamtsystem.

6.7.1 KJ-Methode ***

Mit Hilfe der »KJ-Methode« kann man die Struktur und die Besonderheiten eines Problems ermitteln und darstellen. Möglichst viele problemrelevante Informationen werden dabei zusammengetragen, analysiert und in Kartenstapeln sortiert. Auf einer Unterlage werden die Kartenstapel verteilt und die Beziehungen und Abhängigkeiten ihrer Themen durch Linien und Symbole grafisch hervorgehoben. In dieser Problemlandschaft kann man die Wirkungen einzelner Problemelemente

Basistext

untereinander erkunden und im Hinblick auf das Gesamtsystem untersuchen.

Herkunft

Die »KJ-Methode« zählt zu den Analysemethoden. Sie wurde von dem japanischen Professor Jiro Kawakita (geb. 1920) entwickelt und nach ihm benannt (**K**awakita, **J**iro). Jiro Kawakita forschte in Südostasien und Japan, vor allem in den Bereichen Landwirtschaft und Botanik. Außerdem war er Mitglied der *Japan Creativity Society*.

Anwendungsbereiche

- Überall wo man ein Problem analytisch durchdringen will.
- Überall, wo man durch das Erfassen der Problemstruktur leichter zu neuen Lösungsideen kommen kann.
- Zur Entwicklung wissenschaftlicher Hypothesen.
- Zum Entwerfen von neuen Konzepten.

Arbeitsform

Für die Gruppenarbeit und auch für die Einzelarbeit.

Ablauf

1. Beschreiben und **analysieren Sie das Problem**: Sammeln Sie alle wichtigen Informationen, und notieren Sie die Teilnehmerbeiträge stichwortartig auf (Moderations-)Karten. Bei der Einzelarbeit kann man hier auch gut *post-it*-Klebezettel verwenden.
2. Legen Sie Plakatpapier auf einen Tisch. Verteilen Sie nun die Karten auf dieser Unterlage, und bilden Sie **Kartenstapel** zu verschiedenen Problembereichen. Lesen Sie dazu jeweils eine Karte vor, und entscheiden Sie gemeinsam, wo sie hingehört.
3. Formulieren Sie **Oberbegriffe** zu den einzelnen Bereichen (Abb. 6.7-1). Schreiben Sie die Oberbegriffe auf Karten, und legen Sie die Karten auf die Stapel. Prüfen Sie bei einer Vielzahl von Kartenstapeln (mehr als 10 Stapel), ob Sie die Themen noch weiter verdichten und Informationen zusammenfassen können.
4. Sollten einzelne Kartenstapel Unterthemen enthalten, können Sie diese nun aus dem Stapel herausnehmen und

dicht neben ihn setzen, damit alle Teilnehmer erkennen, dass diese Themen zusammengehören.

5 Formulieren Sie nun Hypothesen, und untersuchen Sie inhaltliche Verbindungen und Abhängigkeiten zwischen den verschiedenen Kartenstapeln. Lesen Sie dazu erneut die Einzelkarten. Notieren Sie Ihre Erkenntnisse auf dem Plakatpapier: Heben Sie dabei **inhaltliche Beziehungen, Gemeinsamkeiten und Abhängigkeiten mit Hilfe von Verbindungspfeilen, Symbolen und Beschriftungen** hervor. Erkunden Sie die Wirkungen einzelner Problemelemente untereinander und im Hinblick auf das Gesamtsystem.

6 Wenn die **Struktur und die Besonderheiten des Problems** deutlich zu erkennen sind und von allen beteiligten Personen verstanden werden, können Sie nun auf dieser Grundlage **neue Lösungsideen** produzieren. Wählen Sie ggf. aus dem »Methodenkatalog « (S. 119)ein geeignetes Verfahren, um die Ideensuche zu unterstützen (Beispiel: »6-3-5-Methode« (S. 165)).

Beispiel

Die Abb. 6.7-1 zeigt ein Beispiel für die KJ-Methode

Vorteile

+ Erleichtert die Analyse komplexer Probleme.
+ Liefert Übersicht über das Gesamtproblem und dessen Bestandteile. Achtung! Hier ist Fachwissen erforderlich.
+ Wichtige, lösungsrelevante Informationen können gut herausgearbeitet werden.

Nachteile

– Kann viel Diskusssionszeit kosten.
– Inhalte der Karten in den Kartenstapeln werden nicht direkt vor Augen geführt, sondern müssen wiederholt herausgesucht werden.
– Ideen, die dabei erzeugt werden, müssen noch durch weitere Verfahren intensiv ausgearbeitet werden müssen.

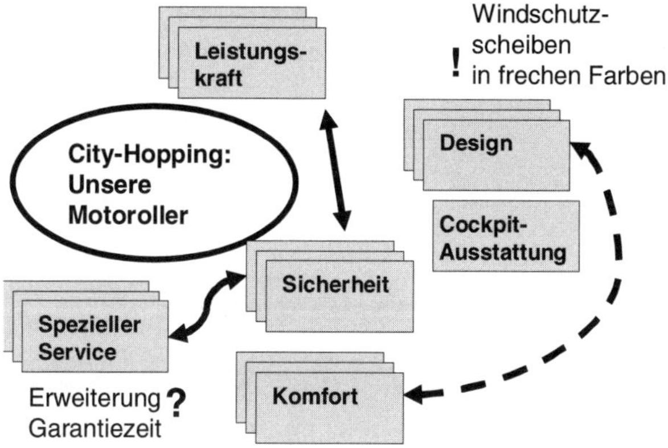

Abb. 6.7-1: KJ-Methode.

erforderliche Materialien

- (Moderations-)Karten und Stifte,
- Plakatpapier.

***Train your brain:* Alles verstanden?**

1 Wozu dient die KJ-Methode?

2 Wie sammelt man die für die Analyse relevanten Informationen?

3 Auf welche Weise wird der Problembereich strukturiert?

4 Wie kann man Abhängigkeiten zwischen Teilbereichen des Gesamtproblems veranschaulichen?

***Train your brain:* Selbst ausprobieren!**

Stellen Sie sich vor: In Ihrem Unternehmen werden neue Ideen zur Verbesserung der Zusammenarbeit gesucht. Vielleicht sollte man etwas völlig Neues versuchen, damit die Mitarbeiter noch viel stärker »Hand in Hand« arbeiten.

Nutzen Sie die KJ-Methode, um die Kooperations- und Kommunikationsstrukturen in Ihrem Unternehmen zu untersuchen:

....

6.7.2 Progressive Abstraktion **

Die »Progressive Abstraktion« hilft Lösungssuchern das tatsächliche Problem zu erkennen. Durch Fragen entfernt man sich hier zunächst vom beschriebenen Ausgangsproblem. Dabei verändert man schrittweise das Abstraktionsniveau, was zu neuen Sichtweisen führt. So gewinnt man Übersicht über eine zuvor unübersichtliche Problemsituation. Durch die Anwendung der Progressiven Abstraktion kann man verhindern, dass die Ideensuche und die Entwicklung einer neuen Lösung am Ziel vorbeilaufen.

Herkunft

Die Progressive Abstraktion zählt zu den Analysemethoden. Sie wurde von Professor Dr. Horst Geschka entwickelt. Er arbeitete 14 Jahre am Battelle-Institut und erkundete die Möglichkeiten, mit Hilfe von Kreativitätsmethoden in der Industrie neue Produkte und Innovationen zu schaffen. Horst Geschka ist Inhaber eines Stiftungslehrstuhls für Unternehmensgründung an der Technischen Universität Darmstadt und Gründungsvorsitzender der »Gesellschaft für Kreativität«.

Anwendungsbereiche

- Überall, wo man den Kern des tatsächlichen Problems erkennen will.
- In unübersichtlichen, komplexen Problemsituationen.

Basistext

Für die Einzelarbeit und für die Gruppenarbeit. Arbeitsform

Ablauf

1 Beschreiben Sie das Problem.

2 Sammeln Sie im *Brainstorming*-Verfahren erste **Spontanlösungen**.

3 Prüfen Sie die gewonnenen Vorschläge. Falls Sie den Eindruck haben, dass diese nicht oder nur teilweise zur Lösung des Problems beitragen können, fragen Sie: **»Worauf kommt es eigentlich an?«**. Notieren Sie die Teilnehmerbeiträge.

4 Fragen Sie dann erneut: »Kann man erwarten, dass die soeben gelieferten Antworten zu einer Lösung des Problems führen oder **worauf kommt es vor allem an?**«

5 Stellen Sie in dieser Weise **weitere Fragen**. **Abstrahieren** Sie das Problem, und betrachten Sie es aus einem neuen Blickwinkel. Kritisieren und prüfen Sie das Ergebnis und fragen Sie so lange weiter, bis sie das Problem erkennen, und sich das echte Ziel Ihrer Lösungssuche herauskristallisiert.

6 Nachdem das tatsächliche Problem feststeht, können Sie mit Hilfe weiterer Kreativitätsmethoden neue Ideen und Lösungsalternativen generieren.

Beispiel

Stellen Sie sich vor: Sie sollen für den Tennisverein Ihrer Stadt eine Website entwickeln. Nun hocken Sie bereits seit Stunden vor Ihrem Bildschirm und kommen nicht weiter, weil alle bislang ausprobierten Farbabstimmungen nicht geeignet erscheinen. Passt nun eine orange farbene Schrift besser zum grauen Hintergrund oder doch lieber eine gelbe? Um nichts verkehrt zu machen, könnte man auch in weißer Schrift schreiben. Doch ist das nicht grottenlangweilig?

Dann kommt Kollegin Lola Lieblich und nimmt Anteil an Ihrer Qual: **»Worauf kommt es denn eigentlich an?«** fragt sie behutsam.

»Worauf wohl? Dass die Website gut aussieht.« antworten Sie. »Dass die Farben zusammenpassen, dass die Leuchtkraft der Farben durch Kontraste verstärkt wird.«

Doch anstatt sich damit zufrieden zu geben, fragt sie erneut: **»Worauf kommt es dabei vor allem an?«**

»Dass dem Sportverein die Seite gefällt.« entgegnen Sie etwas unwirsch.

Doch Sie haben es geahnt. Die Antwort reicht ihr nicht. Noch einmal fragt sie: **»Und worauf kommt es da an?«**

»Dass der Tennisverein in der Öffentlichkeit gut ankommt. Sportinteressierte sollen ihn kennen.« sagen Sie. »Stell Dir vor: Du siehst jemanden in der Vereinskleidung, und gleich fallen Dir die Inhalte der Website ein. So muss es sein!!«

In diesem Moment wissen Sie, welche Farbabstimmung funktioniert: Natürlich, die Vereinsfarben müssen es sein: Hellblauer Hintergrund, indigoblaue Schrift und der Rest in den Farben des Vereinslogos. Nun wissen Sie worauf es eigentlich ankommt: Auf den Wiedererkennungseffekt vor allem, vor allem auf den Wiedererkennungseffekt!

Vorteile

+ Hilft, die echten Ziele zu erkennen und zweckmäßige Lösungen zu suchen.
+ Durch konsequentes Fragen dringt man zu den Wurzeln des tatsächlichen Problems.
+ Leicht anzuwenden, kaum Aufwand.
+ Spart Zeit.
+ Regt dazu an, den Blickwinkel zu wechseln.
+ Fördert die Entwicklung zweckmäßiger Lösungen.

Nachteil

– Kann bei sehr hartnäckigem Fragen auf Widerstand stoßen.

Basistext

- Papier und Stifte
- oder Tafel und Tafelstifte.

erforderliche Materialien

***Train your brain:* Alles verstanden?**

1. Wie können Sie mit Hilfe der *Progressiven Abstraktion* herausfinden, ob Sie auf dem richtigen Suchweg sind?
2. Welche Vor- und Nachteile hat die Methode?
3. In welchen konkreten Problemsituationen können Sie die Methode einsetzen?

***Train your brain:* Selbst ausprobieren!**

Überlegen Sie, welche Probleme Sie derzeit lösen müssen. Dringen Sie mit Hilfe der Progressiven Abstraktion zum Kern eines Problems:

....

Glossar

abstrahieren *(to abstract)* Verallgemeinern, abziehen, absondern (lat. abstrahere-wegziehen).

6.8 Systematisch-analytische Methoden **

Systematisch-analytische Methoden kann man sowohl zur Problemanalyse als auch zur Ideenfindung einsetzen.

Gruppierung

- Bei der »Osborn Checkliste« (S. 247) sucht man mit Hilfe spezieller Reizfragen nach neuen Ideen, um Produkte und Verfahren zu verbessern und neu zu gestalten.
- Bei der Methode »Attribute Listing« (S. 252) geht man von den lösungsrelevanten Bestandteilen eines vorhandenen Produkts oder Verfahrens aus, um anschließend nach neuen Möglichkeiten zur Verbesserung und Umgestaltung zu suchen. Mehrere Lösungswege können sich dabei herauskristallisieren und werden einander gegenübergestellt.
- Die Methode »Morphologischer Kasten« (S. 258) hilft Ideensuchern, die wichtigsten Merkmale eines Problems bzw. ein Objekts zu identifizieren und lösungsdrelevante Elemente systematisch miteinander zu kombinieren, um neue Produkte, Verfahren oder Dienstleistungen zu schaffen.
- Die »Morphologische Matrix« (S. 266) ist dem morphologischen Kasten sehr ähnlich. Allerdings beschränkt man sich hier auf wenige sehr Parameter. Durch eine Kombination lösungsrelvanter Elemente gelangt man zu neuen Lösungen.
- Die »sequenzielle Morphologie« (S. 272) ist eine Weiterentwicklung des morphologischen Kastens. Dabei werden Bewertungskriterien bereits zu Beginn des Prozesses in die Lösungsentwicklung eingebunden. Eine aufwendige Endauswahl, um die beste Lösungsalternative herauszufiltern, entfällt.
- Probleme kann man auch in einem »Problemlösungsbaum« (S. 282) darstellen. Dies erleichtert die Strukturierung der Problembereiche und liefert später einen guten Gesamtüberblick über mögliche Lösungsalternativen.

Gruppierung

6.8.1 Osborne-Checkliste **

Die »Osborn Checkliste« hilft Ideensuchern, Produkte zu verbessern und neu zu gestalten und Verfahren und Serviceleistungen zu modifizieren. Die Reizfragen dieser Liste spornen die Ideensuche an. Zentrales Denkprinzip ist die systematische Variation.

Herkunft

Der Amerikaner Alexander Osborn und Erfinder des Klassischen *Brainstormings* (s.a. »Klassisches Brainstorming« (S. 144)) entwickelte in den 50er Jahren des vorigen Jahrhunderts die nach ihm benannte Osborn Checkliste /Osborn 53/.

Anwendungsbereiche

- Produktentwicklung und Produktgestaltung.
- Qualitätssicherung.
- Überall, wo bereits bestehende Produkte und Verfahren modifiziert, variiert und verbessert werden sollen.
- Überall, wo man einen Zusatznutzen herausarbeiten will.

Arbeitsform

Für die Einzelarbeit und für die Gruppenarbeit.

Ablauf

- Beschreiben Sie den **gegenwärtigen Zustand** (Ist-Zustand) des zu verändernden Produkts (Dienstleistung, Verfahrens usw.), und nennen Sie das **Ziel** der Ideensuche.
- Sammeln Sie in einem **Ideenspeicher** erste Vorschläge, wie man das Produkt modifizieren und verbessern kann. Beachten Sie dabei die Brainstorming-Regeln.

- Durch Fragen können Sie die Suche zusätzlich anspornen. Die **Osborn-Checkliste** liefert Ihnen eine ganze Reihe von **Spornfragen**, die Sie beliebig erweitern oder anpassen können. Fragen Sie zum Beispiel: Was kann man

A. Osborn

○ verändern?
○ vergrößern?
○ verkleinern?
○ ersetzen?

Basistext

- ○ miteinander kombinieren?
- ○ umstrukturieren?
- ○ verstärken?
- ○ reduzieren?
- ○ umkehren?
- ○ ins Gegenteil verkehren?
- ○ anders verwenden?
- ○ anpassen?
- ○ hinzufügen?
- ○ ausbauen?
- ○ ändern?
- ○ umstellen?
- ○ transformieren?

- **Visualisieren** Sie die Ideen der Teilnehmer. Neben stichwortartigen Texten sind auch kleine Skizzen hilfreich.
- Gehen Sie danach die Rohideen der Reihe nach durch und ergänzen Sie diese, soweit es nötig ist durch zusätzliche Kommentare.
- Anschließend können Sie das Material **bewerten** und die besten Ideen **auswählen**. Arbeiten Sie die gewonnenen Lösungsvorschläge zu einer neuen, wertvollen Gesamtlösung aus.

Beispiel

Stellen Sie sich vor: Pommes frites gibt es seit vielen Jahrzehnten. Leider schmecken Sie stets gleich, und auch ihre Form ist unverändert geblieben. Um die beliebten Kartoffelstäbchen appetitlicher zu gestalten, machen Sie sich mit Hilfe der Osborn-Checkliste auf die Ideensuche.

Zunächst notieren Sie einige **Stichpunkte zum gegenwärtigen Zustand** des zu verändernden Produkts:
»goldgelb, knusprig, seit Jahrzehnten immer nur in Stäbchenform, die meisten Pommes frites-Produkte sehen ähnlich aus, gleicher Geschmack, gleiche Zubereitungsweise, ziemlich fett.«

Basistext

Dann formulieren Sie das **Ziel der Ideensuche:** »Pommes frites sollen appetitlicher als bisher gestaltet sein.«.

Mit Hilfe der **Fragen der Osborn Checkliste** sammeln Sie anschließend neue Ideen. (Ein Beispiel finden Sie in der Tab. 6.8-1.)

Anschließend führen Sie noch eine **weitere Suchrunde** durch, indem Sie die Checkliste erweitern oder eine andere Kreativitätsmethode nutzen.

Dann ergänzen und **bewerten** Sie das Material und filtern neue, interessante **Lösungsalternativen** heraus.

Fragen	Antworten
Was kann man an den Pommes frites	
verändern?	die Farbe, die Form, den Geschmack
vergrößern?	die Länge
verkleinern?	die Breite
ersetzen?	lange Form durch Ringe ersetzten
miteinander kombinieren?	Pommes mit Meerrettich-Sauce, Pommes mit Sanddorn-Marmelade, Pommes mit Sambal-Ingwer-Sauce
umstrukturieren?	»Buchstaben-Pommes« entwickeln
verstärken?	Vitamingehalt
reduzieren?	Fett reduzieren
ins Gegenteil verkehren?	Kartoffelpüree daraus zubereiten
anders verwenden?	wie Popcorn aufschäumen, als Süßspeise karamellisieren
transformieren?	Möhrenstäbchen nach dem Pommes frites-Rezept frittieren

Tab. 6.8-1: Osborn Checkliste.

Vorteile

+ Leicht und schnell durchzuführen.
+ Kaum Aufwand.
+ Auch außergewöhnliche und seltene Ideen werden produziert.
+ Gut zu kombinieren mit anderen Methoden (Beispiele: »6-3-5-Methode« (S. 165), »Attribute Listing« (S. 252)).

Nachteile

– Starke Ausrichtung auf das Ausgangsproblem.
– Keine Neukonstruktion, sondern Variation eines bereits bestehenden Produkts (Verfahrens o.ä.).

erforderliche Materialien

- Tafel oder Plakat und Stifte,
- ggf. weitere Moderationsmaterialien.

***Train your brain:* Alles verstanden?**

1 Nennen Sie typische Fragen der Osborn-Checkliste.
2 Was erreicht man mit Hilfe der Osborn-Checkliste?
3 Was passiert mit den gewonnenen Rohideen?

***Train your brain:* Selbst ausprobieren!**

Betrachten Sie Ihr Handy. Drehen und wenden Sie es, stellen Sie es auf den Kopf, und analysieren Sie die Funktionen. Überlegen Sie anschließend, wie man das Mobiltelefon optimieren kann. Nutzen Sie dazu Spornfragen der Osborn-Checkliste:

....

Varianten & Alternativen

Michael Michalko, Unternehmensberater, Trainer und Autor mehrerer Bücher zum Thema Kreativität empfiehlt, in Suchphasen **möglichst viele Ideen** zu generieren, nach dem Motto: »Quantität liefert Qualität« Erst bei einer Vielzahl von Ideen gelangt man seiner Erfahrung nach zu originellen und wertvollen Einfällen. Erst wenn die gewohnten gedanklichen Verknüpfungen durchgespielt sind, beginnen die Ideensucher Neues zu generieren.

Basistext

Außerdem stellte er fest, dass erfolgreiche Ideensucher immer wieder ähnliche Ausgangsfragen stellen (s.a. /Michalko 01/). Michalko empfiehlt, zum Beispiel bei der Suche nach Produktneugestaltungen, die so genannte **SCAMPERR-Methode** anzuwenden (s.a. /Michalko 91/). Sie basiert auf der von Bob Eberle 1997 vorgestellten SCAMPER-Technik und ist mit der Osborn-Frageliste vergleichbar. Eine Reihe von Schlüsselwörtern erleichtert es hier dem Ideensucher, die richtigen Fragen zu stellen. Die Anfangsbuchstaben der Schlüsselwörter geben der Methode ihren Namen. (In der Tab. 6.8-2 sehen Sie ein Beispiel für das Frage- und Antwortspiel der SCAMPER-Methode.)

Schlüsselwörter	Hier können Sie bei der Produktneugestaltung beispielsweise fragen:
Substitute:	Was kann man daran ersetzen?
Combine:	Womit kann man es kombinieren? Welche Bestandteile kann man miteinander neu kombinieren?
Adapt:	Was kann man anpassen?
Magnify or Modify:	Was kann man daran erweitern, hinzufügen, vervielfältigen? Was kann man verändern?
Put:	Kann man es für neue Anwendungsbereiche oder Märkte nutzbar machen?
Eliminate:	Was sollte man entfernen? Was kann man verringern?
Rearrange:	Was kann man umgruppieren?
Reverse:	Was kann man dabei umkehren bzw. ins Gegenteil verkehren?

Tab. 6.8-2: Scamperr-Fragen.

Basistext

6.8.2 Attribute Listing **

Die Methode *Attribute Listing* dient vor allem Ideensuchern, die vorhandene Produkte, Serviceleistungen oder Verfahren verbessern und weiterentwickeln wollen. Man geht aus von gegenwärtigen Funktionen und Gestaltungsmerkmalen und sucht mit Hilfe einer tabellarischen Darstellung nach Änderungsmöglichkeiten und neuen Lösungen. Grundlegendes Denkprinzip ist dabei die systematische Variation.

Herkunft

Die Methode *Attribute Listing* wurde um 1950 von Robert Platt Crawford, Professor an der Universität von Nebraska, entwickelt.

Anwendungsbereiche

- Produktentwicklung und -gestaltung.
- Qualitätssicherung.
- Überall, wo man bereits bestehende Produkte und Verfahren modifizieren, variieren, verbessern und weiterentwickeln will.
- Überall, wo man die Lebenskurve bestehender Produkte verlängern will.

Arbeitsform

Für die Einzelarbeit und für die Gruppenarbeit (ideal: Teilnehmerzahl von 5 bis 9 Lösungssuchern).

Ablauf

- Beschreiben Sie das Problem, und formulieren Sie das **Ziel der Ideensuche**.
- Zerlegen Sie das zu verändernde Produkt (die Dienstleistung, das Verfahren) gedanklich in einzelne Bestandteile, und **definieren Sie kritische Merkmale**. Fragen Sie sich dabei: »Welche Bestandteile müssen verändert werden?« »Worauf kommt es an?«

  Um Zeit zu sparen, können Sie als Moderator einer kreativen Sitzung die Merkmale vorab bestimmen und **in der Vorspalte einer Tabelle auflisten**. Die Tabelle können

Sie dann der Arbeitsgruppe vorstellen und als Hilfsmittel bei der gemeinsamen Ideensuche verwenden.

Falls die kritischen Merkmale noch nicht erkennbar sind (z.B. weil die Lösungs-Anforderungen noch nicht klar sind), definieren Sie diese vielleicht lieber gemeinsam mit den Ideensuchern. Fragen Sie die Teilnehmer, durch welche kritischen Merkmale sich das zu verändernde Produkt auszeichnet. Listen Sie die Merkmale im Laufe der Diskussion systematisch in der Vorspalte der Tabelle zum *Attribute Listing* auf. Sie finden ein Beispiel in der Tab. 6.8-3.

Kritische Merkmale	Derzeitige Lösung	Neue Lösungen			
Merkmal 1	derzeitige Lösung	Idee	Idee	Idee	Idee
Merkmal 2	derzeitige Lösung	Idee	Idee	Idee	Idee
Merkmal 3	derzeitige Lösung	Idee	Idee	Idee	Idee

Tab. 6.8-3: Tabellenmuster Attribute Listing.

- Diskutieren Sie mit der Arbeitsgruppe anschließend, wie die **derzeitige Lösung** bzw. der gegenwärtige Zustand des Produkts zu beurteilen ist (Ist-Zustand bestimmen). Fragen Sie beispielsweise: »Wie beurteilen Sie den gegenwärtigen Zustand des Produkts und seiner Komponenten?« Halten Sie die Teilnehmerbeiträge schriftlich fest. (Notieren Sie diese zunächst auf einem anderen Plakat o.ä.). Fassen Sie die Beiträge in Stichworten zusammen, und notieren Sie diese **in der zweiten Tabellenspalte**.
- Nun beginnt die **Ideensuche**. Fragen Sie:
  »Wie kann man die einzelnen Funktionen und Elemente variieren und modifizieren?«
  »Wie kann man sie verbessern?«

Basistext

Sammeln Sie zur Veränderung aller kritischen Merkmale systematisch neue Lösungsideen. Halten Sie die Teilnehmerbeiträge zunächst auf einer Tafel, einem Plakat oder auf Moderationskarten an einer Pinwand schriftlich fest.
- Beurteilen Sie die Brauchbarkeit der einzelnen Vorschläge, und übertragen Sie die besten **Ideen in die leeren Felder der Tabelle**. Anschließend können Sie die **Alternativen** diskutieren und weiter **bewerten** und eine geeignete Gesamtlösung ausarbeiten.

Beispiel

Stellen Sie sich vor: Sie verkaufen Gartenartikel und wollen ihr Sortiment attraktiver gestalten. Problem: Besonders bei den Gartenzwergen gingen die Verkaufszahlen in der letzten Zeit rapide zurück!

- So stellen Sie in Ihrem kreativen Team die **Suchfrage**: »Wie können wir das beliebte Produkt: *Romantische Gartenzwerge für den Steingarten* attraktiver gestalten?«
- In der **Vorspalte der Tabelle** zum *Attribute Listing* sammeln Sie die **kritischen Merkmale des Produkts**.
- Dann diskutieren Sie in der Arbeitsgruppe über die **derzeitige Gestaltung** der Zwerge. Auch die Kundenreaktionen in der jüngsten Vergangenheit finden dabei Beachtung (Ist-Zustand). Die Teilnehmerbeiträge fassen Sie anschließend zusammen. Sie notieren diese in Stichworten in der zweiten Spalte der Tabelle.
- Anschließend fragen Sie: »Wie kann man die einzelnen Funktionen und Elemente variieren und verbessern?« Die Arbeitsgruppe sammelt darauf systematisch **neue Lösungsideen**. Die interessantesten, verwertbaren Ideen tragen Sie in die freien Felder der Tabelle ein. Eine ausgefüllte Tabelle zeigt die Tab. 6.8-4.
- Anschließend bewerten Sie die **Lösungsalternativen** und entscheiden, welche Vorschläge in der nächsten Zeit realisiert werden sollen.

Basistext

Beachten Sie dabei: In die Tabelle können Sie mehrere Alternativen einzeichnen, indem Sie die besten Ideen in den einzelnen Tabellenzeilen durch Linien verbinden (1 Idee pro Zeile). So erhalten Sie Lösungsprofile, die nebeneinander dargestellt die Endauswahl erleichtern.

Kritische Merkmale	Derzeitige Lösung	Neue Lösungen			
Material	Holz	Ton	Kunststoff	Aluminium	Bronze
Größe	21 cm	25 cm	35 cm	50 cm	120 cm
Stabilität	wackelt	zusätzliche Bodenschraube	Sockel-Verstärker	Bleisockel	
Haltbarkeit	schlagfest	wasserdicht	verrottungsbeständig	frostsicher	UV-beständig
Besonderer Clou	Zwerge sind bepflanzbar	pfeifen schrill (integrierter Bewegungsmelder)	leuchten im Dunkeln	integrierter Rasensprenger	mit Ultraschall gegen Maulwürfe

Tab. 6.8-4: Ausgefüllte Tabelle bei der Methode Attribute Listing.

Vorteile

+ Leicht und schnell anzuwenden.
+ Weniger Aufwand als beim Einsatz der Methode »Morphologischer Kasten« (S. 258).
+ Kritische Merkmale werden erkannt.
+ Liefert eine gute Übersicht über den Ausgangszustand und die zu entwickelnden Teillösungen.
+ Methode lässt sich gut mit anderen Verfahren kombinieren.

Nachteile

- Ideen zielen eher auf eine Produktvariation als auf eine Neugestaltung.
- Wenig divergent, keine Verfremdung, so dass oft eher konventionelle Ideen produziert werden.
- Liefert erste Vorschläge, die noch weiter ausgearbeitet werden müssen.

erforderliche Materialien

- Tafel oder Plakat und Stifte,
- ggf. auch Moderationsmaterialien.

Train your brain: **Alles verstanden?**

1 Für welche Anwendungsfälle eignet sich die Methode *Attribute Listing*?

2 Was notiert man in den Spalten der Tabelle?

3 Welche Vor- und Nachteile hat die Methode?

Train your brain: **Selbst ausprobieren!**

Stellen Sie sich vor: Sie werden beauftragt, gemeinsam mit den Mitarbeitern Ihrer Abteilung den Artikel »Strandmatten« kundenfreundlicher zu gestalten. Suchen Sie mit Hilfe der Methode *Attribute Listing* neue Gestaltungslösungen. Erste Ideen finden Sie in der Tab. 6.8-5.

Train your brain: **Selbst ausprobieren!**

Finden Sie mit Hilfe der Methode Attribute Listing eine neue Lösung, um die eigene Website aufzupeppen. Definieren Sie kritische Merkmale. Notieren Sie Stichworte zum gegenwärtigen Zustand und zu Ihren Verbesserungswünschen. Suchen Sie anschließend neue Ideen, um Ihr »Schaufenster« optimal zu präsentieren. Eine Mustertabelle zu dieser Übung finden Sie in der Tab. 6.8-6.

Varianten & Alternativen

Kombinieren mit der Methode 6-3-5: Beim *Attribute Listing* sucht man meistens im »Brainstorming-Verfahren« (S. 144) neue Ideen. Alternativ dazu können Sie hier auch die »Methode 6-3-5 « (S. 165) zur schriftlichen Ideenentwicklung nutzen.

Basistext

Kritische Merkmale	Derzeitige Lösung	Klagen von Kunden	Neue Lösungen			
Material	Stroh	»zwackt und sticht«	...	...	...	...
Liegefläche	2m x 1m	»zu schmal«	...	...	...	...
Optischer Eindruck	Naturfarbe	»reizlos«	...	...	...	...
Transport	Tragegriffe	»reißen aus«	...	...	...	...
Zusatz-Nutzen	Unterseite wasserdicht	»Matte rutscht«	...	...	...	...

Tab. 6.8-5: Attribute Listing Übung 1.

Kritische Merkmale	Derzeitige Lösung	Wünsche zur Verbesserung	Neue Lösungen			
...	...	...	...	...	...	...
...	...	...	...	...	...	...
...	...	...	...	...	...	...

Tab. 6.8-6: Attribute Listing Übung 2.

Kombinieren mit der Osborn-Checkliste: Um die Ideenfindung anzuspornen, kann man »Spornfragen« stellen. Eine ganze Reihe davon finden Sie in der »Osborn-Checkliste« (S. 247).

Reizobjekte präsentieren: Enorm motivierend wirkt oft die Präsentation des zu verändernden Produkts oder einzelner Bestandteile. Sorgen Sie dafür, dass die Ideensucher das Produkt auch sinnlich erfassen und so weit wie möglich »be-GREIFEN« können.

6.8.3 Morphologischer Kasten **

Mit Hilfe des *Morphologischen Kastens* zerlegen Ideensucher ein Problem bzw. ein Objekt in seine einzelnen Bestandteile. Die wichtigsten lösungsrelevanten Parameter werden in die Vorspalte einer Tabelle eingetragen. Anschließend suchen die beteiligten Personen neue Ideen für die unterschiedlichen Ausprägungen der einzelnen Parameter. Die gewonnenen Lösungselemente werden in der Tabelle erfasst und systematisch miteinander kombiniert. Auf diese Weise erkennt man mit Hilfe des morphologischen Kastens eine Vielzahl von Gestaltungsmöglichkeiten, und im Laufe der Arbeit kristallisieren sich mehrere neue Lösungswege heraus.

Herkunft

F. Zwicky

Der Morphologische Kasten wurde in den 50er Jahren des vorigen Jahrhunderts von dem Schweizer Physiker und Astronomen Professor Dr. Fritz Zwicky (1898-1974) entwickelt. Er arbeitete am California Institute of Technology in Pasadena und an den Sternwarten von Mt. Wilson und Palomar. Er entdeckte Galaxien, entwickelte eine Theorie zur Supernova und fand neue Lösungen, um Raketenantriebe zu verbessern. Zwicky interessierte die **Morphologie** als Wissenschaft von den kosmischen Formen und Strukturen. Seit 1940 nutzte er die Morphologie als methodisches Prinzip zum geordneten Denken und systematischen Konstruieren. Zwicky veröffentlichte seine Erkenntnisse ab 1946 in Vorträgen und Büchern (/Zwicky 48/; /Zwicky 71/) und entwickelte im Laufe der Zeit circa zwanzig morphologische Methoden. Zu den bekanntesten zählt der morphologische Kasten.

Anwendungsbereiche

- Zur Suche nach neuen Produkten, Verfahren oder Prozessen. Während man beim »Attribute Listing« (S. 252) in erster Linie nach Varianten bereits vorhandener Objekte sucht, wird der Morphologische Kasten vor allem auch zum Entwurf völlig neuer Objekte eingesetzt.
- Zur Gestaltung von Werbeobjekten.
- Überall, wo man mittels einer Neukombination von Lösungselementen neue Gesamtlösungen schaffen will.
- Zur Erstellung von Prognosen über zukünftige Entwicklungen.
- Der Morphologische Kasten eignet sich zur Lösungssuche bei Such-, Analyse und Konstellationsproblemen.

Arbeitsform

Für die Gruppenarbeit und auch für die Einzelarbeit.

Ablauf

Vorbereitungsarbeiten:

- ○ Ideensucher einladen, vorzugsweise ein interdisziplinär besetztes Team aus 5 bis 10 Teilnehmern.
- ○ Die Arbeitstabelle des morphologischen Kastens auf ein Plakat übertragen.

Durchführung:

- **Beschreiben Sie das Problem**, und nennen Sie die Lösungsanforderungen. Gegebenenfalls müssen Sie es noch **analysieren** und detailliert in einzelne Bestandteile zerlegen, damit es von allen beteiligten Personen verstanden wird. Dazu können Sie
- ○ so genannte »W-Fragen« stellen. (W-Fragen beginnen mit dem Buchstaben »W«. Beispiele sind: wer ..., weshalb ..., warum ..., wozu ..., wie ....)
- ○ Visualisierungstechniken einsetzen (z.B.: Ablaufdarstellungen, Aufbaudiagramme, Funktionslisten).

Gegebenenfalls müssen Sie das Problem umformulieren. Bestimmmen Sie das Ziel der Ideensuche.

Parameter

- **Legen Sie Parameter fest** (lösungsrelevante Merkmale des gesuchten Objekts). Parameter sind wichtige Lösungskomponenten, die unterschiedliche Ausprägungen haben können. Ein Fahrrad benötigt zum Beispiel Reifen (Parameter), die man mit unterschiedlichen Schläuchen oder Schaumfüllungen (Ausprägungen) ausstatten kann.

  Beachten Sie hier bitte: Die Wahl der richtigen Parameter ist eine wichtige Voraussetzung für die Brauchbarkeit der Lösungsideen. Folgende **Regeln** gelten bei der Auswahl der Parameter (s.a. /Schlicksupp 98, S.82/): Die Parameter sollen

  - *hochgradig lösungsrelevant* sein. Unwichtige Parameter werden nicht erfasst.
  - *für alle Ausprägungen gelten*, die anschließend in der Zeile einer Tabelle aufgellistet werden.
  - *voneinander logisch unabhängig* sein, damit man die Lösungselemente (Ausprägungen) miteinander kombinieren kann. Um geeignete Parameter zu finden, können Sie beispielsweise fragen:
    - »Welche Komponenten spielen bei der Lösungsentwicklung eine wichtige Rolle?«
    - »Welche Elemente sollen ganz neu gestaltet werden?«
    - »Was muss unbedingt verändert werden?«

  Tragen Sie diese Parameter in die **Vorspalte einer Tabelle** ein. (Muster in der Tab. 6.8-7.)

- **Finden Sie mindestens jeweils drei Ausprägungen pro Parameter**. Dazu können Sie folgende Fragen stellen:

Parameter	Ausprägungen, Alternativen				
Parameter 1	Ausprägung	Ausprägung	Ausprägung	Ausprägung	Ausprägung
Parameter 2	Ausprägung	Ausprägung	Ausprägung	Ausprägung	Ausprägung
Parameter 3	Ausprägung	Ausprägung	Ausprägung	Ausprägung	Ausprägung

Tab. 6.8-7: Tabelle beim Morphologischen Kasten.

- »Wie können wir die einzelnen Komponenten ausgestalten?«
- »Welche Variationen sind denkbar?«

Tragen Sie die Vorschläge in die Felder der Tabelle ein. Achten Sie zugleich darauf, dass die Ausprägungen

- sich deutlich voneinander *unterscheiden.*
- *konkretisiert* werden.
- zur Erfüllung der vorab definierten *Lösungsanforderungen* beitragen. (Anderenfalls werden sie nicht in die Tabelle aufgenommen.)

- Kombinieren Sie nun systematisch die gewonnenen Lösungselemente: Wählen Sie aus einer Zeile ein Element und verbinden Sie es mit jeweils einem Element aus den anderen Zeilen. **Spielen Sie möglichst viele Kombinationen durch**.
- Diskutieren Sie anschließend, welche **Lösungswege** in die enge Wahl kommen (Anforderungen und Zielkriterien beachten). Verbinden Sie dann in der Tabelle durch eine **Linie** ein Lösungselement in einer Zeile mit einzelnen Elementen in den anderen Zeilen. Zeigen Sie auf diese Weise mehrere mögliche Lösungswege auf. Anschließend können Sie diese bewerten und die beste Lösung auswählen.

Basistext

Beispiel

In Ihrem Unternehmen, das Campingtische produziert, muss der Umsatz Ihrer Produkte unbedingt verbessert werden. Deshalb stellen Sie die Suchfrage: »Wie können wir unsere Campingtische neu gestalten, so dass sie zugleich zweckdienlich und ansprechend sind?« Sie nutzen zur Ideensuche im kreativen Team den Morphologischen Kasten. Dabei entwickeln Sie die Tabelle der Abb. 6.8-1.

Suchfrage:
Wie können wir unsere Campingtische neu gestalten, so dass sie zugleich zweckdienlich und ansprechend sind?

Parameter	**Ausprägungen**			
Material	Holz	Aluminium	Kunststoff	Polyetylen
Flexibilität	zusammenklappbar	zusammenschiebbar: Teleskoptechnik	Platte zum Einrollen	faltbar
Stabilität	Bodenschrauben	Erdspieße	Tischplatten-Verriegelung	Bodenteller
Zweckdienlichkeit	selbstreinigende Tischplatte	zusätzliche Gummi-Stoßkanten	wahlweise mit Grillaufsatz	Loch in der Mitte für den Sonnenschirm
Besonders ansprechend	attraktives Streifendesign	goldener Tischrahmen	ovale Beine	Seitenfransen

Abb. 6.8-1: Morphologischer Kasten, Beispiel.

Vorteile

+ Regt zu zahlreichen neuen Kombinationen an.
+ Erleichtert die Kombination von Lösungelementen.
+ Auch bei konventionellen Vorschlägen führt die Neustrukturierung zu neuen Lösungsideen.
+ Systematisch-analytische und intuitiv-kreative Fähigkeiten der Teilnehmer werden genutzt.
+ Erleichtert den Vergleich von Lösungsalternativen.
+ Auch zur Lösung von schwierigen Problemen geeignet, erfordert zugleich Konzentrationskraft und viel Fachwissen.
+ Lösungsideen werden allein durch dieses Verfahren weit ausgearbeitet (z.B. im Gegensatz zum klassischen *Brain-*

storming, das in der Regel zunächst nur Rohideen liefert und durch weitere Verfahren ergänzt werden sollte).

Nachteile

- Nicht ganz einfach anzuwenden.
- Kann viel Zeit in Anspruch nehmen.
- Zu viele Parameter würden den Prozess erheblich erschweren. Empfohlen wird eine Anzahl von höchstens 7 Parametern. Wählen Sie die wichtigsten aus (Welche sind relevant zur Erfüllung des gesetzten Ziels?). Versuchen Sie zugleich, für jeden Parameter mindestens 3 Ausprägungen zu finden.
- Erfolg hängt von der Auswahl der richtigen Parameter ab.

erforderliche Materialien

- Plakatpapier und Stifte,
- Moderationsmaterialien.

***Train your brain:* Alles verstanden?**

1 Stellen Sie sich vor: Sie sollen einen neuen Sportschuh entwickeln. Welche Parameter würden Sie in die Vorspalte des Morphologischen Kastens eintragen?

2 Nennen Sie zu den einzelnen Parametern einige Ausprägungen.

3 Durch welches heuristische Prinzip gelangen Sie beim morphologischen Kasten hauptsächlich zu neuen Lösungen?

4 Wie heben Sie schließlich im Morphologischen Kasten die interessantesten Lösungswege hervor?

***Train your brain:* Selbst ausprobieren!**

Stellen Sie sich vor: Sie erhalten den Auftrag, einen ganz neuen Strandkorb zu bauen. Er soll modern und einladend aussehen und zugleich zweckmäßig sein. Nutzen Sie den Morphologischen Kasten, um das neue Produkt optimal auszugestalten (zur Anregung dient Ihnen die Abb. 6.8-2).

Abb. 6.8-2: Strandkorb.

Varianten & Alternativen

Morphologische Matrix

Eine andere Darstellungsweise zur Kombination von Lösungselementen finden Sie in der »Morphologischen Matrix« (S. 266). Dabei werden die Ausprägungen über die Vorspalte und die Kopfzeile der Tabelle verteilt.

Sequenzielle Morphologie

Auch die »sequenzielle Morphologie« (S. 272) ist dem morphologischen Kasten sehr ähnlich. Man verknüpft hier die Entwicklung der Tabelle mit einem speziellen Verfahren zur Bewertung der Lösungselemente.

Funktionsanalyse

Bei der so genannten Funktíonsanalyse arbeiten Sie analog zum morphologischen Kasten. Hierbei schreibt man allerdings die wichtigsten, lösungsrelevanten Funktionen eines Produktes in die Vorspalte der Tabelle, um dann mögliche Ausprägungen zu finden und anschließend wieder systematisch miteinander zu kombinieren.

Mit Karten arbeiten

Natürlich können Sie den morphologischen Kasten auch auf einer Pinwand erstellen und die Parameter und Lösungselemente auf Moderationskarten schreiben. Das erleichtert die Umstrukturierung des Materials. Um Übersichtlichkeit zu schaffen, arbeitet man mit unterschiedlichen Kartenfarben.

Hinweis

Oft wird gefragt: Warum heißt der *morphologische Kasten* – »Kasten«-, obgleich man doch eine Tabelle zeichnet?

Antwort: Fritz Zwicky verband seine Überlegungen mit räumlichen Vorstellungen. Bei drei Parametern stellt man sich einen Kasten vor, mit 3 Dimensionen bzw. 3 Achsen. Auf den Achsen kann man sich die zugehörenden Ausprägungen denken. Bei der Kombination der einzelnen Ausprägungen (der drei Dimensionen) entsteht jeweils ein Punkt innerhalb des Kastens. 3D-Handzeichnungen anzufertigen, fällt allerdings nicht immer leicht. Die Darstellung kann bei vielen Kombinationen schnell unübersichtlich werden. Bei mehr als 3 Parametern müsste man sogar mehr als 3 Dimensionen darstellen. Das Tabellenformat erleichtert dagegen die Verständlichkeit und Übersichtlichkeit. Man nennt die tabellarische Darstellung auch *Morphologisches Tableau*.

Glossar

Morphologie *(morphology)* Lehre von der Gestalt, Struktur und von der Form der Objekte (grch. morphe – Gestalt, Form). Helmut Schlicksupp definiert Morphologie als »Lehre vom geordneten Denken« (Schlicksupp, Vogel Verlag, Würzburg 1999, S.78).

6.8.4 Morphologische Matrix ***

Bei der Methode »Morphologische Matrix« untersuchen die Ideensucher zunächst die einzelnen Problembestandteile und ermitteln sorgfältig die wichtigsten lösungsrelevanten Parameter. Bis hierher verläuft die Arbeit ähnlich wie beim Morphologischen Kasten. Bei der Morphologischen Matrix beschränkt man sich allerdings auf ganz wenige Parameter. Interessante Ausprägungen des ersten Parameters werden in der Kopfzeile der Matrix notiert, Ausprägungen des zweiten Parameters in der Vorspalte. Dann kombiniert man die Ausprägungen miteinander, um daraus neue Ideen abzuleiten und in den Matrixfeldern einzutragen. Die Entwicklung der Ideen kann einige Zeit in Anspruch nehmen. Dafür erhält man eine gute Übersicht über den Problembereich und die unterschiedlichen Problemfelder.

Herkunft

Die Morphologische Matrix wurde in den 50er Jahren des vorigen Jahrhunderts von dem Schweizer Physiker und Astronomen Fritz Zwicky (1898-1974) entwickelt (Abb. 6.8-3). Er schuf circa zwanzig **morphologische** Methoden. Die Morphologische Matrix ist dem Morphologischen Kasten sehr ähnlich. Sie wird auch als »Morphologisches Tableau«, »Problemfeldanalyse« oder als »Erkenntnismatrix« bezeichnet.

Anwendungsbereiche

- Entwicklungsbereiche, Produktentwicklung und -gestaltung.
- Marketing und Werbegestaltung, Suche nach neuen Marktnischen.

Abb. 6.8-3: Zwicky an seinem Schreibtisch.

- Zukunfts-Szenarien.
- Überall, wo man durch die Kombination wichtiger Lösungselemente zu neuen Ideen und Problemlösungen gelangen will.

Für die Gruppenarbeit und auch für die Einzelarbeit. Arbeitsform

Vorbereitungsarbeiten Ablauf

- Ideensucher einladen, vorzugsweise ein Team aus unterschiedlichen Fachbereichen (ideal erscheint eine Teilnehmerzahl von 5 bis 10 Lösungssuchern).
- Die Struktur der Morphologischen Matrix auf ein Plakat übertragen.

Durchführung

- Beschreiben und **analysieren Sie das Problem**. Gegebenenfalls müssen Sie es noch umformulieren. Nennen Sie das Ziel der Ideensuche.
- **Parameter bestimmen**: Fragen Sie nach den lösungsrelevanten Bestandteilen (bzw. nach den Dimensionen) des Problems. Überlegen Sie, welche Komponenten für die Lö-

sungsentwicklung eine entscheidende Rolle spielen. Was muss unbedingt bearbeitet oder verändert werden? Beschränken Sie sich nach Möglichkeit auf zwei, ggf. auch auf drei oder vier wichtige Parameter.

Tragen Sie diese links oben in der Matrix in den Kopf der Vorspalte ein: Den ersten und zweiten Parameter bitte in den Vorspaltenkopf eintragen und durch eine diagonale Linie trennen. Ein Muster für den Aufbau der Morphologischen Matrix sehen Sie in der Abb. 6.8-4.

Stauraum / Design	Staufach unter der Sitzbank	Handschuhfach	Helm fach	Gepäckhaken
ansprechend				
außergewöhnlich				
exklusiv				

Abb. 6.8-4: Morphologische Matrix.

- Falls Sie auch einen dritten und vierten Parameter bearbeiten wollen, setzen diese ans untere Ende der Vorspalte und trennen Sie beide durch eine vertikale Linie (siehe dazu das Beispiel in der Abb. 6.8-5).
- Tragen Sie **in die Kopfzeile die Ausprägungen des ersten Parameters** ein. Fragen Sich dabei: »Welche Varianten und Zustandsformen sind für die Lösungsentwicklung interessant?«
  Achten Sie darauf, dass die Ausprägungen
  - sich deutlich *voneinander unterscheiden*,
  - wirklich *von Bedeutung sind* für die Lösungsfindung (Ziele und Anforderungen beachten).
- Listen Sie die **Ausprägungen des zweiten Parameters in der Vorspalte** auf.

Basistext

Parameter 1 Objekte		Scheinwerfer		Cockpit		Helmfach	
Parameter 2 Design		praktisch	exklusiv	praktisch	exklusiv	praktisch	exklusiv
für den Fahrer	Gesundheit	Blende	„P“	übersichtlich	LED-Lampen	Vlies-Bezug	mit Heizung
	Sicherheit	verstellbar		Haltegriff	digitale Anzeige	Haltegriff	unter dem Sitz
Roller-bezogen	Robustheit	Schutzbügel	völlig bruchsicher		„P“	ABS-Kunststoff	Stierleder
	Flexibilität	austauschbar	Multireflektor	erweiterbar	portabel	austauschbar	elektronisch öffnen
Parameter 3 Zusatznutzen	**Parameter 4 Faktoren**						

Abb. 6.8-5: Morphologische Matrix, 4 Parameter.

Matrix-Felder ausfüllen

- Bearbeiten Sie nun die Matrixfelder: **Kombinieren Sie zwei Ausprägungen**. Im zugehörenden **Matrixfeld** können Sie nun:
  - *neue Lösungsideen* eintragen.
  - *bereits vorhandene Lösungen* stichwortartig notieren und als bekannt markieren (z.B. durch den Buchstaben »B«) .
  - feststellen, dass es hier bisher nur wenig brauchbare Lösungen gibt und das Feld als *Problemfeld* kennzeichnen (z.B. durch den Buchstaben »P«).
  - feststellen, dass hier derzeit *überhaupt keine Lösungen* denkbar sind und das Feld als *Leerfeld* frei lassen.
  - feststellen, dass hier *nur unsinnige oder unrealisierbare Lösungen* denkbar sind und dieses *Nullfeld* durchkreuzen (oder schraffieren).

- **Ideen generieren und weiterentwickeln**
  Untersuchen Sie nun systematisch die Inhalte der Matrix. **Kennzeichnen Sie die Matrixfelder mit den besonders interessanten Ideen**, die zur Entwicklung der gesuchten Lösung wichtig sind. Überlegen Sie, was Sie besonders intensiv bearbeiten wollen.
  - Leere Felder und Problemfelder (»P«) sind oft von besonderem Interesse. Hier können Sie gemeinsam nach neuen, originellen Ideen suchen oder spezielle Arbeitsgruppen mit einer Lösungssuche beauftragen.
  - Die bereits bekannten Lösungen (»B«) kann man optimieren und umstrukturieren.
  - Neue Lösungsideen muss man konkretisieren und noch detailliert ausarbeiten.
- Schließlich kann man **das gewonnene Material prüfen und bewerten** und Einzelteile zu einer Gesamtlösung konfigurieren. In der Abb. 6.8-6 sehen Sie ein Beispiel für eine ausgefüllte Morphologische Matrix.

Stauraum / Design	Staufach unter der Sitzbank	Handschuhfach	Helmfach	Gepäckhaken
ansprechend	Mit Gepäckschlaufen	Clip-Verschluss	Farbe: titan	mit Abdeckung
außergewöhnlich	Integrierte Heizung	Stierleder-verkleidet	herausnehmbar	verstellbar
exklusiv	ferngesteuerte Öffnung	elektronische Öffnung	austauschbar	925er Sterling-Silber

Abb. 6.8-6: Morphologische Matrix Beispiel.

Vorteile

+ Liefert eine gute Übersicht über den Problembereich.
+ Komplexe Probleme werden transparent.
+ Erleichtert die Kombination von Teillösungen.
+ Bereits vorhandene Lösungen werden sichtbar und optisch von neuen Lösungsideen unterschieden.

+ Unsinnige und nicht realisierbare Teilbereiche werden erkannt.
+ Leerfelder können Marktlücken verdeutlichen.
+ Problemfelder geben Hinweise auf bisher kaum genutzte Chancen oder die Notwendigkeit, etwas Neues zu entwickeln.

Nachteile

- Nicht ganz einfach anzuwenden.
- Notwendigkeit, sich auf wenige Parameter zu beschränken.
- Kann einige Zeit in Anspruch nehmen, ggf. mehrere Wochen oder Monate.
- Erfolg hängt besonders auch von der Auswahl der richtigen Parameter ab.

erforderliche Materialien

- Plakatpapier und Stifte,
- Moderationsmaterialien.

Train your brain: **Alles verstanden?**

1 In welchen Arbeitsschritten wird eine Morphologische Matrix erstellt?

2 Was erreicht man durch die Kombination der Ausprägungen?

3 Welche Bedeutung haben die Nullfelder, die Leerfelder und die Problemfelder?

4 Warum erfasst man bereits vorhandene Lösungen neben neuen Lösungsideen?

5 Wo kann Ihnen in Ihrem Arbeitsalltag eine morphologische Matrix von Nutzen sein?

Train your brain: **Selbst ausprobieren!**

Stellen Sie sich vor: Sie sind ein Hersteller von Präsentationsmedien und wollen Ihre Produkte optimieren. Diese sollen den modernen Standards entsprechen. Einzelne Medien sollen ganz außergewöhnlichen Nutzen bieten.

Erstellen Sie dazu eine Morphologische Matrix. Sie soll 2 Parameter enthalten: »Medium« und »Qualitätsmerkmale«. Bestimmen Sie die Ausprägungen selbst (bei Medium beispielsweise: »Tafel«, »Flipchart« usw.; bei Qualitätsmerkmale beispielsweise: »Korrekturfähigkeit«, »Blickkontakt des Präsentierenden zum Publikum« usw.):

....

Tipp

Mit Karten arbeiten
Wenn Sie statt eines Plakats eine Pinwand und Moderationskarten verwenden, können Sie die Inhalte leichter korrigieren, ergänzen und umstrukturieren.

6.8.5 Sequenzielle Morphologie ***

Die *Sequenzielle Morphologie* ist eine Weiterentwicklung des Morphologischen Kastens. Auch hier zerlegt man ein Problem in seine Bestandteile; man bestimmt Parameter und deren Ausprägungen und kombiniert die gewonnenen Lösungsansätze. Zusätzlich werden bei der sequenziellen Morphologie von Anfang an Bewertungskriterien in die Lösungsentwicklung eingebunden. Eine aufwendige Endauswahl, um die beste Losungsalternative herauszufiltern, kann man sich hier ersparen.

Herkunft

Die Sequenzielle Morphologie wurde von Helmut Schlicksupp vorgestellt. Er veröffentlichte rund 100 Publikationen zum Thema kreative Ideenfindung und Problemlösung und entwickelte eine Reihe von Kreativitätsmethoden, wie zum Beispiel auch die »SIL-Methode« (S. 176) und den »Brainwriting-Pool« (S. 173).

Anwendungsbereiche

- Produktentwicklung und -gestaltung.
- Entwicklungs- und Marketingbereiche.
- Überall, wo man auf der Basis einer gründlichen Problemanalyse hochwertige Lösungen finden will.

Arbeitsform

Für die Einzelarbeit und für die Gruppenarbeit. (Ideal erscheint eine Teilnehmerzahl von 5 bis 7 Ideensuchern. Wichtig ist, dass Lösungssucher beteiligt werden, die das Problem möglichst genau kennen und relevante Informationen und erforderliches Fachwissen liefern können.)

Ablauf

- Beschreiben und **analysieren Sie das Problem**. Gegebenenfalls müssen Sie es noch umformulieren. Definieren Sie die **Anforderungen und die Ziele des Prozesses**.
- Bestimmen Sie nun die wichtigsten, lösungsrelevanten **Parameter**.
- Leiten Sie aus den Anforderungen, Zielen und Parametern **Bewertungskriterien** ab, die zur Beurteilung von Lösungsalternativen geeignet sind.
- Die gefundenen Parameter tragen in der Regel unterschiedlich stark zur Erfüllung der Zielkriterien und zur Qualität der Lösung bei. Finden Sie heraus, **welches Gewicht den einzelnen Parametern beizumessen ist**. Erstellen Sie dazu eine **Korrelationsmatrix**:
  - Gewichten Sie zunächst die Bewertungskriterien (BK). Das wichtigste Kriterium erhält den Wert 1,0. Alle anderen Kriterien erhalten niedrigere Werte. Tragen Sie die **Bewertungskriterien und ihre Gewichtung in die Kopfzeile der Matrix** ein.
  - Tragen Sie die **Parameter (PA) in die Vorspalte der Matrix** ein.
  - **Bewerten** Sie nun in den einzelnen Matrixfeldern den jeweiligen Zusammenhang zwischen einem Parameter und einem Bewertungskriterium, (z.B.: Keine Korrelation: 0,0; mittelstarke Korrelation: 0,5; hohe Korrelation: 0,9, usw.). Tragen Sie den Wert jeweils in das Matrixfeld ein. Ein

Muster für eine Korrelationsmatrix finden Sie in der Tab. 6.8-8.)

Parameter	BK 1 (Wert)	BK 2 (Wert)	BK 3 (Wert)
PA 1	(Korrelations- Wert)	(Korrelations-Wert)	(Korrelations-Wert)
PA 2	(Korrelations- Wert)	(Korrelations-Wert)	(Korrelations-Wert)
PA 3	(Korrelations- Wert)	(Korrelations-Wert)	(Korrelations-Wert)
PA 4	(Korrelations- Wert)	(Korrelations-Wert)	(Korrelations-Wert)

Tab. 6.8-8: Muster Korrelationsmatrix.

- **Multiplizieren** Sie anschließend pro Parameter (pro Zeile) jeweils den Korrelationswert aus einem Matrixfeld mit dem Wert des Bewertungskriteriums (aus der Kopfzeile der Matrix). Verwenden Sie dazu gegebenenfalls ein neues Plakat oder eine Tafel.

  Addieren Sie alle Werte eines Parameters (in einer Zeile). Die Summe zeigt, wie stark ein Parameter zur Erfüllung der Zielkriterien und zur Qualität der Lösungsentwicklung beiträgt. Ermitteln Sie auf diese Weise auch die **Wertziffern** der restlichen Parameter.

  Bilden Sie schließlich aus den Parametern entsprechend ihrer Wertziffern eine **Rangreihe** (Der Parameter mit dem höchsten Wert erscheint am Anfang). Welche Parameter haben die größte Bedeutung für die Lösung des Problems?
- Erstellen Sie nun einen **morphologischen Kasten**: Tragen Sie die beiden **Parameter mit den höchsten Wertziffern in die Vorspalte** der Tabelle ein, und notieren Sie rechts daneben die jeweiligen **Ausprägungen**. Ein Muster für den Morphologischen Kasten finden Sie in der Tab. 6.8-9.

Basistext

Parameter	Ausprägungen, Alternativen				
Parameter 1	Ausprägung	Ausprägung	Ausprägung	Ausprägung	Ausprägung
Parameter 2	Ausprägung	Ausprägung	Ausprägung	Ausprägung	Ausprägung

Tab. 6.8-9: Muster Morphologischer Kasten.

- ☐ Fragen Sie sich anschließend, welche **Ausprägungskombination** (aus den Ausprägungen der beiden Zeilen) die zu Beginn definierten Ziele am besten erfüllt. Verbinden Sie die beiden Ausprägungen durch eine **Linie**. Sie sehen nun die **Grundstruktur der neuen Lösung**.
- ☐ **Sequenzielles Vorgehen**: Tragen Sie den **nächsten Parameter aus der Rangreihe** in die Tabelle des morphologischen Kastens ein. Ergänzen Sie die zugehörenden Ausprägungen.

  Entscheiden Sie, welche Ausprägung die Ziele am besten erfüllt, und koppeln Sie diese an die Grundstruktur an: **Verbindungslinie verlängern**.

  Bauen Sie auf diese Weise die **restlichen Parameter** in den morphologischen Kasten ein. Bei Parametern mit sehr niedrigen Wertziffern können Sie gegebenenfalls auf eine Übernahme verzichten.
- ■ Arbeiten Sie die gefundene **Lösung** schließlich noch etwas detaillierter aus, und planen Sie Maßnahmen, um sie so bald wie möglich zu realisieren.

Beispiel

Stellen Sie sich vor: Sie produzieren Gartenlampen und Windlichter. Für die kommende Saison möchten Sie ein neues, originelles Windlicht kreieren, das von den Kunden begeistert aufgenommen wird.

■ **Anforderungen**

□ Das neue Windlicht soll in einem modernen, ansprechenden Design erscheinen.

□ Die Flamme soll draußen auch bei Wind kraftvoll lodern.

□ Die Flamme soll nicht rußen.

□ Beim Löschen der Flamme soll Rauch und lästiger Geruch weitgehend vermieden werden.

□ Die Flamme soll lange brennen.

□ Das Windlicht darf nicht zu heiß werden, so dass man es jederzeit anfassen kann.

□ Das Windlicht kann einen oder mehrere Brenner haben.

■ **Ziele**

□ Das Windlicht soll in der Produktion kostengünstig sein, so dass man es zu einem relativ niedrigen Preis erwerben kann.

□ Es soll vielen Kunden gefallen.

■ Sie sammeln zunächst die wichtigsten, lösungsrelevanten **Parameter**:

○ P1- Design

○ P2- Windsicherheit

○ P3- Kühle Außenwand

○ P4- Geruchsfreiheit

○ P5- Rauch- und Rußvermeidung

○ P6- Brenndauer

○ P7- Anzahl der Brenner

○ P8- Stabilität

■ Dann überlegen Sie, nach welchen **Bewertungskriterien** man hier Lösungsalternativen auswählen sollte. Sie entscheiden sich für die folgenden Kriterien:

○ K1- Produktionskosten

○ K2- Absatzmöglichkeiten

○ K3- Mehrfachnutzung im eigenen Angebotsprogramm.

○ K4- in Kürze lieferbar

Basistext

- ☐ Im nächsten Schritt **gewichten Sie die Kriterien**. Das wichtigste Kriterium erhält den Wert (1.0):
  - ○ K1- Produktionskosten: 0,9
  - ○ K2- Absatzmöglichkeiten: 1,0
  - ○ K3- Mehrfachnutzung im eigenen Angebotsprogramm: 0,3
  - ○ K4- In Kürze lieferbar: 0,5
- ■ Zurück zu den Parametern: Sie fragen sich, wie stark die einzelnen Parameter zur Zielerreichung beitragen. Um dies herauszufinden, **erstellen Sie eine Korrelationsmatrix**. In die Kopfzeile tragen Sie die Kriterien und ihre Wertziffern ein. In der Vorspalte sammeln Sie die Parameter.
- ☐ Dann **beurteilen Sie die Korrelationen**. Dabei schätzen Sie jeweils die Wechselbeziehung zwischen einem Parameter und einem Bewertungskriterium ab. Zwischen »Design« und den »Produktionskosten« gibt es zum Beispiel eine recht starke gegenseitige Abhängigkeit. Beim Parameter »Kühle Außenwand« und dem Kriterium »Mehrfachnutzung im eigenen Angebotsprogramm« können Sie keine Wechselwirkung feststellen. Ihre Einschätzungen notieren Sie als **Wertziffern in den Matrixfeldern**. Das Spektrum reicht dabei von 0,0 bis 1,0. Die Korrelationsmatrix mit Wertziffern sehen Sie in der Tab. 6.8-10.

- ■ Nun **multiplizieren** Sie pro Parameter jeweils den Korrelationswert aus einem Matrixfeld mit dem Wert des Bewertungskriteriums aus der Kopfzeile der Matrix. Ein Beispiel für die Multiplikation der Werte sehen Sie in der Tab. 6.8-11.

Basistext

Parameter	K1 (0,9)	K2 (1,0)	K3 (0,3)	K4 (0,5)
P1- Design	1,0	1,0	1,0	1,0
P2- Windsicherheit	0,4	1,0	0,0	0,4
P3- Kühle Außenwand	0,6	0,9	0,0	0,5
P4- Geruchsfreiheit	0,3	0,4	0,0	0,3
P5- Rauch- und Rußvermeidung	0,3	0,4	0,0	0,3
P6- Brenndauer	0,2	0,7	0,0	0,0
P7- Anzahl der Brenner	0,2	0,5	0,2	0,0
P8- Stabilität	0,5	0,8	0,1	0,5

Tab. 6.8-10: Korrelationsmatrix mit Wertziffern.

Parameter	
P1- Design	1,0 x 0,9 + 1,0 x 1,0 + 1,0 x 0,3 + 1,0 x 0,5 = 2,7
P2- Windsicherheit	0,4 x 0,9 + 1,0 x 1,0 + 0,0 x 0,3 + 0,4 x 0,5 = 1,56
P3- Kühle Außenwand	0,6 x 0,9 + 0,9 x 1,0 + 0,0 x 0,3 + 0,5 x 0,5 = 1,69
P4- Geruchsfreiheit	0,3 x 0,9 + 0,4 x 1,0 + 0,0 x 0,3 + 0,3 x 0,5 = 0,82
P5- Rauch- und Rußvermeidung	0,3 x 0,9 + 0,4 x 1,0 + 0,0 x 0,3 + 0,3 x 0,5 = 0,82
P6- Brenndauer	0,2 x 0,9 + 0,7 x 1,0 + 0,0 x 0,3 + 0,0 x 0,5 = 0,88
P7- Anzahl der Brenner	0,2 x 0,9 + 0,5 x 1,0 + 0,2 x 0,3 + 0,0 x 0,5 = 0,74
P8- Stabilität	0,5 x 0,9 + 0,8 x 1,0 + 0,1 x 0,3 + 0,5 x 0,5 = 1,53

Tab. 6.8-11: Beispiel Multiplikation der Tabellen-Werte.

☐ Dann **addieren Sie die Wertziffern** pro Zeile, um zu verdeutlichen, wie stark die einzelnen Parameter zur Zielerreichung beitragen. Anschließend bilden Sie eine **Parameter-Rangreihe**. Dabei zeigt sich, dass das »Design« und die »kühle Außenwand« besonders wichtig sind zur Entwicklung einer neuen, hochwertigen Lösung:

Basistext

1 P1- Design: 2,7
2 P3- Kühle Außenwand: 1,69
3 P2- Windsicherheit: 1,56
4 P8- Stabilität: 1,53
5 P6- Brenndauer: 0,88
6 P4- Geruchsfreiheit: 0,82
7 P5- Rauch- und Rußvermeidung: 0,82
8 P7- Anzahl der Brenner: 0,74

■ Jetzt wird **der Morphologische Kasten** erstellt.

☐ **1. Sequenz:** Die beiden wichtigsten Parameter schreiben Sie in die Vorspalte der Tabelle. Rechts daneben fügen Sie unterschiedliche, besonderes interessant erscheinende Ausprägungen ein. In der Tab. 6.8-12 sehen Sie ein Beispiel für die ausgefüllte Tabelle.

Parameter	Ausprägungen			
P1- Design	sternförmig	Kugelform	spezielles Künstlerdesign	Ring
P3- Kühle Außenwand	Edelstahl	Fiberzement	doppelte Edelstahl-Wand	Spezial-Glas

Tab. 6.8-12: Beispiel Morphologischer Kasten.

☐ Nun fragen Sie sich? Welche **Ausprägungs-Kombination** aus den beiden wichtigsten Parametern ist **optimal**? Sie entscheiden sich für die Kombination: »Kugelform«-»doppelte Edelstahl-Wand«. Ein Windlicht mit diesen Merkmalen können Sie besonders kostengünstig produzieren und zugleich garantieren, dass die Außenwand kühl bleibt, während das Windlicht brennt. **Verbinden** Sie die beiden Ausprägungen durch eine **Linie**.

Basistext

- Es folgt die **2. Sequenz**. Sie tragen der Rangreihe entsprechend den nächsten Parameter in die Vorspalte der Tabelle ein: »Windsicherheit«. Dazu notieren Sie wieder interessante Ausprägungen. Sie prüfen, welche Ausprägung optimal zu der bisher entwickelten Lösung passt und koppeln sie durch eine **Verlängerung der Linie** an.
- Dann **durchlaufen Sie weitere Sequenzen** für die weiteren Parameter. Die Linie wird weiter verlängert, während Sie sich Schritt für Schritt der gesuchten **Lösung** nähern.

Vorteile

+ Übersichtliche Darstellung.
+ Sorgfältige Auswahl der Parameter und Ermittlung ihrer Bedeutung für die Gesamtlösung.
+ Bewertung wird frühzeitig in die Lösungsentwicklung eingebaut.
+ Lange Diskussionen zur Auswahl der besten Lösungsalternativen entfallen.
+ Auch zur Lösung schwieriger Probleme geeignet.
+ Liefert allein angewandt weit ausgearbeitete Ideen (z.B. im Gegensatz zum klassischen *Brainstorming*).

Nachteil

– Relativ aufwendig, spart aber zugleich Bewertungszeit.

erforderliche Materialien

- Plakatpapier und Stifte,
- ggf. weitere Moderationsmaterialien.

***Train your brain:* Alles verstanden?**

1 In welchen Arbeitsschritten verläuft die sequenzielle Morphologie?

2 Worauf ist in der Anfangsphase zu achten?

3 Was besagen die Werte, die Sie den Auswahlkriterien zuweisen?

4 Was besagen die Werte, die Sie den Parametern zuweisen?

5 Was wird in die Korrelationsmatrix eingetragen?

Basistext

6 Wie baut man den morphologischen Kasten sequenziell auf?

7 Wodurch gelangt man bei der sequenziellen Morphologie zu einer hochwertigen Problemlösung?

***Train your brain:* Selbst ausprobieren!**

Stellen Sie sich vor: Sie produzieren kleine Ausflugsboote. Ein Exemplar aus dem hinteren Teil Ihres Lagers sehen Sie in der Abb. 6.8-7. In Kürze möchten Sie ein hochmodernes, außergewöhnliches Boot auf den Markt bringen, das die Touristen begeistern wird. Entwickeln Sie erste Ideen mit Hilfe der sequenziellen Morphologie:

....

Abb. 6.8-7: Boot.

6.8.6 Problemlösungsbaum ***

Viele Probleme kann man in einem Problemlösungsbaum visualisieren. Diese hierarchische Darstellungsform erleichtert die Strukturierung der Problembereiche und liefert einen guten Gesamtüberblick über mögliche Lösungsalternativen.

Herkunft

Wer den ersten Problemlösungsbaum entwickelt hat, lässt sich nicht mehr feststellen. Die **hierarchische** Strukturierung eines Themen- bzw. Problembereichs in Haupt- und Unterebenen bzw. in Haupt- und Unteräste gehört zu den altbewährten Arbeitsmethoden. Vergleichbare hierarchische Darstellungen sind so genannte Entscheidungsbäume und **Organigramme**.

Anwendungsbereiche

- Überall, wo man einen Problembereich besser überschauen will und eine hierarchische Darstelllungsform sinnvoll ist.
- Überall, wo man Chancen nutzen will, um neue, wertvolle Ideen und Problemlösungen zu entwickeln.

Arbeitsform

Für die Gruppenarbeit und auch für die Einzelarbeit.

Ablauf

- Beschreiben und **analysieren** Sie das Problem. Gegebenenfalls müssen Sie es umformulieren.
- Sammeln Sie zunächst im »Brainstorming-Verfahren« (S. 144) erste **Spontanlösungen**. Diskutieren Sie anschließend, welche der Lösungsalternativen realisierbar sind.
- Entwickeln Sie auf einem Plakat oder einer Pinwand einen **Problemlösungsbaum:** Tragen Sie hier erste Alternativen ein, und fragen Sie anschließend:

  »Welche weiteren **Lösungsideen** können wir aufnehmen?« Visualisieren Sie die Beiträge in einer hierarchischen Struktur mit Ober- und Unterebenen bzw. Haupt-

und Unterästen.
»Überlegen Sie dabei: Was ist grundlegend wichtig, was zählt zu den Details?« »Was gehört zusammen?«

Häufig werden Vorschläge auf den oberen Ebenen noch sehr abstrakt formuliert, auf den unteren münden sie in konkrete, kurzfristig realisierbare Maßnahmen zur Umsetzung der Lösungsbestandteile. Schreiben Sie die Ideen am besten auf Moderationskarten; dann können Sie das Material später leicht umstrukturieren und ergänzen.

- ☐ Um die Suche nach neuen Lösungsideen weiter anzuregen, kann man **zusätzliche Kreativitätsmethoden** nutzen, beispielsweise die »6-3-5-Methode« (S. 165).
- ■ Nachdem Sie ausreichend Beiträge gesammelt haben, folgt die **Bewertung** der Lösungsalternativen und die **Konfiguration** einzelner Elemente zu einer neuen **Gesamtlösung**.

Beispiel

Die Abb. 6.8-8 zeigt ein Beispiel für einen Problemlösungsbaum.

Vorteile

+ Sehr übersichtliche Darstellungsweise.
+ Bislang unabhängig voneinander betrachtete Lösungsbestandteile können leicht kombiniert werden.
+ Die Bedeutung unterschiedlicher Lösungsalternativen wird ersichtlich.

Nachteile

– Lösungswege und Ideen werden in ein relativ starres Schema gepresst.
– Was in welche Gliederungsebene gehört, ergibt sich aus dem speziellen Anwendungsfall, kann bei den Teilnehmern dennoch Uneinigkeit hervorrufen.
– Kann ohne zusätzliche intuitive Suchmethoden zu überwiegend konventionellen Lösungsideen führen.

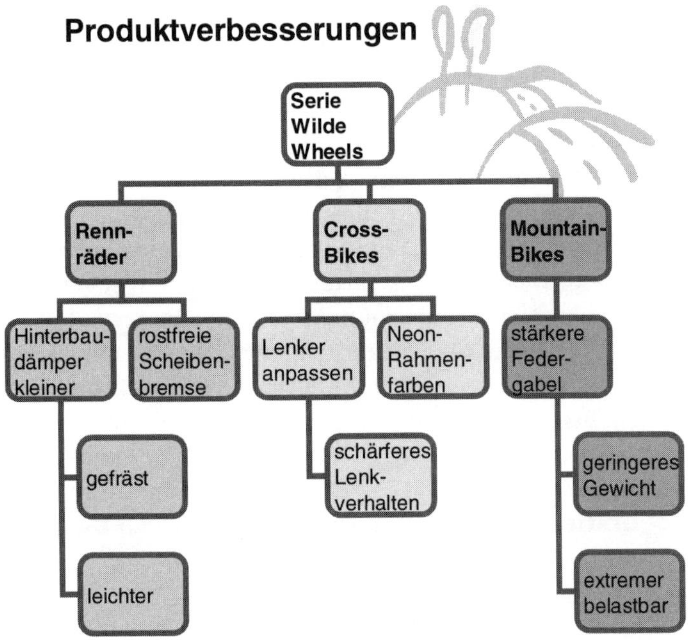

Abb. 6.8-8: Problemlösungsbaum.

erforderliche Materialien

- Plakat und Plakatstifte,
- Tafel- und Tafelstifte,
- Pinwand und Moderationsmaterialien.

***Train your brain:* Alles verstanden?**

1 In welcher Struktur werden Lösungsalternativen bei dieser Methode abgebildet?

2 Nach welchen Kriterien kann man Lösungsalternativen auf Ober- und Unterebenen verteilen? Nennen Sie ein Beispiel.

3 Welche Vor- und Nachteile für die Ideenfindung sehen Sie bei einem Problemlösungsbaum?

Basistext

4 Für welches praktische Problem aus Ihrem Alltag können Sie zur Lösungssuche einen Problemlösungsbaum erstellen?

***Train your brain:* Selbst ausprobieren!**

Stellen Sie sich vor: Ihre beste Freundin heiratet, und Sie sollen die Hochzeit organisieren. Als besonderes Geschenk wollen Sie nun so viel wie möglich neu gestalten und durch außergewöhnliche Ideen viel Spaß bereiten. Sammeln Sie Lösungsideen zu den unterschiedlichen Gestaltungsbereichen in einem Problemlösungsbaum:

....

Tipps

Was wird im Problemlösungsbaum dargestellt?

In Problemlösungsbäumen können Sie entweder Problemursachen oder Lösungsideen notieren. Wenn Sie ausreichend Platz haben, packen Sie beides in eine Darstellung: Arbeiten Sie in diesem Fall mit Moderationskarten in unterschiedlichen Farben, damit die Betrachter Problembestandteile und Lösungsideen deutlich voneinander unterscheiden und die Übersichtlichkeit erhalten bleibt.

Bewertungsebenen

Problemlösungsbäume kann man auch derart gestalten, dass die einzelnen Ebenen zugleich die bedeutendsten Bewertungskriterien repräsentieren. Beispielsweise kann man auf der ersten Ebene die interessantesten Lösungalternativen darstellen; auf der zweiten werden Lösungselemente gesammelt, die zu einer sehr schnellen Umsetzung dieser Alternativen führen; auf der dritten Ebene präsentiert man Lösungsbestandteile, die zusätzlich stark zu einer Kostenreduktion beitragen.

Basistext

Mehrere Problemlösungsbäume erstellen

Wenn Sie eine gewaltige Fülle von Informationen in einem Problemlösungsbaum unterbringen wollen, können Sie diesen »verlinken«. Eine Stelle, an der sich die Informationen verdichten, können Sie durch ein Symbol und einen Namen für einen weiteren Baum kennzeichnen. In diesem neuen Baum sammelt man darauf das fehlende Material.

Die richtigen Teilnehmer einladen

Beachten Sie: Zur Entwicklung eines Problemlösungsbaumes ist viel Fachwissen nötig. Schlicksupp ist sogar der Meinung, »das Hinzuziehen von Laien« sei »bei Anwendung dieser Methode wenig sinnvoll« /Schlicksupp 98, S. 98/.

Glossar

hierarchisch *(hierarchic)* In aufeinander aufbauenden Stufen gegliedert; nach einer Rangordnung gegliedert, auf einer Hierarchie beruhend.

Organigramm *(organization chart)* Ein Organigramm ist ein Strukturbild, das den Aufbau eines Unternehmens zeigt. Es wird auch als Organisationsdiagramm bezeichnet. In Organigrammen kann man Hierarchien und Ordnungssysteme abbilden.

6.9 Bionik *

Bionik ist ein Forschungsbereich, in dem Wissenschaftler und Fachexperten die Abläufe, Organisationsstrukturen, Formen, Gestalten und Konstruktionsprinzipien der Natur systematisch untersuchen. Die dabei gewonnenen Erkenntnisse nutzt man, um in anderen Bereichen Probleme zu lösen und neue Produkte und Innovationen zu schaffen. Bioniker arbeiten oft über viele Jahre zusammen, interdisziplinär und international.

Basistext

Bionik ist eine Wortzusammensetzung aus Biologie und Technik. Der Begriff gelangte im Jahre 1958 durch den amerikanischen Luftwaffenmajor Jack E. Steele in die Öffentlichkeit.

Herkunft

Anwendungsbereiche

- Produktentwicklung.
- Design-Bereiche.
- Gebiete der Biologie, Mikrobiologie und Medizin.
- Technische Bereiche, z.B. Verkehrstechnik, Haus- und Gerätetechnik, Maschinenbau.
- Bereich Energieversorgung.
- Informatik und Robotik.

Wie kann die Bionik Ideensucher unterstützen?
Bionik ist keine Kreativitätsmethode, sondern ein Forschungsbereich, in dem man flexibel und interdisziplinär arbeitet und nach dem Vorbild der Natur neue Lösungen entwickelt. Bionik kann Ideensuchern wertvolle Anregungen liefern und sie zu herausragenden Leistungen anspornen. Zu den zentralen heuristischen Denkprinzipien zählen die **Analogiebildung**, **Form- und Funktionsvergleiche, Kombinationen und Umstrukturierungen**.

Um aus den in der Natur beobachteten Abläufen, Organisationsstrukturen, Formen, Gestalten und Konstruktionsprinzipien zu lernen und Anregung zu gewinnen, fragt man beispielsweise:

- »Welche Problemlösungen aus der Natur kann man in technische Bereiche übertragen?«
- »Wie kann man die aus der Natur gewonnenen Erkenntnisse als Anregung zur Herstellung neuer und innovativer Produkte nutzen?«

Basistext

Beispiele

- Hochschulen erkunden die Flugtechnik von Vögeln, um zu lernen, wie man Strömungswiderstände reduzieren kann. Die gewonnenen Erkenntnisse nutzt man zur Konstruktion und Optimierung von Flugzeug-Tragflächen, zum Beispiel an der TU-Berlin, FG Bionik und Evolutionstechnik (TU Berlin (http://www.bionik.tu-berlin.de/)).
- Auto-Unternehmen orientieren sich bei der Konstruktion ihrer Fahrzeuge an den Körperformen von Delphinen und Pinguinen, um den Strömungswiderstand der Luft auch bei besonders schnellen Autos so gering wie möglich zu halten und die nötige Benzinmenge zu reduzieren /Nachtigall et. al. 00, S.199/.
- Botaniker der Universität Bonn untersuchten Blätter der Lotusblume und beobachteten einen bemerkenswerten Selbstreinigungseffekt. Sie führen ihn auf die Wasser abweisenden Eigenschaften und die feine Noppenstruktur der Blätter zurück. Dieses Prinzip findet inzwischen großes Interesse im Bereich der Farben- und Lackherstellung und auch bei der Entwicklung neuer technischer Oberflächen. Es gilt als viel versprechender wirtschaftlicher Erfolgsfaktor der kommenden Jahre. (Zur weiteren Information: Lotus-Effekt (http://www.botanik.uni-bonn.de/system/bionik.htm)).
- Die Hochschule Bremen bietet seit 2003 einen internationalen Studiengang Bionik an. Forschungsthemen sind zum Beispiel »Sinnesorgane von Lebewesen als Modell für technische Messgeräte« und »Biologische Methoden der Energieumwandlung« (HS Bremen (http://www.hs-bremen.de/bionik/pages/VE_bionik_kongress_nach1.html)).
- Darüber hinaus gibt es Bionik-Kompetenz-Netzwerke. Dazu zählen zum Beispiel »Biokon«, ein Verbund von wichtigen Forschergruppen und Ansprechpartnern für Unternehmen und andere Ideensucher (Kom-

petenznetz Biokon (http://www.biokon.net/)) oder auch das Kompetenznetzwerk Biomimetik. (Wenn Sie mögen, recherchieren Sie weiter: Biomimetik (http://www.kompetenznetz-biomimetik.de/)).

Vorteile

+ Viel versprechender Bereich für Neuentdeckungen und bahnbrechende Innovationen.
+ Bereich flexiblen Denkens, Verbindung von divergentem und konvergentem Denken, kreativ-intuitive und systematisch-analytische Suchphasen.
+ Interdisziplinäres Wissen wird zusammengetragen und erweitert.

Nachteil

– Zur Problemlösung in Unternehmen nur mit Einschränkung nutzbar (sollte von einem Bionik-Experten begleitet werden).

Bemerkenswerte Prinzipien in der Natur

In der Bionik orientiert man sich an Prinzipien, die man in der Natur beobachtet. Beispiele zeigt die Abb. 6.9-1.

Abb. 6.9-1: Prinzipien aus der Natur.

***Train your brain:* Alles verstanden?**

1 Was versteht man unter Bionik?

2 Auf welche Weise gelangt man in der Bionik zu neuen Ideen und Erkenntnissen?

3 Warum ist interdisziplinäres Arbeiten in der Bionik herausragend wichtig?

***Train your brain:* Selbst ausprobieren!**

Auf in die Natur! Erkunden Sie Ihre Umwelt mit offenen Augen: Beobachten Sie die natürlichen Prozesse, die Lebewesen und ihre Verhaltensweisen, die Organisationsprinzipien und Abläufe.

- ○ Finden Sie selbst heraus, wie in der Natur Probleme gelöst werden.
- ○ Suchen Sie nach Ähnlichkeiten bei Problemlösungen in der Natur und in eigenen Lebensbereichen.
- ○ Fragen Sie sich, was Sie von der Natur lernen können.
- ○ Lernen Sie vor allem zu Staunen, und lassen Sie sich zu neuen Ideen inspirieren!

Glossar

Bionik *(biomimetics)* Bionik ist eine Wortverbindung aus Biologie und Technik. Im Forschungsbereich Bionik untersuchen Wissenschaftler die in der Natur beobachteten Prinzipien, Problemlösungen und Strukturen und nutzen die dabei gewonnenen Erkenntnisse zur Entwicklung von Innovationen und neuen technischen Lösungen.

7 Kreative Teamsitzungen moderieren *

Wer kreative Teamsitzungen moderiert, ist verantwortlich für den Prozessverlauf und muss dafür sorgen, dass die Gruppe zu einem gemeinsamen Ergebnis kommt. Dabei sollte man sich neutral verhalten, den Teilnehmern Wertschätzung entgegenbringen und ihnen die Ideensuche und Lösungsentwicklung durch geeignete Hilfsmittel erleichtern. Wichtig ist, dass man dabei Visualisierungs- und Kreativitätsmethoden flexibel einsetzen kann, dass man die Ideensucher durch geeignete Suchfragen aktiviert und die Interaktion fördert. Fragend kann man den Prozess steuern, mit Gespür für die inhaltlichen Erfordernisse, die Bedürfnisse der einzelnen Teilnehmer und die Zusammenarbeit in der Gruppe.

»Worauf kommt es bei der Moderation von kreativen Teamsitzungen an?« – Vor allem auf eine offene, anregende Atmosphäre und einen mitarbeiterorientierten, kooperativen Moderationsstil:

Ursprung

Grundlegende Erkenntnisse zur Moderation von kreativen Arbeitsgruppen lieferte in den 1970er Jahren das *Quickborner Team.* Zu dieser Unternehmensberatungsgruppe gehörten Wolfgang und Eberhard Schnelle, die später die **Metaplan-Technik®** entwickelten (Das Unternehmen Metaplan bietet derzeit eine 36-seitige Broschüre zum »Metaplan Basiswissen« zum Herunterladen auf der Website Metaplan (`http://www.metaplan.de/`) an.), außerdem Karin Klebert, Einhard Schrader und Walter Straub (seit 1974 *ComTeam*), die im Jahre 1980 die mehrstufige **ModerationsMethode®** vorstellten /Klebert et. al. 85/.

Ziele

Der Einsatz dieser Methoden soll helfen,

- ○ **Mitarbeiter** in Unternehmen an Ideenfindungs-, Problemlösungs- und Entscheidungsprozessen zu **beteiligen**,
- ○ ihre **Bedürfnisse** zu **berücksichtigen und**
- ○ ihr **Wissen und** ihre **Erfahrungen** zu **nutzen**.

Visualisierung, Gesprächsführung, Gruppendynamik

Um die Kooperation der Beteiligten bestmöglich zu unterstützen, setzt man **Visualisierungstechniken** und **Kreativitätsmethoden** ein. Von großer Bedeutung für das Gelingen ist die **Grundhaltung des Moderators** und sein Einfluss auf die Art der **Interaktion** innerhalb der Gruppe.

Das rechte Maß finden

moderatio: das rechte Maß

Maßvoll und mit Feingefühl muss der Moderator den mehrstufigen Ablauf des Prozesses steuern. Der Begriff Moderation wird vom lateinischen »moderatio« abgeleitet und bedeutet »Leitung«, »Selbstbeherrschung«, »das rechte Maß«, »die Mäßigung«. Das lateinische Wort »moderator« bedeutet »Lenker«, »Leiter«, »der Einhalt Gebietende«. In vielerlei Hinsicht müssen Sie als Moderator das rechte Maß finden:

- Verhalten Sie sich so weit wie möglich neutral und objektiv, und **helfen Sie den Teilnehmern, viele, originelle und angemessene Ideen hervorzubringen (Hebammenfunktion)**.
- Wichtig ist, dass Sie die Teilnehmer dabei mit großer **Wertschätzung** behandeln. Oberlehrerhafte Beurteilungen einzelner Teilnehmerleistungen sind verboten (»Bei Ihnen klappt das heute nicht mehr.« »Das haben Sie wieder einmal fein gemacht!«). **Einhalt** muss der Moderator **gebieten**, wenn die Zusammenarbeit gestört ist, weil beteiligte Personen sich untereinander geringschätzig behandeln. »Killerphrasen« (S. 43) soll er entkräften. Alle Teilnehmer müssen spüren, dass sie willkommen

sind. Alle Teilnehmerbeiträge sind wichtig und von Wert; auch verrückte, komische und absurde Ideen werden gebraucht.

»Wertschätzung: Damit ist gemeint: In dem, was der Sender sagt, bringt er zum Ausdruck, dass er den Empfänger als achtenswerte, vollwertige, gleichberechtigte Person ansieht und dass er ihm Wohlwollen entgegenbringt.« /Schulz von Thun 81, S.162/

Zitat

- Das rechte Maß zu finden, gilt auch für die Auswahl und Kombination von Kreativitätsmethoden. **Gespür** ist nötig für die Erfordernisse des Prozesses: Was passt am besten zur speziellen Situation, zur Zielsetzung, zur Teilnehmergruppe? Welche spielerischen Einlagen und Verfremdungstechniken erleichtern die Lösungsfindung? Was braucht die Gruppe zu einem bestimmten Zeitpunkt, um ihre Kreativität entfalten zu können?

»Die Kreativität nach vorne ging verloren durch die Konzentration nach hinten.« (Ein Fernseh-Kommentator beim Fußballspiel Juventus Turin gegen Bayern München am 19.10.2004)

Zitat

Persönliche Fähigkeiten

Für die Projektarbeit in Unternehmen ist es von Vorteil, wenn verschiedene Mitarbeiter kreative Sitzungen moderieren können. Moderatoren sollten über folgende persönliche Eigenschaften und Fähigkeiten verfügen:

persönliche Eigenschaften & Fähigkeiten

- Ausgeglichenheit, Neutralität und Toleranz.
- Selbstbewusstsein und Selbstdisziplin.
- Einfühlungsvermögen für die Bedürfnisse der Teilnehmer und Gespür für die Entwicklung des Prozesses.
- Methodenkompetenz und Organisationsgeschick.
- Kommunizieren, vermitteln und Menschen motivieren können.

Moderieren lernen

Falls Sie in der Steuerung von Gruppenprozessen noch unerfahren sind, empfiehlt sich die Teilnahme an einem Moderationsseminar. Dabei erwerben Sie das nötige Gespür für den Kommunikationsprozess und die Gruppendynamik. Sie können in einem stressfreien Experimentierfeld unterschiedliche Verhaltensweisen erproben, von den anderen Teilnehmern Rückmeldungen erhalten und ihre kommunikativen und kooperativen Kompetenzen weiterentwickeln.

Kernaufgaben

Der Moderator ist verantwortlich für den Prozessverlauf. Helfen Sie der Gruppe, zu einem gemeinsamen Ergebnis zu kommen, und achten Sie dabei vor allem auf Folgendes:

Geeignete Kreativitätsmethoden flexibel einsetzen
Ein Moderator benötigt Methodenwissen und möglichst viel Informationen über das Problem und die gesuchte Lösung. Dann kann er die richtigen Teilnehmer an der Ideensuche und Lösungsentwicklung beteiligen, geeignete Kreativitätsmethoden auswählen und zur richtigen Zeit einsetzen. (Studieren Sie den »Methoden-Katalog« (S. 119).)

Ideen visualisieren, schriftlich diskutieren
Es schafft Übersicht, erleichtert die Diskussion und ist zugleich ein Akt der Wertschätzung gegenüber den teilnehmenden Personen, wenn Sie deren Beiträge in Stichworten auf Plakaten festhalten. Auch Einwände und Gegenargumente werden hier notiert und müssen bei der Lösungsentwicklung berücksichtigt werden. Eine anschauliche und übersichtliche Darstellungsweise soll zu neuen Einfällen anregen und helfen, Denkgrenzen zu überwinden (s.a. »Mit Karten clustern« (S. 136)).

Zitat

»Das gleiche gilt für die Kreativität in Gruppen: Klare Strukturen erlauben es der Phantasie, sich weit kreativer zu entfalten, als das Chaos.« (/Schnelle-Cöln et.al.98/ S. 61).

Teilnehmer aktivieren, fragend steuern

Alle Teilnehmer sollen offen miteinander kommunizieren können. Jeder soll sich geschützt fühlen und ungehindert neue Ideen entfalten. Versuchen Sie, eine entsprechende Atmosphäre herzustellen und überlegen Sie: Wie können Sie die Ideenfindung verstärkt anregen?

Fragen statt sagen

Moderatoren steuern den kreativen Prozess durch Fragen. Fragen aktivieren und verstärken die »Assoziations- und Analogiebildung« (S. 29). Fragen Sie auf unterschiedliche Weise. Sie können zum Beispiel:

Beispiele

1 **Fragend etwas vorschlagen** oder etwas **zur Auswahl stellen**. Mit Hilfe geschlossener Fragen, die meistens nur zwei Antwortalternativen bieten, steuern Sie den Ablauf. Beispiel: »Sind Sie bereit, jetzt mit der Ideensuche zu beginnen?«
2 Fragend ein großes Antwortspektrum eröffnen. Zu den »offenen Fragen« (S. 84) gehören die **Suchfragen**. Beispiel: »Wie können wir dafür sorgen, dass unsere originellen, neuen Ideen in marktfähige Produkte umgewandelt werden?«
3 **Provozierende Fragen** regen die Ideensuche zusätzlich an. Beispiel: »Wie wird unser Vermögen kleiner oder unser Unvermögen größer?«
4 **Rückfragen**, nach Ursachen, Zusammenhängen oder Hintergründen. Beispiele: »Wie meinen Sie das?« »Woran kann das Ihrer Meinung nach liegen?«
5 **Weiterführende Fragen**. Beispiel: »Worauf müssen wir achten, wenn wir es versuchen?«
6 Fragen an die Gruppe **weitergeben**. Beispiel: »Was meinen die anderen Teilnehmer dazu?«

7 **Stimmungsbarometer**: Fragen nach Befindlichkeiten und Bedürfnissen.
Beispiel: Jeder Gruppenteilnehmer beantwortet kurz die Frage »Wie geht es mir zur Zeit?«

8 Die Diskussion und die Ideensuche durch Fragen anspornen.
Beispiel: **Spornfragen** der »Osborn-Checkliste« (S. 247).

Suggestivfragen sind *nicht* gestattet! Teilnehmer, die sich manipuliert fühlen, reagieren mit innerlicher Abwehr. (Beispiel: »Sie mögen sicher auch lieber gegenständliche Bilder als abstrakte Kunst?«) Nehmen Sie als Moderator eine »fragende Haltung« ein, statt zu behaupten und zu belehren (»fragwürdige« Haltung). Wer den Prozess gut steuern will, muss auch gut **zuhören** können. Haben Sie Geduld mit den Teilnehmern. Zeitdruck hemmt die Ideenfindung.

Zitat

»Fragen kann man aber bekanntlich nur stellen, wenn man schon etwas weiß. Deshalb ist es für den Moderator unbedingt wichtig, etwas von der Sache zu verstehen.« /Seifert 93, S. 82/

Interaktion fördern

Gegenseitige Achtung, Wertschätzung und Toleranz sind beste Voraussetzungen für eine partnerschaftliche, konstruktive Zusammenarbeit. Verschiedene Sichtweisen sind willkommen; Perspektivenwechsel dienen der Ideenfindung. Während die Teilnehmer mit unterschiedlichen Lösungsideen gedanklich experimentieren, dürfen sie auch irren, sich korrigieren und bereits geäußerte Ideen wieder verwerfen. Insgesamt sollte die Gruppenarbeit ein besseres Ergebnis liefern als die Summe aller Einzelergebnisse (**Synergieeffekte**).

Gruppengröße

Um die Teilnehmerpotentiale auszuschöpfen, lohnt sich ein Wechsel von Einzel- und Gruppenarbeit. In Gruppen mit bis zu 15 Teilnehmern kann man noch relativ problemlos Ideen und Lösungen entwickeln. Bei mehr Teilnehmern muss der Prozess aufgegliedert werden, in Phasen für die Kleingruppen- und Plenumsarbeit. Anderenfalls verliefe die Diskussion zu zähflüssig, einzelne »Vielredner« würden bald dominieren, während die meisten Teilnehmer in eine stumme, passive Beobachterrolle versinken. Ideal für die Ideensuche erscheint dagegen eine Gruppengröße von 3 bis 7 Personen.

Kleingruppen können sich

Klein-gruppen

- nach Sympathie,
- in Abhängigkeit vom Interesse am jeweiligen Thema,
- nach persönlichen Kompetenzen und Funktionen,
- und nach Zufall bilden. Beispiel: Sie vergeben Karten in unterschiedlichen Farben, und alle Personen mit der gleichen Kartenfarbe arbeiten in einer Kleingruppe zusammen.

Um gegenseitige Anregungen und inhaltliche Unterstützung auch während der Kleingruppenarbeiten zu ermöglichen, bewährt es sich, alle Gruppen in einem großen Raum arbeiten zu lassen und die einzelnen Kleingruppenbereiche durch Trennwände voneinander abgrenzen.

Störungen gemeinsam beheben

Störungen während der Zusammenarbeit müssen behoben werden. Achten Sie auch auf nonverbale Kommunikationssignale, um aufkeimende Unzufriedenheit, Müdigkeit oder Ablenkungen frühzeitig zu erkennen. Benennen Sie, was Sie wahrnehmen, ohne es zu analysieren und zu bewerten. Fragen Sie die Teilnehmer, was nach ihrer Meinung die Ursache einer Störung ist (»Was beobachte ich gerade?«). Finden Sie heraus, was die Teilnehmer brauchen und sorgen Sie gemeinsam für eine störungsfreie Fortsetzung der Arbeit.

Spielregeln

Bei Bedarf können Sie **gemeinsam Spielregeln für die Zusammenarbeit aufstellen**.

Beispiele

- Eine bewährte Regel lautet:
  - »Jeder erhält maximal 30 Sekunden Zeit für seinen Beitrag.«
- Sehr hilfreiche Spielregeln zur Förderung der Kommunikation in Gruppen hat die Psychotherapeutin Ruth Cohn vorgestellt /Langmaack 91, S. 103 und S. 121/, wie zum Beispiel diese:
  - »Achte auf Deine Körpersignale.«
  - »Vertritt Dich selbst in Deinen Aussagen. Sprich per Ich und nicht per Wir oder Man.«
- Kooperationsrichtlinien anderer Autoren /Fittkau et. a. 89, S.133/ lauten folgendermaßen:
  - »Vermeide, Deine persönliche Entscheidung den anderen aufzuzwingen. Argumentiere logisch und richtig.«
  - »Betrachte abweichende Meinungen eher als einen nützlichen Beitrag, statt sie als störend zu empfinden.«

Spielregeln dürfen den Teilnehmern nicht wie eine Hausordnung vor die Nase gesetzt werden. Spielregeln vereinbaren die Teilnehmer gemeinsam, wenn Regeln wirklich nötig sind, um die Leistungskraft und die Kreativität der Gruppe zu erhalten. Die genannten Regeln können dabei als Muster dienen und entsprechend angepasst werden. Reduzieren Sie lieber Vorschriften, Regeln und bürokratische Verfahrensweisen, und fördern Sie die offene Kommunikation und ungehindertes, grenzüberschreitendes Denken.

Auch Humor lockert den Prozess auf. :-) Kennen Sie den schon? :-)
Ein Moderator begegnet in einem Unternehmen einem großen schwarzen Hund. »Ich bin der Moderator«, sagt er stolz, »ich bin adelig und heiße Hajo von Homberg!« »Macht nichts«, knurrt der Hund, »Ich bin der Haushund, auch adelig und heiße Runta vom Sofa.«

Zitat

»Humor ist ein – zubereiteter – Geistesblitz, der dem Zuhörer sozusagen auf dem Tablett serviert wird. Humoristen gestalten ihren Witz so geschickt, dass er zwangsläufig ein – Heureka! – provoziert. Humor ist gewissermaßen ein kostenloses kognitives Mittagessen.« /Perkins 00, S.39/

learning by doing

Reden lernt man durch Reden und moderieren durch moderieren. Beginnen Sie mit Kreativitätsmethoden, die man leicht und schnell einsetzen kann, anstatt sofort die Moderation eines vollständigen Problemlösungsprozesses zu übernehmen.

Beispiele

- Moderieren Sie die Ideensuche während einer Teamsitzung beispielsweise mit Hilfe der »Osborn-Checkliste« (S. 247)
- Überraschen Sie Ihre Kollegen, indem Sie die erwartete *Brainstorming*-Methode (»Klassisches Brainstorming« (S. 144)) durch die »Methode 6-3-5« (S. 165) oder durch die »Kartenumlauftechnik« (S. 173) ersetzen.
- Zeichnen Sie spontan die Tabelle des »Attribute Listing« (S. 252), wenn Ihr Team Verbesserungs- oder neue Gestaltungsideen für die eigenen Produkte sucht. Moderieren Sie kreative Suchphasen regelmäßig und so oft wie möglich.

Die Hilfsmittel werden Ihnen dabei immer vertrauter und zweckdienlicher, und gleichzeitig verwandeln sie ihre hochkompetente »Solistenkombo« in ein kreatives Arbeitsteam.

Checklisten für die Planung, Durchführung und Kontrolle kreativer Teamsitzungen

Checkliste: Vorbereitungen einer kreativen Teamsitzung

1 Wie lautet das Thema der kreativen Sitzung?
2 Was ist das tatsächliche Problem? Aus welchen Bestandteilen setzt es sich zusammen?
3 Wer soll an der Sitzung teilnehmen?
4 Welche Informationen werden benötigt? Was wissen die Teilnehmer, und welche Zusatzinformationen müssen sie erhalten?
5 Welche Arbeitsschritte sind erforderlich? (Muss zunächst eine gründliche Problemanalyse durchgeführt werden?)
6 Wie kann man den Ablauf gestalten, damit die Teilnehmer möglichst viele neue und originelle Ideen entwickeln und eine angemessene Lösung finden?
7 Welche Kreativitätsmethoden sind geeignet?
8 Welche Materialien und technischen Hilfsmittel müssen bereitgestellt werden und welche Visualisierungen kann man vorab erstellen?
9 Wie werden die Teilnehmer eingeladen?

Checkliste zur Planung der Eröffnung einer kreativen Sitzung

1 Was sage ich zur Begrüßung der Teilnehmer?
2 Muß ich mich selbst vorstellen, vielleicht auch einen Co-Moderator oder eine andere Person? Sollen sich die Teilnehmer vorstellen?
3 Wie präsentiere ich das Thema? Welche Zusatzinformationen muss ich liefern?
4 Was sage ich zum Anlass, zum Ziel und zur Organisation der kreativen Sitzung?

5 Auf welche Weise kann ich einen kurzen Überblick über den geplanten Ablauf geben?
6 Wie soll das Protokoll erstellt werden? (z. Bsp. Plakate kopieren oder abschreiben, Ergebnisse per Intranet/Internet weiterleiten)

Checkliste zur kreativen Ideensuche und Lösungsentwicklung

1 Mit Hilfe welcher Kreativitätsmethoden gelangen wir am besten zu neuen Lösungsideen? Welche Hilfsmittel werden dazu benötigt?
2 Wie viele Suchrunden sind vermutlich erforderlich. Wie kann man die Ideensuche zusätzlich anregen?
3 Wie könnten die Suchfragen lauten?
4 Auf welchen Medien werden die Teilnehmerbeiträge visualisiert?
5 Wie kann man die Visualisierungen besonders ansprechend, themen- und teilnehmergerecht gestalten?
6 Soll der Prozess in Einzel- und Gruppenarbeiten aufgeteilt werden?
7 Mit welchen Widerständen und Einwänden ist zu rechnen?
8 Wo sollen die Ergebnisse notiert werden? Wie werden die Lösungsalternativen bewertet und ausgewählt?
9 Soll auch ein Maßnahmenkatalog erstellt werden?

Checkliste für die Ergebniskontrolle

1 Wurde das Ziel der kreativen Zusammenarbeit erreicht?
2 Wie funktionierte die Kommunikation und Kooperation in der Arbeitsgruppe?
3 Konnten Störungen behoben werden?
4 Ist die Moderation des Ablaufs gelungen?
5 Hat sich der Methodeneinsatz bewährt?
6 Waren die Visualisierungen geeignet?
7 Sind die Teilnehmer mit dem Ergebnis zufrieden?

Basistext

8 Was hat besonders gut funktioniert, was sollte in Zukunft besser gemacht werden?

9 Wie kann ich meine eigene Kreativität und die Kreativität der Arbeitsgruppe auch zukünftig verstärken und fördern?

Glossar

Synergieeffekt *(synergetic effect)* Positive Auswirkungen durch die Zusammenarbeit bzw. das Zusammenwirken mehrerer Personen.

Basistext

8 Künstlich Kreativität erzeugen **

Computersysteme können nicht völlig allein aus sich selbst heraus kreative Werke hervorbringen. Doch Menschen können Computersysteme zur Suche nach neuen Ideen und zur Entwicklung ihrer Werke nutzen. So bietet es sich an, den Einsatz von Kreativitätsmethoden mit modernen Techniken zu verbinden. Hier gibt es eine Menge spannender Möglichkeiten.

Kreative Menschen überwinden Denkbarrieren, und so fragt sich manch einer: Kann man auch künstlich Kreativität erzeugen, zum Beispiel mit Hilfe von Computern?

Die Idee, dass Computersysteme sich intelligent verhalten könnten, faszinierte bereits den englischen Mathematiker **Alan Mathison Turing** (1912-1954). Im Jahre 1950 stellte er in seinem Aufsatz »*Computing Machinery and Intelligence*« einen Testentwurf vor. Mit Hilfe des Tests sollte man prüfen, ob Computersysteme zu Denkleistungen fähig sind und mit menschlichem Denken in Wettbewerb treten können. Turing: ***Can machines think?***

A. M. Turing

Der Test basiert auf einem Text-Dialog, der auf einer Tastatur ausgeführt wird: Eine Versuchsperson ist daran beteiligt und als unsichtbare Gesprächspartner ein anderer Mensch und ein Computerprogramm. In dieser, mit einem Text-Chat vergleichbaren Situation, muss die Versuchsperson jeweils beurteilen, ob sie in einer Dialogsequenz mit einem Computer oder mit einem Menschen kommuniziert (s.a. Turing-Test (http://cogsci.ucsd.edu/~asaygin/tt/ttest.html) und Turing (http://www.turing.org.uk/turing/)).

Basistext

In späteren Tests, die in vergleichbarer Weise durchgeführt wurden, konnten die Versuchspersonen vielfach nicht erkennen, ob der Gesprächspartner ein Computerprogramm oder ein Mensch war bzw. ob ein Computerprogramm oder ein Mensch bestimmte Werke hervorgebracht hatte. Doch all dies führte bislang zu keinem überzeugenden Beweis, dass Computersysteme denken oder kreativ sein können.

Künstliche Intelligenz

Im Bereich der **Künstlichen Intelligenz (KI)**, einem Teilgebiet der Informatik, ist es mittlerweile gelungen, elementare **kognitive** Prozesse in Computerprogrammen zu simulieren. Trotz beachtlicher Fortschritte, beispielsweise bei der Bild- und Spracherkennung, erreichte bisher kein Programm die Leistungskraft menschlicher Intelligenz oder menschlicher Kreativität.

menschliche Stärken

Menschen sind, was ihre Fähigkeiten zu intelligentem Denken und kreativem Schaffen angeht, gegenüber Computersystemen beachtlich leistungsstark.

Menschen

- vollziehen in kurzer Zeit **hochkomplexe Denkvorgänge**. Sie können flexibel denken und unterschiedliche zweckdienliche Wissensnetze aktivieren, um auch für unübersichtliche und schlecht strukturierte Probleme Lösungen zu finden,
- verfügen über eine **hohe geistige Anpassungsfähigkeit** an sich verändernde Situationen,
- können **Signale über den Körper wahrnehmen** und Informationen **intuitiv erfassen**,
- verfügen über **Bewusstsein** und besitzen **Urteilskraft**,
- berücksichtigen beim Reflektieren und Interpretieren von Informationen sowie bei der Prioritätenbildung wichtige **Kontextinformationen**,
- verfügen über **soziale und emotionale Intelligenz**, wobei sie auch auf nonverbale Reize reagieren. Sie optimie-

ren die Ideenfindung und Lösungsentwicklung durch direkte Interaktion und erzeugen **Synergieeffekte** innerhalb einer Arbeitsgruppe.

Zugleich experimentieren kreative Menschen in vielen künstlerischen Bereichen begeistert mit den technischen Möglichkeiten und beteiligen Computersysteme an der Entwicklung ihrer neuen, außergewöhnlichen Werke. Dazu einige Beispiele:

künstliche Kunstwerke

- Günter Gehl aus Chemnitz entwickelte ein Programm, dass aus beliebig eingegebenen Wörtern Gedichte produziert: **Günters Genialer Gedicht Generator Poetron4G** /Tügel 03, S. 38/.
- Der 1948 geborene Raymond Kurzweil studierte am *Massachusetts Institute of Technologie* (MIT) Computerwissenschaft und Literaturwissenschaft. Er gründete mehrere Unternehmen, arbeitete mit Spracherkennungs-Software und entwickelte Lesesysteme für sehbehinderte Menschen, außerdem Lernsoftware und gemeinsam mit dem Musiker Stevie Wonder den so genannten Kurzweil-Synthesizer. Mit diesem elektronischen Musikinstrument konnte er akustische Instrumente in einem hohen Perfektionsgrad simulieren. Überdies schrieb Kurzweil ein Computer-Programm **Cybernetic Poet**, das Gedichte erzeugt. Das Programm analysiert zunächst die Gedichte eines anerkannten Autors. Aufgrund der Analyseergebnisse erstellt es ein Wortfolge-Modell und produziert auf dieser Grundlage neue Gedichte. Auf Kurzweils Website kann man in Analogie zum Turing-Test prüfen, ob man die künstlich geschaffenen Gedichte von denen unterscheiden kann, die menschliche Autoren hervorbrachten (T.S. Eliot, William Carlos Williams, Percy Bysshe Shelley, Raymond Kurzweil) – s.a. Kurzweil (`http://www.kurzweilcyberart.com/aaron/hi_aaron.html-Cohen`).

- Selbst musikalische Werke werden auf vergleichbare Weise künstlich hergestellt. Der Musikwissenschaftler David Cope, *University of California,* Santa Cruz, produziert mit Hilfe von Computern neue Musik im Stile alter Meister. Seine Software **EMMY** (*Experiments in Musical Intelligence*) zerlegt und analysiert die Partituren bedeutender Künstler (Bach, Mozart, Beethoven). Dabei gewinnt sie wichtige Informationen über deren Kompositionsstil. Anschließend bildet sie typische Akkordfolgen, Figuren und Harmonien nach, vergleicht das Ergebnis mit den ursprünglichen Werken und erstellt neue Musikstücke in vergleichbarem Stil. Die Ergebnisse kann man sich anhören und selbst beurteilen (zum Beispiel auf Copes Website.
  Cope beschreibt seine Haltung zu maschinell hergestellten Werken in folgendem Zitat:
  »*Ultimately, the computer is just a tool with which we extend our minds. The music our algorithms compose are just as much ours as the music created by the greatest of our personal human inspirations.*« (Cope (`http://arts.ucsc.edu/faculty/cope/experiments.htm-Cope`))
- Können Computer auch neue Bilder produzieren? Diese Frage faszinierte den englischen Maler und Professor Harold Cohen bereits in den 70er Jahren. Er entwickelte die Software **AARON**, ein Computerprogramm, das Freihandzeichnungen und gemalte Bilder erzeugt. Die Ergebnisse kann man in europäischen, amerikanischen und japanischen Museen betrachten (Dokumenta 3, Londons Tate Modern Gallery, San Francisco Museum of Modern Art, Computer Museum Boston). Cohen schreibt und lehrt heute über Themen zur künstlichen Intelligenz, digitalen Kunst, über Kognition und Kreativität und präsentiert dazu weltweit seine »Malmaschinen«

Basistext

(s.a. Cohen (http://www.kurzweilcyberart.com/poetry/rkcp_akindofturingtest.php3-Kurzweil)).

Computersysteme kann man als Hilfsmittel nutzen, um neue, außergewöhnliche Werke hervorzubringen. Was in welcher Gestalt geschaffen wird, in welchem Kontext und nach welchen Regeln, bestimmen allerdings nach wie vor menschliche Künstler und Entwickler. (Auch in den vorangehenden Beispielen, entstanden die künstlichen Kompositionen auf der Basis von Regeln und Strukturen, die Menschen definiert hatten.) Menschen entscheiden überdies, was als kreativ anzusehen ist und wie gut ein Werk gelungen ist.

Beurteilen und entscheiden, was kreativ und wertvoll ist

»Künstliche Neuronale Netze sind nach entsprechendem Training in der Lage, Objekte zu klassifizieren und die Bedeutung von Tatbeständen wie Bilder, Wörter oder Sätze zu lernen. Sind sie aber deshalb kreativ? Sind es Computer, wenn sie derartige Netze als Programm enthalten? Es ist leicht möglich, sie so zu programmieren, dass sie, angestoßen von zufälligen Daten, interessante Bilder liefern, neue sinnvolle – was heißt sinnvoll? – Texte aber nicht. Nur der Künstler-Programmierer entscheidet, was richtig oder sinnvoll ist und nutzt dabei seine lebendigen Neuronennetze. Kreativ im richtigen Wortsinn können nur lebendige Wesen sein ...« /Baumunk, Kampmeyer-Käding 00, S.63/

Zitat

Computersysteme können nicht völlig allein aus sich selbst heraus kreative Werke hervorbringen. Doch Menschen können Computersysteme zur Suche nach neuen Ideen und zur Entwicklung ihrer Werke nutzen. So bietet es sich an, den Einsatz von **Kreativitätsmethoden mit modernen Techniken zu verbinden.** Hier gibt es eine ganze Reihe spannender Möglichkeiten:

Kreativitätsmethoden mit modernen Techniken verbinden

- Relevantes Wissen und wichtige Informationen aus *Datenbanken, virtuellen Bibliotheken* und *E-Learning*-Programmen abrufen,
- Wissenselemente und Begriffe mit Hilfe einer *Software* auswählen, ordnen, sortieren, auf der Basis von *Zufallsvariablen* assoziativ verknüpfen, verändern und kombinieren (zum Beispiel bei der Reizwort-Analyse oder bei der Semantischen Intuition,
- Bilder, Präsentationen und Filme in einer *Bildschirm-Show* präsentieren, zerlegen, neu zusammensetzen (als visuelle Konfrontation bei der Ideensuche, zum Beispiel im Rahmen der Visuellen Synektik,
- Klänge, Stimmen und Musiksequenzen über einen *Media Player* abspielen und mit Hilfe eines Audioschnittprogramms zerlegen, miteinander neu verknüpfen (zum Anreiz für die Ideenfindung),
  »Webanimatoren kommen aus den verschiedensten Berufen und verfügen über unterschiedliche Fähigkeiten und Kenntnisse. Für viele von ihnen ist Musik eine Quelle der Inspiration, was nicht weiter überrascht, da sich Rhythmen, Texturen und Strukturen problemlos in eine animierte, visuelle Form bringen lassen.« /Chapman et. al. 02, S.12/
- *Checklisten und Fragebögen mit Spornfragen in ein Programm eingeben* und bearbeiten (beispielsweise die »Osborn Checkliste« (S. 247)),
- Matrizen, Tabellen (z.B. »morphologischer Kasten« (S. 258)) und Formulare (z.B. für die »Methode 6-3-5« (S. 165)) in *Textverarbeitungs- oder Tabellenkalkulationsprogrammen erstellen,* Daten eingeben und bearbeiten,
- Informationen mit Hilfe von *Netzbild- und Strukturierungs-Programmen* aufbereiten und präsentieren (siehe dazu Beitrag von Volker Jungbluth in der Zeitschrift c´t /Jungbluth 98, S.20ff./),

Basistext

- spezielle *Software-Tools* einsetzen, die für Kreativitätsmethoden entwickelt wurden. Michael Knies nennt hier beispielsweise
  - das Programm *Creative Workshop* von Helmut Schlicksupp zur Organisation und Unterstützung kreativer Teamarbeit,
  - das Programm *Morphos* von Schlicksupp zur Entwicklung des Morphologischen Kastens,
  - die Software *MOSEL* (»Mo«rphologisch »se«quenzielle »L«ösungsentwicklung) von Geschka zur Sequenziellen Morphologie
  - das Programm *Team Focus* von IBM zur Unterstützung des *Brainwriting-Pools* /Knieß 95, S. 201f./
- Ideen und Vorschläge über das Internet mit anderen Personen interdisziplinär austauschen, über E-Mail, Text-Chat, Videokonferenzen und Diskussionsforen auf so genannten Community-Plattformen.

  Darüber hinaus werden derzeit spezielle Raumausstattungen angeboten, so genannte »Kooperationslandschaften«. Sie sollen es kreativen Teams ermöglichen, sich leichter zu organisieren und sich spontan, weltweit zu vernetzen. Zu den neuen *Roomware*-Komponenten gehören elektronische Tafeln, berührungsempfindliche Projektionswände, Tische und Stühle, in ie Computer eingebaut sind, integrierte Sensoren, die automatisch Netzwerkverbindungen herstellen und natürlich jede Menge Software-Werkzeuge, die den Zugriff auf Wissensdatenbanken erleichtern (siehe dazu /Streitz 99/).

Computersysteme und neue Techniken können auf unterschiedliche Weise kreative Prozesse unterstützen. Doch nach wie vor müssen menschliche Ideensucher zugrunde liegende Probleme richtig erkennen, geeignete Informationen auswählen, gute Suchfragen formulieren, passende

Basistext

Kreativitätsmethoden einsetzen und schließlich beurteilen, welche Lösungsalternativen von Bedeutung sind.

Zitat

»Die für den Künstler richtigen Entscheidungen, die Verknüpfung von Ideen und beabsichtigter Wirkung durch die geschulten neuronalen Netze machen sein Genie aus.« /Baumunk, Kampmeyer-Käding 00, S. 62f. /

Bewusstsein und Kontextwahrnehmung

Der englische Mathematiker und Physiker Roger Penrose (geboren 1931), Autor des Werkes *The Emperor´s New Mind* /Penrose 91/, glaubt, dass zur Kreativität menschliches **Bewusstsein** gehört, die Fähigkeit, **Ideen in verschiedenen Kontexten** zu beurteilen und die **Schönheit unterschiedlicher Lösungen** wahrzunehmen.

Zitat

»Eine Maschine, die nur Zufallstexte und Bilder produziert, ist nicht kreativ. Kreativität ist sowohl in der Kunst als auch in der Wissenschaft vor allem eine Auseinandersetzung über die vorherrschende Kultur. Bei der Kreativität geht es um ein Überschreiten des Kanons, um eine Eröffnung einer neuen Sicht auf die Realität.« /Baumunk, Kampmeyer-Käding 00, S. 62 /

Wie wird es weitergehen? Vermutlich wird der Anteil künstlicher Leistung an kreativen Arbeiten steigen. Auch angesichts der zu bewältigenden gesellschaftlichen, ökonomischen und ökologischen Probleme ist es wünschenswert, die zur Verfügung stehenden Potentiale und Ressourcen zur Entwicklung neuer Lösungen zu nutzen, zweckdienlich und verantwortungsvoll, und dabei die menschliche Kreativität zu fördern und zu erweitern.

Zitat

»Wozu könnte Künstliche Kreativität gut sein? ... Wir nützen das Künstliche, um elementare Arbeiten zu erledigen und um unser Leben auf höhere Aufgaben ausrichten zu können. Künstliche Kreativität gäbe uns die Möglichkeit, von Maschinen die niederen Schritte ausführen zu lassen, um hierauf eine höhere Stufe der Kreativität zu erreichen. Ein Musiker könnte eine Maschine nutzen, um eine Melodie zu erzeugen, die es vorher noch nicht gab, oder ein Gitarrist, um einen Ton zu erzeugen, der noch nie gespielt wurde. Je kreativer die Maschinen wären, um so mehr könnten sich Musiker auf die abstrakteren Aspekte ihrer Musik konzentrieren. Die Herausforderung wird darin bestehen, dass wir kreativer bleiben, als unsere Maschinen.« /Baumunk, Kampmeyer-Käding 00, S. 62 /

kognitiv *(cognitive)* Basierend auf Erkenntnis (lat. cognoscere: wahrnehmen, erkennen, erfahren).

Glossar

Basistext

9 Geht nicht, gibt's nicht *

Kreativität wird heute von vielen Menschen erwartet. Kreativitätsmethoden wirken wie Katalysatoren, die helfen, die eigene Kreativität freizusetzen. Damit Kreativität entsteht und zu neuen, außergewöhnlichen und zugleich wertvollen Ergebnissen führen kann, sind Faktoren ausschlaggebend wie Wissen, Flexibilität im Denken, Intuition und weitere spezielle persönliche Potentiale, Kooperation und Interaktion sowie eine Förderung durch das Umfeld und verantwortliches Handeln.

Geht nicht, gibt's nicht – üben Sie den kreativen Widerspruch! Dabei müssen Sie nicht untätig auf einen Geistesblitz warten, sondern Sie können Kreativitätsmethoden nutzen, um aktiv neue, originelle Ideen zu generieren und zweckmäßige Lösungen zu entwickeln!

Wichtig ist zugleich, dass Sie erkennen, auf welche Weise Kreativitätsmethoden zur Entfaltung Ihrer kreativen Potentiale beitragen. Denn diese Verfahren sind selbst nicht kreativ und werfen nicht automatisch Ideen aus. Die Ideen müssen Sie selbst hervorbringen, neue Lösungen selbst finden, originelle Werke selbst entwickeln:

Kreativitätsmethoden als Katalysatoren

Kreativitätsmethoden wirken wie Katalysatoren. Mit ihrer Hilfe können Sie bei der Suche Zeit und Energien sparen, Denkbarrieren überwinden, Anreiz geben zu neuen Ideen und die Prozessteuerung vereinfachen. Kreativitätsmethoden helfen, einen unbefriedigenden Ausgangszustand in den erwünschten Lösungszustand zu überführen. **Mit Hilfe von Kreativitätsmethoden setzen Sie Kreativität frei.**

Woher kommt die Kreativität?

Im Altertum glaubte man, dass Menschen großartige Ideen und eine herausragende Schaffenskraft von den Göttern geschenkt bekommen. Zur Zeit Goethes hielt man die schöpferische Begabung für eine angeborene, bewundernswerte Eigenschaft besonderer Menschen, so genannter Genies.

Heute scheint man von den meisten Menschen erwarten zu können, dass sie Kreativität entwickeln, wenngleich auch auf unterschiedlichen **Niveaustufen.** Mihaly Csikszentmihalyi, Psychologie-Professor an der *University of Chicago*, unterscheidet große und kleine Kreativität, um das Spektrum von einer spontanen, flotten Idee bis zur bahnbrechenden Innovation zu verdeutlichen /Csikszentmihalyi 03, S. 19/.

Kreatives Denken und Problemlösen kann man heute bereits in der Grundschule trainieren (siehe dazu /Stocker 88/ oder auch /Urban 91/). Hochwertige, innovative Ideen werden in Unternehmen und wissenschaftlichen Instituten entwickelt, von Künstlergruppen und in Erfinderclubs (Beispiel: Berliner Gruppe »Die Denker«). Kreatives Denken und Handeln gehören heute zu den geforderten Schlüsselkompetenzen. Zugleich wird geprüft, ob auch »Maschinen« (S. 303) kreative Ideen produzieren können.

Eine **produktionsorientierte Sichtweise** hat sich bei der kreativen Ideensuche und Lösungsfindung durchgesetzt. Weitgehend einig ist man sich darüber, dass ein kreatives Produkt neu, originell und zweckmäßig sein soll (bzw. angemessen, anforderungsgerecht, wertvoll, brauchbar), wenngleich die Begriffe unterschiedlich ausgelegt werden /Asanger, Wenniger 99, S. 367/.

Zitat »Es gilt als selbstverständlich, dass Originalität ein Hauptfaktor der Kreativität ist. Hingegen wird die Bedeutung der Angemessenheit des Handelns nicht immer erkannt. Die Angemessenheit liefert jedoch das Kriterium, das zwischen kreativen und unsinnigen Handlungen unterscheidet. Problemlösungen, die einzigartig, aber wertlos oder irrelevant sind, werden nicht für kreativ gehalten.« /Zimbardo 92, S. 449/

creativity nach Guilford

Woher kommt der Begriff Kreativität? Der Begriff »Kreativität« lässt sich vom lateinischen Verb »creare« (schaffen, erschaffen) herleiten. Seit den 50er Jahren des letzten Jahrhunderts ist er vor allem als Eindeutschung des amerikanischen Begriffs *creativity* gebräuchlich. Zuvor hatte es bereits vereinzelte Untersuchungen gegeben, die sich mit der menschlichen Fähigkeit, Neues hervorzubringen beschäftigten. Beispiele:

creativity

- Galton: *Hereditary genius.* London, New York, Macmillian 1869
- Dewey: *How to think.* New York, Heath 1910
- Duncker: *Zur Psychologie des produktiven Denkens.* Berlin, Springer 1935
- Wallas: *The art of thought.* New York, Harcourt Brace 1926
- Wertheimer: *Productive thinking.* New York, Harper and Brothers Publishers 1945. /Asanger, Wenniger 99, S. 366 ff./

1950 hielt der Amerikaner Joy Paul Guilford vor der *American Psychological Association* seinen Vortrag *creativity* und weckte damit weltweites Interesse /Guilford 62/. Guilford hatte bei der amerikanischen Luftwaffe Intelligenztests zur Personalauswahl entwickelt und durchgeführt und dabei festgestellt, dass Menschen, die in Intelligenztests schlecht abschnitten, zu erstaunlich guten Leistungen fähig waren, wenn sie neue Ideen zur Lösung schwieriger Probleme finden mussten. Andererseits erzielten Personen, die

divergent thinking

man als hochintelligent eingestuft hatte, bei der Ideenfindung und Problemlösung nicht die erwarteten Ergebnisse.

So stellte sich die Frage, durch welche besonderen Merkmale sich Menschen, die neue, wertvolle Lösungen hervorbringen, gegenüber anderen auszeichneten. Guilford fand heraus, dass schöpferische Menschen sehr viele und sehr unterschiedliche Ideen produzieren, wobei sie herkömmliche Lösungswege verlassen und dabei ungewöhnliche, originelle und zugleich zweckmäßige Lösungen finden. Guilford forderte fortan, die *creativity* der Menschen zu fördern und zu trainieren. Die grenzüberschreitende Denkweise nannte er divergentes Denken (*divergent thinking*).

Kreativität fördern

Guilfords Vortrag weckte den Ehrgeiz vieler Forscher und Fachexperten, die brachliegenden kreativen Kompetenzen der Menschen zu aktivieren, in Schulen, in Unternehmen und mit Hilfe der Wissenschaft. Alex Osborn gründete 1954 die *Creative Education Foundation* (CEF). 1957 veröffentlichte Zwicky seine Erkenntnisse zur morphologischen Analyse. Gordon stellte 1961 die Synektik vor.

Im Jahre 1957 verstärkte ein Ereignis das Verlangen, kreative Kompetenzen intensiver zu nutzen: Die UDSSR sandte ihren ersten künstlichen Satelliten ins Weltall. In Amerika befürchtete man nun, die eigene wissenschaftliche und technische Vormachtsstellung zu verlieren. Dieser so genannte »Sputnik-Schock« führte zu einer Ausweitung der Kreativitätsforschung. Man verlangte nach mehr Erfindungen, Entdeckungen, nach neuen Produkten und Innovationen. In den Folgejahren kam es zu einem regelrechten Kreativitätsboom.

Wodurch entsteht Kreativität? – Kreativitätsfaktoren
Die Forschungsergebnisse und Praxiserfahrungen der vergangenen Jahrzehnte zeigen, dass eine Summe von Faktoren dafür ausschlaggebend ist, dass Kreativität entsteht:

1. Relevantes Wissen

Kreativität entsteht, wenn Menschen **aus unterschiedlichen Wissensnetzen schöpfen**. Wer Neues schaffen will, muss sich in seinem Fachgebiet auskennen und auch auf externe Wissensnetze zugreifen können. Nur dann kann man **Gespür** dafür **entwickeln**, was gebraucht wird, wo man suchen muss und welche Ideen zur Lösungsfindung beitragen. Kreativität basiert auf verfügbarem Wissen, internem und externem, von einer oder mehrerer Personen. Berühmte Erfinder, Entdecker und Wissenschaftler entwickelten ihre Werke jeweils in ihren eigenen Wissensdomänen.

aus eigenen und fremden Wissennetzen schöpfen

2. Flexibilität im Denken und Intuition

Kreativität entsteht, wo Menschen **flexibel denken**. *Creativity* wurde lange von Intelligenz abgegrenzt, dann als besonders anspruchsvolles Niveau des kognitiven Denkens betrachtet. **Heuristiken** spielen hier eine zentrale Rolle. Menschen wenden sie seit Urzeiten an, um neue Lösungsideen zu finden: **Assoziationen**, **Analogien**, bildliche Vorstellungen, **Abstraktionen**, **Variationen** und Kombinationen. Kreativität entsteht, wenn gedanklich weit entfernte Elemente miteinander verknüpfen werden und wenn man lösungsrelevante Elemente aus unterschiedlichen Realitätsbereichen zusammenbringt, überträgt und auf neue und originelle Weise umstrukturiert.

Flexibilität

Kreativität entsteht durch **Intuition**, weil kreative Menschen ein starkes Gespür für neue Lösungsmöglichkeiten entwickeln, die andere Menschen nicht wahrnehmen. Kreativitätsmethoden unterstützen flexibles Denken und das **intuitive Erfassen von Lösungsmöglichkeiten**. Der Wechsel der Arbeitsweisen fördert die geistige Beweglichkeit der Lösungssucher: **divergentes** und **konvergentes** Denken, intuitives und analytisches Arbeiten, Entspannung und Anstrengung, **Problemferne und Focussierung** auf einzel-

Intuition

ne Details, Loslassen und Konzentration, Abstraktion und Konkretisierung, Träumen und zielorientiertes, zügiges Vorgehen.

3. Spezielle persönliche Potentiale

Kreativität ist persönlichkeitsabhängig.

Kreativität entsteht, wo Menschen mit speziellen Persönlichkeitsmerkmalen Neues schaffen. Die besonderen Eigenschaften kreativer Persönlichkeiten werden immer wieder listenweise aufgeführt: Alles, was zur Selbstwerdung und Selbstverwirklichung eines Menschen beiträgt, scheint auch der Kreativität förderlich zu sein. Dazu gehört vor allem: Selbstbewusstsein, Selbstvertrauen, Spontaneität, Flexibilität, Sensitivität, Autonomie, Stressresistenz, Mut, Neues zu wagen, Nonkonformismus, Intelligenz, Neugier, Fehlertoleranz, **Ambiguitätstoleranz**, soziale Intelligenz, die Fähigkeit, Komplexität auszuhalten.

Diese Merkmale sind bei verschiedenen Menschen natürlich unterschiedlich stark ausgeprägt. Weniger ausgeprägte Eigenschaften lassen sich aber durch stärker vorhandene kompensieren. Manche Schwäche gleicht allein schon der feste Wille aus, etwas Neues, Angemessenes »auf die Beine zu stellen«. Motivierte Menschen scheuen sich nicht, hart zu arbeiten und viel Energie zu investieren. Wo diese Bereitschaft fehlt, kann die beste kreative Idee fehlschlagen.

Zitat

»Je anspruchsvoller und inhaltsspezifischer die Aufgaben werden, um so größer ist die Distanz zwischen kreativen Fähigkeiten und kreativen Leistungen.« /Urban 91, S. 65/

Kraft investieren

Freude am Entdecken, Begeisterung sowie eine **hohe Motivation** sind Kraftquellen für kreative Leistungen. Dabei ist durchaus zu überlegen, bei welchem Projekt sich der kreative Aufwand wirklich lohnt.

Zitat

»Ein divergenter Denkstil erfordert mehr Aufmerksamkeit als der übliche konvergente Stil. Die Kreativität kostet wie immer mehr Energie als die Routine. Deshalb muss man sorgsam entscheiden, wann man nach Kreativität streben will und wann nicht. Anderenfalls können Sie sich in einem Anfall intensiver Originalität leicht verausgaben.« /Csikszentmihalyi 03, S. 326/

Auch kreative Persönlichkeiten müssen mit ihrer Kraft und ihren Ressourcen haushalten. Sternberg & Lubart empfehlen in ihrer **Investmenttheorie**, den kreativen Einsatz als Investition zu betrachten und nach dem Prinzip »*buy low, sell high*« vorzugehen /Sternberg et. al. 91/. Diese Empfehlung trifft den Nerv vieler Ideensucher, die schnell innovative Ideen finden und mit Hilfe einer guten Verkaufsstrategie gewinnbringend vermarkten wollen. Innere und äußere Motivationsfaktoren bewirken also, dass Menschen nicht auf den Geistesblitz oder eine liebliche Muse warten, sondern ihre persönliche Kreativität bewusst aktivieren und auch mit Hilfe von Kreativitätsmethoden auf Trab bringen.

4. Kooperation und Interaktion

kreative Felder

Kreativität entsteht vor allem dort, wo Menschen interagieren. Olaf-Axel Burow (Autor des Werkes »Die Individualisierungsfalle. Kreativität gibt es nur im Plural« /Burow 99/) setzt vor allem auf die Teamarbeit. Er rät, im Unternehmen »kreative Felder« herzustellen, in denen Mitarbeiter mit unterschiedlichen und sich ergänzenden Kompetenzen bestmöglich zusammenwirken und gemeinsam Ideen entwickeln. **Synergiepartner aus verschiedenen Fachbereichen** sollen ihr Know-how und ihre besonderen Fähigkeiten bei der kreativen Lösungssuche einbringen. Wie in einer Jazzband soll nach Burow jeder Einzelne sein Instrument beherrschen, phasenweise ein Solo vorlegen, eigene Ideen vortragen und frei improvisieren, dann wieder zum Thema zurückkehren, der Gruppe zuhören, mitswingen und dazu beitragen, ein neues Stück kollaborativ hervorzubringen.

Aufgabe von Teamleitern ist es daher, Menschen mit unterschiedlichen Erfahrungswelten zusammenzubringen und Freiräume zu schaffen, in denen eine offene Kommunikation möglich ist. Kreativitätsverstärkend wirkt nach Daniel Goleman besonders auch die Beschäftigung mit gegensätzlichen Standpunkten. Förderlich ist hier vor allem auch die **interkulturelle Kommunikation**.

Zitat »Eine Kindheit, die inmitten kultureller Vielfalt und gegensätzlicher Standpunkte zugebracht wird, ist ein wahres Lebenselexier für den Geist der Kreativität.« /Goleman et. al. 97, S. 211 ff./

5. Förderung durch das Umfeld

Kreativität ist kulturabhängig

Kreativität muss sich entfalten können. Sie expandiert, wenn sie in der Gesellschaft, im Unternehmen, in einem Fachgebiet oder Expertenfeld erwünscht ist. Ob etwas kreativ ist, scheint davon abzuhängen, wie stark die Umwelt daran interessant ist. Das Umfeld bzw. die Kultur muss **kreative Leistungen anerkennen und wertschätzen**. Kreative Produkte sollen neu, originell und angemessen sein. Ob ein Werk angemessen ist, bestimmen letztlich andere Menschen.

Zitat »Der Begriff – angemessen – impliziert jedoch (wie – wünschenswert -) ein Werturteil, das je nach dem Hintergrund eines Beurteilers, je nach Kultur und Epoche, anders ausfallen kann.« /Zimbardo 92, S. 449/

Zitat »Wenn wir unter Kreativität eine Idee oder eine Handlung verstehen, die neu und wertvoll ist, dann können wir die Beurteilung des einzelnen nicht als Maßstab für die Existenz der Kreativität akzeptieren. Man kann unmöglich wissen, ob ein Gedanke neu ist, es sei denn, man zieht gewisse Vergleichsmaßstäbe heran, und ob er wertvoll ist, hängt von der Einschätzung der Gemeinschaft ab. Insofern findet Kreativität nicht im Kopf des Individuums statt, sondern in der

Interaktion zwischen dem individuellen Denken und einem soziokulturellen Kontext.« /Csikszentmihalyi 03, S. 41/

So gibt es Zeiten, in denen die Kreativität willkommen ist und andere, in denen sie unterdrückt wird, Zeiten mit besonderem Ideenreichtum und andere, in denen die Erfindungskraft scheinbar versiegt. Mihaly Csikszentmihalyi beschreibt, wie die Stadtväter von Florenz die künstlerische Kreativität zur Zeit der Renaissance in höchstem Maße förderten, um ihre Stadt »zu einem neuen Athen« auszugestalten /Csikszentmihalyi 03, S. 56/.

6. Verantwortliches Handeln

externe Effekte

Kreativität, welche die Lebensqualität verbessert und Nutzen bringt, entsteht, wo Menschen Verantwortung übernehmen. Besonders in wirtschaftspolitischen Krisenzeiten und Phasen des gesellschaftlichen Umbruchs verlangt man nach neuen, kreativen Lösungen, neuen Produkten und Innovationen. Immer aber ist dabei zu berücksichtigen, dass kreative Leistungen nicht per se gut sind.

Zitat

»Entwickler, die Blaupausen für Tarnkappenbomber entwerfen, erfüllen aus ihrer Sicht die gängige Definition von Kreativität genauso wie die Hersteller von Zahnpasta mit Pfirsichgeschmack.« /Tügel 03, S. 41/

Auch Hartmut von Hentig warnt vor übertriebener »Innovations-Gymnastik«: »Sowenig, wie allein die Machbarkeit und die Verkäuflichkeit eine Sache rechtfertigen, so wenig ist Innovation an sich schon gut« /Hentig 00, S. 65/. Neuentwicklungen können Umweltverschmutzungen verursachen, zur Rohstoffverschwendung führen und zu einer Verschlechterung der Lebensqualität.

Zitat

»Neues, das mit dem Alten nicht fertig wird, ist nicht hilfreich. Ja, ich vermute, ein nicht unerheblicher Teil unserer Not besteht darin, dass wir zu viele unverstandene und nicht bewältigte Innovationen haben.« /Hentig 00, S. 69/

Die Neben- und Folgewirkungen kreativer Leistungen müssen stets mitbedacht werden. Externe Effekte und langfristige Folgen müssen in die Investitionsrechung eingehen. Kreative Menschen tragen eine besondere Verantwortung.

Beispiel

Ideen muss man haben

Am 11. November 2004 präsentierte die Wochenzeitung »Die Zeit« ein bemerkenswertes Beispiel /Stieber 04, S. 80/: Heinz Rath, ein 68-jähriger Ingenieur, lenkte seine kreativen Kräfte nach der Pensionierung in besonders nutzbringende Bahnen. Er initiierte die Entwicklung »des ersten Minenräumfahrzeugs, das sowohl Panzer- als auch Personenminen unschädlich macht.«

Dazu brachte er die Herstellerfirma AHWI Maschinenbau GmbH und ein engagiertes Management-Team zusammen. Er legte damit die Basis für die Gründung des Start-up-Unternehmens *MineWolf Systems* GmbH (Minewolf (`http://www.minewolf.com`)), welches prompt ein Büro im Koblenzer Technologiezentrum »zwischen Software-Programmierern und Web-Designern« anmietete und mit der Vermarktung und dem Betrieb des Geräts seine Geschäftstätigkeit aufnahm.

Bilder von Minenopfern hatten Rath den Anstoß zu seiner kreativen Arbeit geliefert. Er informierte sich über den schlechten Zustand vieler Minenräumfahrzeuge, die entweder nur Panzer- oder nur Personenminen räumen, außerdem schwerfällig sind, teuer und schlecht zu transportieren. Die Folge ist, dass man Minen lieber per Hand oder Sprengstoffhund sucht und grauenvolle Verletzungen in Kauf nimmt.

»Ich konnte mir nicht vorstellen, dass es da nicht eine andere Möglichkeit gibt« wird Rath zitiert. Seine kreative Suche führte zu einer außergewöhnlichen Idee: Er kombinierte zwei bekannte Techniken, bei der er eine Ketten-Walze zum Räumen von Panzerminen und eine Fräse zum Herauslösen von Personenminen einsetzte. So ist es ihm gelungen, die Entwicklung eines neuen, originellen und zweckmäßigem Produkts anzustoßen, mit dem man alle Arten von Minen räumen kann. Obendrein hat es gegenüber den alten Minenräumfahrzeugen zusätzliche Vorteile: Der »MineWolf« (siehe Abb. 9.0-1) ist kleiner, leichter, einfacher zu transportieren, zuverlässiger (nicht zuletzt wegen seines GPS-Systems) und außerdem »viel billiger als alle anderen Systeme.«

Abb. 9.0-1: MineWolf.

Raths kreative Ideensuche und die Ausgestaltung und Realisation der neuen Lösung durch ein zielstrebiges Team und einen weiteren fachkundigen Kooperationspartner führten zum Erfolg. Die MineWolf Systems GmbH vermarktet das Produkt inzwischen weltweit und betreibt Maschi-

Basistext

nen in Bosnien-Herzegowina, Kroatien und im Sudan. Seit Firmengründung, wurden mehr als 1.5 Millionen Quadratmeter Minenfeld mit Hilfe des MineWolfs wieder nutzbar gemacht, Tendenz stark steigend.

In diesem Sinne: Geht nicht, gibt's nicht –
Üben Sie den kreativen Widerspruch und legen Sie los:

Zitat »Der eine wartet, bis die Zeit sich wandelt,
der andere packt sie kräftig an und handelt.« Dante Alighieri (1265-1321)

Glossar **Ambiguität** *(ambiguity)* Doppelsinn, Zwei-, Mehrdeutigkeit (lateinisch: ambiguitas).

Literatur

/Asanger, Wenniger 99/
Asanger, Roland; Wenninger, Gerd; *Handwörterbuch Psychologie*, Weinheim, Beltz Psychologie VerlagsUnion, 1999.

/Balzert 98/
Balzert, Helmut; *Lehrbuch der Software-Technik Software-Management Software-Qualitätssicherung Unternehmensmodellierung*, Heidelberg, Berlin, Spektrum Akademischer Verlag, 1998.

/Baumunk, Kampmeyer-Käding 00/
7 Hügel - Bilder und Zeichen des 21. Jahrhunderts, Hrsg. Baumunk, Bodo-Michael; Kampmeyer-Käding, Margret, Berlin, Henschel, Berliner Festspiele, 2000.
Heft 7-Träumen, Ausstellungskatalog.

/Beyer 85/
Beyer; *Retten Sie sich vor dem Feuer!*, in: Management Wissen, 11/85, S. 87.

/Burow 99/
Burow, Olaf-Axel; *Die Individualisierungsfalle. Kreativität gibt es nur im Plural*, Stuttgart, Klett-Cotta, 1999.

/Buzan 74/
Buzan, Tony; *Kopftraining*, München, Goldmann, 1974.

/Buzan 93/
Buzan, Tony ; Buzan, Barry; *Das Mind Map Buch*, 2., Landsberg am Lech, mvg, 1993.

/Chapman et. al. 02/
Chapman, Jenny; Campbell, Alastair; *www.animation. Animation Design für das world wide web.*, München, Stiebner Verlag GmbH, 2002.

/Csikszentmihalyi 03/
Csikszentmihalyi, Mihalyi; *Kreativität. Wie Sie das Unmögliche schaffen und Ihre Grenzen überwinden.*, Stuttgart, Klett-Cotta, 2003.
6. Auflage: 1. Auflage 1997, bei HarperColllinsPublishers in New York, Titel: Creativity. Flow and the Psychology of Discovery.

/D´Offay, Anthony 91/
Hammergrün. Neue Gemälde von Georg Baselitz, Hrsg. Anthony d'Offay, München, Stuttgart, Oktagon Verlag, 1991.

/De Bono 00/
De Bono, Edward; *Six thinking hats*, Great Britain, Penguin Books, 2000.

/De Bono 02/

De Bono, Edward; *De Bono's neue Denkschule. Kreativer denken, effektiver arbeiten, mehr erreichen*, mvg Verlag, 2002.

/De Bono 96/

de Bono, Edward; *Serious Creativity - Die Entwicklung neuer Ideen durch die Kraft des lateralen Denkens*, Stuttgart, Schäffer-Poeschel, 1996.

/Dörner 76/

Dörner, Dietrich; *Problemlösen als Informationsverarbeitung*, Stuttgart, Kohlhammer, 1976.

Dietrich Dörner ist Psychologie-Professor an der Universität Bamberg. Er beschäftigt sich u.a. mit künstlicher Intelligenz und in diesem Rahmen beispielsweise mit der Frage, ob Maschinen wie Menschen reagieren und Emotionen zeigen können.

/Duncker 74/

Duncker, K.; *Zur Psychologie des produktiven Denkens*, Berlin, Springer, 1974.

Ursprungstext: 1935 Duncker beschreibt unter anderem auch ausführlich die negativen Auswirkungen funktionaler Fixiertheit.

/EurEnDel 04/

EurEnDel - Technology and Social Visions for Europe´s Energy Future - a Europe-wide Delphi Study, Abschlussbericht, November 2004, 2004, `http://www.izt.de/eurendel`.

Projekteam aus 5 Instituten (Institute for Futures Studies and Technology Assessment (D); EC Baltic Renewable Energy Centre Instiute for Building Mechanisation and Electrification of Agriculture (PL); IEFE, Università Boconi (I); European Institute for Future Studies and Strategic Planning (E); Riso National Laboratory (Dk)).

/Fittkau et. a. 89/

Fittkau, B.; Müller-Wolf, H.-M.; Schulz von Thun F.; *Kommunizieren lernen (und umlernen)*, Aachen-Hahn, Hahner Verlagsgesellschaft, 1989.

5. Auflage.

/Goleman et. al. 97/

Goleman; Daniel; Ray, Michael; Kaufman, Paul; *Kreativität entdecken*, München, Wien, Carl Hanser Verlag, 1997.

/Gordon 61/

Gordon, William J.; *Synectics. The Development of Creative Capacity*, New York, Harper and Row, 1961.

/Guilford 62/

Guilford, Joy Paul; *Creativity. Its measurement and development.*, New York, Scribner´s Sons, 1962.

/Hentig 00/
Hentig, Hartmut von; *Kreativität. Hohe Erwartungen an einen schwachen Begriff*, Weinheim, Beltz, 2000.

/Jungbluth 98/
Jungbluth, Volker; *Ideenmaschinen. Kreativitätswerkzeuge im Vergleich*, in: c't, 1998, Heft 20, 1998, S. 142 ff.

/Kawakami 97/
Kawakami, Kenji; *99 (un)sinnige Erfindungen*, Dumont, 1997.
Die Produktbeispiele der Übung 2b und 2c beschreibt Kenji Kawakami in seinem sehr lesenswerten Buch.

/Keller 71/
Keller, Arhur F.; *Methoden zum Finden neuer Ideen*, in: Marketing-Journal, Nr.2, 1971, S. 154f.
zitiert nach Helmut Schlicksupp, Ideenfindung, S.143, Vogel Verlag, Würzburg 1998.

/Kellner 02/
Kellner, Hedwig; *Kreativität im Projekt.*, München, Wien, Carl Hanser Verlag, 2002.

/Klebert et. al. 85/
Klebert, Karin ; Schrader, Einhard ; G. Straub, Walter; *Kurzmoderation*, Hamburg, Windmühle GmbH, 1985.
Klassiker der Moderation mit vielen Anwendungsbeispielen.

/Knieß 95/
Knieß, Michael; *Kreatives Arbeiten*, München, Deutscher Taschenbuch Verlag, 1995.

/Langmaack 91/
Langmaack, Barbara; *Themenzentrierte Interaktion*, Weinheim, Beltz, Psychologie Verlags Union, 1991.

/Michalko 01/
Michalko, Michael; *Erfolgsgeheimnis Kreativität. Was wir von Michelangelo, Einstein & Co. lernen können.*, mvg-Verlag, 2001.
Der Autor beschreibt hier die Strategien genialer Erfinder und bietet Übungen zu diesen Strategien an. Originaltitel: Cracking Creativity: The Secrets of Creative Genius, Ten Speed Press, 1998.

/Michalko 91/
Michalko, Michael; *Thinkertoys. A Handbook of Business Creativity.*, Ten Speed Press, 1991.

/Nachtigall et. al. 00/
Nachtigall, Werner; Blüchel, Kurt G.; *Das große Buch der Bionik, Neue Technologien nach dem Vorbild der Natur*, Stuttgart, München, Deutsche Verlags Anstalt, 2000.

/Neuland, Michéle 95/
Michéle Neuland; *Neuland-Moderation*, Eichenzell, Neuland, 1995.

/Nöllke 98/
Nöllke, Matthias; *Kreativitätstechniken*, München, Haufe, 1998.

/Osborn 53/
Osborn, Alex; *Applied Imagination, Principles and Procedures of Creative Problem Solving*, New York, 1953.

/Penrose 91/
Penrose, Roger; *Computerdenken - Des Kaisers neue Kleider, Debatte um die künstliche Intelligenz, Bewusstsein und die Gesetze der Natur*, Heidelberg, Heidelberg, 1991.
Englische Originalausgabe: The Emperor´s New Mind.

/Perkins 00/
Perkins, David; *Geistesblitze. Innovatives Denken lernen mit Archimedes, Einstein & Co.*, München, Zürich, Piper, 2000.
Originaltitel der amerikanischen Ausgabe: The Art and Logic of Breakthrough Thinking.

/Popper 94/
Popper, Karl R.; *Alles Leben ist Problemlösen*, München, Piper, 1994.

/Pricken 04/
Pricken, Mario; *Kribbeln im Kopf, Kreativitätstechniken und Braintools für Werbung und Design.*, Mainz, Schmidt, 2004.

/Schlicksupp 98/
Schlicksupp, Helmut; *Ideenfindung*, 5., Würzburg, Vogel, 1998.

/Schnelle-Cöln et.al.98/
Schnelle-Cölln, Telse ; Schnelle, Eberhard; *Visualisieren in der Moderation. Eine praktische Anleitung für Gruppenarbeit und Präsentation*, Hrsg. Einhard Schrader, Hamburg, Windmühle GmbH, 1998.

/Schulz von Thun 81/
Schulz von Thun, Friedemann; *Miteinander reden. Störungen und Klärungen. Allgemeine Psychologie der Kommunikation.*, Hamburg, Rowohlt Taschenbuch Verlag GmbH, 1981.

/Seifert 93/
Seifert, Josef W.; *Visualisieren - Präsentieren - Moderieren*, Hrsg. Prof. Dr. Hardy R. Wagner, Speyer/Bremen, Gabal, 1993.
5. Auflage.

/Sternberg et. al. 91/
Sternberg, R.J.; Lubart, T.I.; *An investment theory of creativity and its development.*, 1991.

/Stieber 04/
Stieber, Benno; *Mission: Entschärfen*, in: Die Zeit, Nr.47; 11.November 2004, 2004, S. 80.
Die Zeit, Nr.47, 11.November 2004.

/Stocker 88/
Stocker, T., Hrsg. Die Kreativität und das Schöpferische. Leitbegriffe zweier pädagogischer Reformperioden., Frankfurt, Brandes & Apsel Verlag, 1988.

/Streitz 99/
Streitz, Norbert; *Future Office Dynamic - Kooperative Gebäude für die Büros der Zukunft*, in: Der GDM-Spiegel, Hrsg. GMD Forschungszentrum Informationstechnik GmbH, IPSI Institut für Integrierte Publikations- und Informationssysteme, Darmstadt, 1/2, 1999, 1999, S. 6-10.

/Tügel 03/
Tügel, Hanne; Teichmann, Andreas; *Kreativität*, in: GEO, 09/2003, 2003.
in Geo, 09/2003.

/Urban 91/
Urban, K.K.; *Kreativität in der Schule Oldenburg*, Universität Oldenburg, Zentrum für pädagogische Berufspraxis, 1991.

/Weidenmann 01/
Weidenmann, Bernd; *Teilnehmer an die Pinnwand!*, in: ManagerSeminare, Heft 49, 2001, S. 63ff.
Bernd Weidenmann ist Professor für Pädagogische Psychologie an der Universität der Bundeswehr, München.

/Zimbardo 92/
Zimbardo, Philip G.; *Psychologie*, Hrsg. Psychologisches Institut der Universität Heidelberg, Berlin, Heidelberg, Springer Lehrbuch, 1992.
Zimbardo, Professor of Psychology, arbeitet am Department of Psychologie, Standford University. Die amerikanische Originalausgabe (1988) trägt den Titel: Psychologie and Life.

/Zwicky 48/
Zwicky, Fritz; *The Morphological Method of Analysis and Construction*, New York, Interscience Publishers, 1948.
Courant Anniversary Volume, 461-470.

/Zwicky 71/
Zwicky, Fritz; *Jeder ein Genie*, Bern, Peter Lang, 1971.
Neudruck Glarus: Schriftenreihe der Fritz-Zwicky-Stiftung, Bd. 6, 1992.

Namens- und Organisationsindex

Sachindex

Die Welt der geheimen Zeichen
Folgende Themen werden behandelt:

- Das Zeitalter der Verschlüsselung von Hand
- Der Telegrafie-Schub | Room 40
- Das Zeitalter der Verschlüsselungsmaschinen
- Die Enigma | Die Purple | Geheimschreiber |
- Colossus gegen die Lorenz-Maschine | Windtalkers |
- Hitlers letzte Maschinen
- Das Zeitalter der Verschlüsselung mit dem Computer
- Der Data Encryption Standard | Das öffentliche Geheimnis |
- Phil Zimmermanns Pretty Good Privacy | Kryptologie und Politik |
- Der Advanced Encryption Standard | Hans Dobbertin knackt MD5 |
- Die brennende Generation | Quanten und DNA

Gewinnspiel: Wer löst fünf Krypto-Rätsel?

1) Eine Klasse von Dechiffriermethoden heißt:
a) Flächenfluss-Angriffe
b) Seitenkanal-Attacken
c) Kantenbach-Analysen
d) Eckenstrom-Penetrationen

2) Welches Zitat eines bekannten Dichters ist im folgenden Text verschlüsselt:
`Yn it sedy, Bog gnifi Wdn agnig nah.`

3) Wie hieß der Erfinder der Enigma?
a) Arthur Tonius
b) Arthur Steinius
c) Arthur Scherbius

4) Welche für Kryptologen wichtige Besonderheit hat folgender Abschnitt (Tipp: führen Sie eine Häufigkeitsanalyse durch):
`Was ist das? Das Kind ist's. Das Kind traut sich, doch du traust dich nicht. Glaubt ihr mir nicht, dann bin ich Haus, Hof, Tisch und Stuhl los. Was ich tat, tat ich mit Kraft und Anstand. Ich trug mutig Most zum Fass, doch Milch hatt' ich nicht.`

5) Eine US-Verschlüsselungsmaschine hieß:
a) KABA
b) ALIBABA
c) SIGABA
d) STRABA
e) HELABA

Die W3L-Mehrwertpyramide

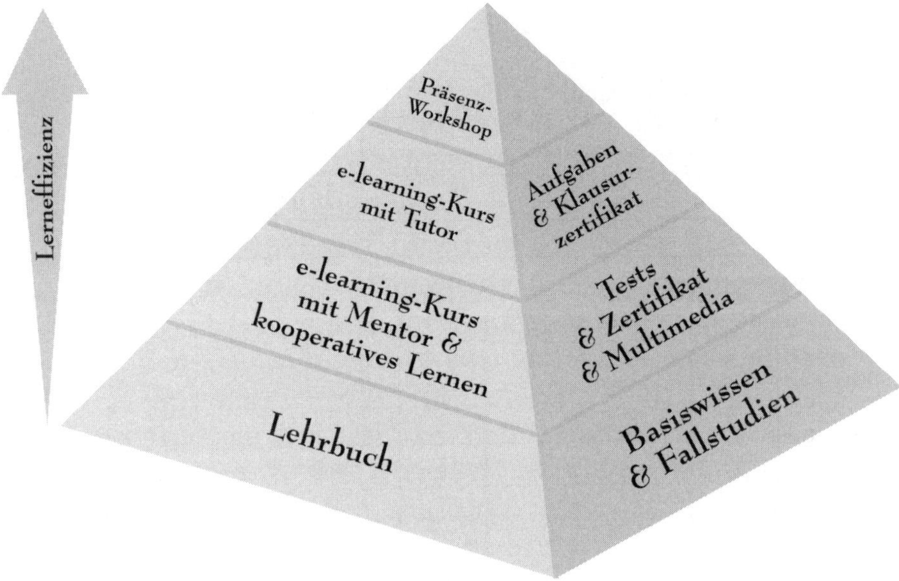

Job **und** Studium jetzt möglich mit e-learning

Der Online-Bachelor-Studiengang Web- & Medieninformatik

Wenn Sie heute einen Job in der IT-Branche haben, dann sind Sie sicher froh darüber und wollen ihn auf keinen Fall aufgeben. Dennoch würden Sie sich gerne weiterbilden, um beruflich voran zu kommen? Ein klassisches Studium kommt daher für Sie nicht in Frage, denn ein Vollzeit-Job und ein Präsenzstudium lassen sich nicht miteinander vereinbaren!

Die Lösung lautet Online-Studium. Sie studieren wann Sie wollen, wo Sie wollen und wieviel Sie wollen. Alle Ihre Vorlesungen stehen Ihnen Online auf der e-learning-Plattfom W3L zur Verfügung. Sie werden durch Tutoren betreut und können mit anderen Studierenden kommunizieren und kooperieren. Pro Jahr gibt es mehrere Prüfungstermine, an denen Sie Ihre Präsenzklausuren schreiben. Zum gegenseitigen Kennenlernen gibt es pro Jahr zwei eintägige Präsenzveranstaltungen.

Der Studiengang **Web- & Medieninformatik** ist ein **Informatik-Studiengang**, der das Wissen, die Kenntnisse und die Fertigkeiten vermittelt, die heute in vielen Bereichen der IT-Branche benötigt werden.

Der Studiengang besteht aus **34 Modulen**, wobei ein Modul einer Vorlesung mit einer Arbeitsbelastung von ca. 120 bis 150 Stunden entspricht (je 5 Leistungspunkte). Die Module gehören zu folgenden Fachgebieten: Grundlagen der Informatik und Programmierung, Softwaretechnik, Web- und Medieninformatik, IT-Systeme, formale Grundlagen, BWL, außerfachliche Grundlagen, Vertiefung, Projektarbeit, Bachelorarbeit.

Der Studiengang ist **kostenpflichtig**. Organisatorischer Träger ist die Technische Akademie Wuppertal. Die Inhalte stellt die W3L GmbH auf der W3L-Plattform bereit. Den Bachelor-Grad vergibt die **FH Dortmund**.

Dieser Studiengang weist folgende Besonderheiten auf:

- Sie können mit Ihrem Studium **jederzeit beginnen**. Es gibt keine Semestereinteilung – auch wenn die Module nach Semestern angeordnet sind. Es gibt pro Jahr festgelegte Prüfungstermine – nur danach müssen Sie sich richten.
- Sie können **beliebig viele** oder beliebig wenige **Vorlesungen** (= Module) belegen – je nach Ihren Vorkenntnissen und Ihrem Zeitbudget. Zu jedem Modul ist angegeben, welche Voraussetzungen er fordert, so dass Sie schnell feststellen können, welche Module Sie belegen können.
- Durch die e-learning-Plattform W3L wird eine **einheitliche Darstellung und Didaktik** über alle Module hinweg sichergestellt. Außerdem gibt es zu jedem Modul schriftliches Begleitmaterial – in der Regel in Form von Büchern (im Preis enthalten).
- Im Gegensatz zu vielen anderen e-learning-Kursen wurden von den Autoren bzw. Dozenten die Inhalte – bezogen auf die Lernsituation am Computer – neu entwickelt. Die von W3L entwickelte e-learning-Didaktik stellt Sie – den Studierenden am Bildschirm – in den Mittelpunkt – so dass Sie **optimal lernen** können.

Fordern Sie weitere Informationen an: studium@W3L.de